JN045586

2026年度版

山梨県の保健体育科

参考書

協同教育研究会 編

協同出版

はじめに～「参考書」シリーズ利用に際して～

教育を取り巻く環境は変化しつつあり，日本の公教育そのものも，教員免許更新制の廃止やGIGAスクール構想の実現などの改革が進められています。また，現行の学習指導要領では「主体的・対話的で深い学び」を実現するため，指導方法や指導体制の工夫改善により，「個に応じた指導」の充実を図るとともに，コンピュータや情報通信ネットワーク等の情報手段を活用するために必要な環境を整えることが示されています。

一方で，いじめや体罰，不登校，暴力行為など，教育現場の問題もあいかわらず取り沙汰されており，教員に求められるスキルは，今後さらに高いものになっていくことが予想されます。

本書は，教員採用試験を受験する人が，より効率よく学習できるように構成されています。本書の基本構成としては，各自治体の過去問を徹底分析した上で，巻頭に，各自治体の出題傾向と学習法，出題例，類題等を作成・掲載しております。第1章以降では，各自治体の出題傾向に基づいて，頻出の項目を精選して掲載しております。ページ数やその他編集上の都合により，掲載しきれず，割愛している内容もありますので，あらかじめご了承ください。なお本書は，2024年度（2023年夏実施）の試験を基に編集しています。最新の情報につきましては，各自治体が公表している募集要項やWebサイト等をよくご確認ください。

最後に，この「参考書」シリーズは，「過去問」シリーズとの併用を前提に編集されております。参考書で要点整理を行い，過去問で実力試しを行う，セットでの活用をおすすめいたします。

みなさまが，この書籍を徹底的に活用し，難関試験である教員採用試験の合格を勝ち取って，教壇に立っていただければ，それはわたくしたちにとって最上の喜びです。

協同教育研究会

教員採用試験「参考書」シリーズ

山梨県の保健体育科 参考書

CONTENTS

山梨県の
保健体育科
出題傾向と学習法

効率よく試験対策を進めるために

1　ポイントを確実に理解して例題を解く

教員採用試験の専門教養の筆記試験対策として最重要なのは，受験する自治体の出題形式や傾向に合った学習法を知ることである。本書は過去問を分析し，頻出分野を中心に構成されている。各節の冒頭で学習のポイントを示し，例題を解きながら知識を身につけるようになっている。したがって，まず，各節のポイントを確実に理解するようにしよう。

専門教養とはいえ，学習指導要領の内容から大きく離れた「難問」が出題されることはほとんどない。志望する学校種の問題レベルを把握し，十分に対応できるまでの知識を身につけることが求められる。試験対策としては，苦手な分野や触れたことのない内容を残さないようにすることも大切だが，まずは本書の例題や過去問などに積極的に取り組んで，頻出分野の知識を身につけてほしい。

2　出題傾向から効率よい学習法を導き出す

山梨県の保健体育科では，中学校と高等学校で別の問題が出題される。2024年度の大問数は中学校4題，高等学校8題となっており，これは2023年度と変わりがない。

2024年度の出題内容を見ると，中学校では「運動種目」2題，「学習指導要領」と「用語説明」が各1題であった。高等学校では，「学習指導要領」4題，「運動種目」2題，「保健」「用語説明」が各1題となっている。ただし，中高の「学習指導要領」と「用語説明」には，「体育」と「保健」の問題が混在している。

また，過去問を見ると，頻出分野だけでなく解答形式にも特徴がうかがえる。山梨県保健体育科の場合，解答形式は記述式がほとんどであり，選択式は中学校のごく一部と高等学校の2題のみとなっている。なお，記述式には長文の説明を要する問題も多く，難易度は相当高い。

いわば，これらの分野・内容が山梨県の保健体育科の特徴といえる。こうした分野・内容については本書を中心に学習し，過去問等から類題を多く解き，確実に得点できるようにしよう。

ここでは，実際に出題された問題をいくつか示す(出題例参照)。

「学習指導要領」について，中学校では，2024年度は体育分野の「指導計画の作成」，保健分野の「健康な生活と疾病の予防」，第3学年の「ダンス」，第1学年及び第2学年の「体つくり運動」について問われている。

一方，高等学校では，2024年度は「陸上競技」「生涯を通じる健康」「障害のある生徒などへの指導」「豊かなスポーツライフの設計の仕方」などについて問われている。よって，学習指導要領・同解説を熟読し，改訂の趣旨や要点，大きく変った項目や内容，キーワードになりそうな語句をノートに書き出すなどして，記述説明ができるようにしておくとよい。

「運動種目」について，2024年度の中学校では，相撲において，安全上の配慮から中学生以下で禁止されている技，水泳の平泳ぎ，サッカーのペナルティキックについて問われた。また，高等学校では，柔道の進退動作，卓球のサービス等について問われている。さらに，両校種とも，特徴的なのは，バレーボールにおける「ラリーの継続」についての学習課題を追究しやすいように工夫されたゲームを二つ記すやサッカーで，各自が守る地域の分担を決めて，自分の地域に入ってきた相手をマークする守り方等，具体的な指導場面を想定した記述問題が出題されていることである。これらは，単なる教科書の暗記だけでは対応できない内容であるため，体育実技の副読本，各競技のルールブック等に加え，各種目の「学校体育実技指導資料集」にも目を通し，正確に説明できるよう理解を深めておこう。

「体育理論」については，これまで「運動やスポーツの必要性と楽しさ」「オリンピック・レガシー」「スポーツの歴史，文化的特性や現代スポーツの特徴」「トレーニングの効果をあげるための原則」などの問題が出題されてきた。2024年度は，中学校での出題は見られなかったが，高等学校では「オーバーロードの原理」について簡潔に説明する出題が見られた。よって，こちらも教科書だけでなく，JOCやJPCのホームページを活用したり，文部科学省(スポーツ庁)から示されている最新の報告書や資料等にも目を通したりしながら，わかりやすく説明できるよう，学習を進めておきたい。

「保健分野」の出題数は中高とも多くはないが，2024年度の中学校では用語説明のなかで「ヘルスプロモーション」「予防接種」，高等学校では「HACCP」「平均寿命」などの説明問題が出題された。また，高等学校において，事故の環境要因と交通事故について空欄補充の選択問題が出題された。以前には「ストレスへの対処における技能」(中学校)，「再興感染症」(高等学校)といった問題も出題されている。このため，教科書や関連資料の用語解説などによく目を通し，20～50字程度で説明できるよう，準備を進めておくことが必要となる。

3　過去問題集との併用等で実践力をつける

以上のように，本書の使い方としては，効率的に試験対策を進めるために頻出分野のポイントを押さえ，例題を通して解法を理解していくことになる。本試験でその学習成果が発揮できるかどうかは，実践的な問題をどれだけ解いているかが重要である。その対策として，一通り基礎の確認ができたら時間を計って各年度の過去問を解くこと，模試を活用するといったことが考えられる。そこで不正解だった問題については，本書の該当箇所を参照して，繰り返し学んでほしい。そうすることで，出題傾向に合わせた実践的な力が身につくはずである。

まずは出題例を見ていこう！

本自治体の出題例：始めにチャレンジ！①（2023年度実施問題改）

次は，中学校学習指導要領解説「保健体育編」第2章「第2節　各分野の目標及び内容〔保健分野〕1 目標」である。以下の①，②に答えよ。

(1)　(　a　)における健康･安全について理解するとともに，(　b　)な技能を身に付けるようにする。

(2)　健康についての自他の課題を発見し，よりよい(　c　)に向けて思考し判断するとともに，A他者に伝える力を養う。

(3)　生涯を通じて心身の健康の(　d　)を目指し，明るく豊かな生活を営む(　e　)を養う。

① (a)～(e)にあてはまることばをそれぞれ記せ。
② 下線部Aについて，次の文の( )にあてはまることばを記せ。

> 学習の展開の基本的な方向として，小学校での身近な生活における健康・安全に関する基礎的な内容について(中略)科学的に思考し，判断するとともに，それらを( )他者に表現できるようにすることを目指している。

解答：① a 個人生活 b 基本的 c 解決 d 保持増進 e 態度 ② 筋道を立てて

本自治体の出題例：始めにチャレンジ！② (2023年度実施問題)

次の(1)，(2)の問いに答えよ。

(1) マット運動の倒立前転において，補助者の安全を確保した補助方法を記せ。

(2) バレーボールにおいてスパイクする際，強打以外の技術を三つ記せ。

解答：(1) 補助者は倒立する人の横で待ち構え，膝を持って倒立の補助をし，足が背面側に移動してから手を離す。 (2) フェイント，ブロックアウト，コースの打ち分け

本自治体の出題例：始めにチャレンジ！③ (2024年度実施問題)

次の(1)，(2)の問いに答えよ。

(1) 球技「バレーボール」の学習では，空いた場所への攻撃を中心とした「ラリーの継続」についての学習課題を追究しやすいように，工夫したゲームを取り入れることが大切である。その工夫したゲームを二つ，記せ。

(2) 水泳「平泳ぎ」の学習で，「呼吸法を身に付けさせる」ための練習方法を二つ，記せ。

解答：(1)　・ネットをはさんで，少ない人数から徐々に人数を増やしていくゲーム(プレイヤーの人数)　・小さいコートから大きいコートに広げていくゲーム(コートの広さ)　・やわらかいボールを使ったり，ネットの高さを低くしたゲーム(用具)　・ワンバウンドやワンキャッチを取り入れたゲーム(プレイ上の制限)　・パスを出す仲間やパスを受ける仲間の名前を呼びながら行うゲーム(声の掛け合い)　から二つ　(2)　・ビート板を使って，両手で水を押さえながら，その反動を利用して顎を前に出し，顔を上げる練習。・プル動作を行わずに，ストリームライン姿勢を保ちながらキックし，足を引き付けるタイミングで顔を上げ息を吸う練習。(両腕は水を押さえるつもりで)　・顔を水面につけ息を吐き，歩きながら顔を水面上に上げすぎないように息を吐く練習。・浮きながら両手で水を押して浮上し，水上に出たら「パッ」と息を吐く練習。から二つ

本自治体の出題例：始めにチャレンジ！④ (2024年度実施問題)

次の文の(　①　)～(　④　)に当てはまる語句を，以下のア～クからそれぞれ一つ選び，記号で記せ。なお，同じ番号には同じ記号が入るものとする。

事故は単独の原因で発生するのではなく，複数の様々な要因が関係して発生している。その原因は，大きく(　①　)要因と環境要因に分けることができる。(　①　)要因としては，知識不足などによって周りの状況を把握できないことや，不注意や先入観などによる判断の誤りが挙げられる。

自動車の運転席からの(　②　)などの車両特性をよく理解しておくことは，交通事故の危険(　③　)・危険(　④　)の基礎となる。

ア　死角　　イ　直面　　ウ　目視　　エ　人的　　オ　予測
カ　物的　　キ　回避　　ク　実測

解答：①　エ　　②　ア　　③　オ　　④　キ　(※③④は順不同)

本自治体の出題例：始めにチャレンジ！⑤（2023年度実施問題）

次の(1)～(4)について，説明せよ。

(1)　心室細動　　(2)　セカンド・オピニオン
(3)　クローズドスキル　　(4)　ユニバーサルデザイン

解答：(1)　心臓全体が細かくふるえて，規則正しく血液を送り出せない状態のこと。　(2)　医師の診断に納得できなかったり，確かめたりしたいことがある場合には，安心して治療を受けたり，誤診を防ぐためにも，別の医療機関で専門家の意見を求めること。　(3)　競争する相手から直接影響を受けることが少なく，安定した環境のなかで用いられる技術のこと。　(4)　障害の有無や年齢・性別・国籍にかかわらず，初めから誰もが使いやすいように施設や製品，環境などをデザインするという考え方のこと。

過去３カ年の出題傾向分析

ここでは，過去3カ年で出題された分類と主な出題事項を表にまとめている。学習する前に，大まかな傾向をつかんでおこう。

年度	分類	主な出題事項
2024年度	中学学習指導要領	保健体育科の目標及び内容，指導計画の作成と内容の取扱い
	高校学習指導要領	保健体育科の目標及び内容，各科目にわたる指導計画の作成と内容の取扱い
	運動種目	体つくり運動，器械運動，陸上競技，水泳，球技，武道，ダンス，体育理論
	中学保健	健康な生活と疾病の予防，健康と環境
	高校保健	現代社会と健康，安全な社会生活，生涯を通じる健康，健康を支える環境づくり

年度	分類	主な出題事項
	その他	
2023年度	中学学習指導要領	総説，保健体育科の目標及び内容
	高校学習指導要領	
	運動種目	器械運動，陸上競技，球技，武道，体育理論
	中学保健	健康な生活と疾病の予防，傷害の防止
	高校保健	現代社会と健康，安全な社会生活，生涯を通じる健康
	その他	
2022年度	中学学習指導要領	保健体育科の目標及び内容
	高校学習指導要領	総説，保健体育科の目標及び内容
	運動種目	体つくり運動，器械運動，陸上競技，水泳，球技，武道，ダンス，体育理論
	中学保健	健康な生活と疾病の予防，心身の機能の発達と心の健康，傷害の防止
	高校保健	現代社会と健康，健康を支える環境づくり
	その他	

※「分類」「主な出題事項」は，過去問シリーズに掲載されている出題傾向分析に該当する。

次に，ここで紹介した分類の類題を掲載しておくので，学習の第一歩としてほしい。

類題を解いてみよう！

類題で問題演習の幅を広げよう！①

次の文章は，「高等学校学習指導要領　第2款　各科目　第1　体育　1　目標」である。これについて，以下の問いに答えなさい。

> 体育の見方・考え方を働かせ，課題を発見し，合理的，計画的な解決に向けた学習過程を通して，$_{A}$心と体を一体として捉え，生涯にわたって豊かなスポーツライフを継続するとともに，自己の状況に応じて体力の向上を図るための資質・能力を次のとおり育成することを目指す。
>
> (1)　運動の合理的，計画的な実践を通して，運動の楽しさや喜びを深く味わい，生涯にわたって運動を豊かに継続することができるようにするため，運動の多様性や体力の必要性について理解するとともに，それらの技能を身に付けるようにする。
>
> (2)　生涯にわたって運動を豊かに継続するための課題を発見し，合理的，計画的な解決に向けて思考し判断するとともに，自己や仲間の考えたことを他者に伝える力を養う。
>
> (3)　運動における競争や協働の経験を通して，$_{B}$公正に取り組む，互いに協力する，自己の責任を果たす，参画する，一人一人の違いを大切にしようとするなどの意欲を育てるとともに，健康・安全を確保して，生涯にわたって継続して運動に親しむ態度を養う。

(1)　下線部Aについて，具体的にどのようなことを理解することが大切か，簡潔に説明しなさい。

(2)　下線部Bについて，公正に取り組むとは具体的にどのような意思をもって取り組むことか，簡潔に二つ書きなさい。

解答：(1)　心と体の発達の状態を踏まえて，運動による心と体への効果や健康，特に心の健康が運動と密接に関連していることなどを理解すること。　(2)　・勝敗などを冷静に受け止めようとすること。　・ルールやマナーを大切にしようとすること。

類題で問題演習の幅を広げよう！②

ネット型における卓球とバドミントンについて，次の(1)～(4)に答えよ。

(1) 卓球のストロークで，図1のようにボールに強い前進回転を与える打法を何というか，答えよ。

図1

(2) 図2は卓球の主審の合図を表している。得点(ポイント)の合図を，A～Cから選び，記号で答えよ。

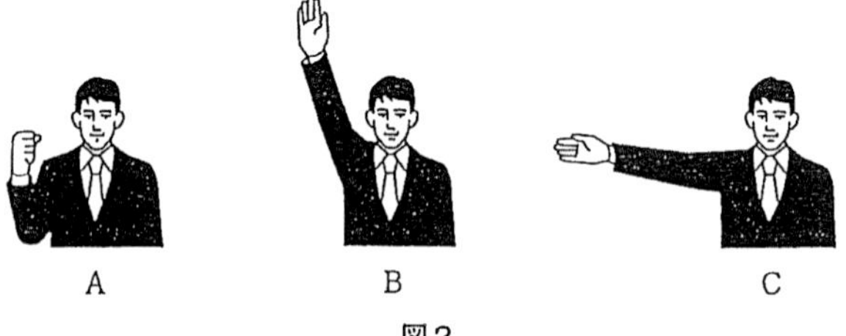

図2

(3) バドミントンで，図3のようにネットを越えてすぐに落下するように飛んでいくフライトを何というか，答えよ。

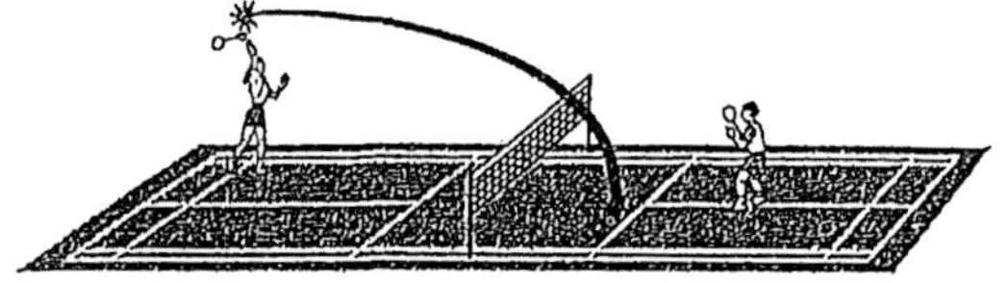

図3

(4) バドミントンで，スマッシュが強く打てない生徒に対して，技術的にどのようなアドバイスをするとよいか，簡潔に記せ。

解答：(1)　ドライブ　(2)　A　(3) ドロップ　(4)　ネットに対して半身に構え，腰の回転を利用して打つ。

類題で問題演習の幅を広げよう！③

球技について，次の問いに答えなさい。。

(1)　ラグビーにおいて，次の【図】のように矢印の方向に攻撃をした場合，「オフサイド」となるのは，A・Bどちらか，答えなさい。

【図】

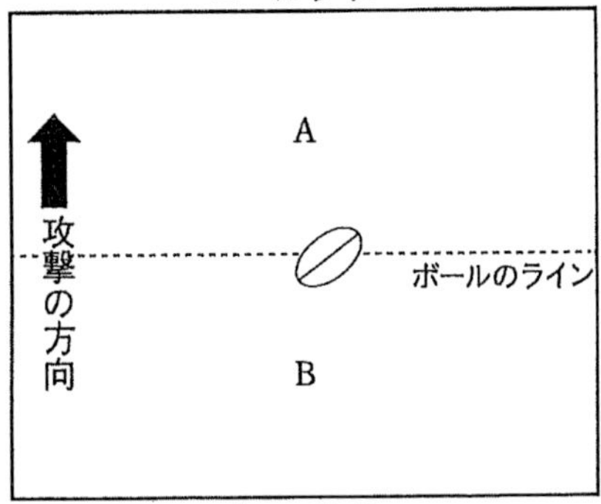

(2)　次の各文は，バスケットボールのルール(反則)について説明したものである。空欄(　①　)～(　④　)に当てはまる適当な数字をそれぞれ答えなさい。

・フリースローのシューターとなった時，(　①　)秒以内にシュートをしなかった。

・(　②　)秒以内にスローインをしなかった。

・攻撃中に相手コートの制限区域内に(　③　)秒を超えてとどまった。

・ボールを保持しているチームが(　④　)秒以内にシュートをしなかった。

解答：(1)　A　(2)　①　5　②　5　③　3　④　24

類題で問題演習の幅を広げよう！④

次の文章を読んで，以下の各問いに答えなさい。

事故はさまざまな要因が関連して発生している。a焦りなどの心身の状態による問題や安全に関する知識の不足，不注意や先入観などによる判断の誤りや，b悪天候などの気象条件，火災報知機の未設置などの安全施設の問題，故障したり破損した施設・設備などがあげられる。交通事故では，c自動車，二輪車，自転車などの車両の特性やブレーキ・タイヤなどの整備不良も，事故の発生に影響する。また，交通事故を起こしてしまったら，きわめて重いd3つの責任を負うことになる。

(1) 事故の発生要因として，下線部a～cの要因を何というか，「(　　)要因」にあてはまる漢字を答えなさい。

(2) 下線部dについて，次の責任を何というか，「(　　)上の責任」に当てはまる最も適切な語句を漢字2字で答えなさい。

① 他人を死傷させたり，ものを壊したりすることに対して，損害を賠償する責任を負うこと。

② 違反や事故の度合いに応じて，免許停止・取り消し，反則金などの処分を受けること。

③ 他人を死傷させたり，飲酒運転や速度超過などの危険運転をしたりすると，罰金や懲役が科されること。

解答：(1) a　人的(要因)　b　環境(要因)　c　車両(要因)
(2) ①　民事(上の責任)　②　行政(上の責任)　③　刑事(上の責任)

類題で問題演習の幅を広げよう！⑤

次の生活習慣病に関連した(1)～(3)の言葉について，それぞれ簡潔に説明しなさい。

(1)　三次喫煙　　(2)　セルフ・エフィカシー

(3)　ナルコレプシー

解答：(1)　たばこを消した後に残留する化学物質を吸入すること。残留受動喫煙，サードハンド・スモークとも呼ばれる。

(2)　ある行動をうまく行うことができるという「自信」のことをいい，自己効力感と呼ばれる。　(3)　夜十分な睡眠を取っていても昼間に突然眠気に襲われる睡眠障害の一種。

第 1 章

体つくり運動

保健体育科 体つくり運動

ポイント

体つくり運動は，体ほぐしの運動と体の動きを高める運動，および実生活に生かす運動の計画で構成され，自他の心と体に向き合って，体を動かす楽しさや心地よさを味わい，心と体をほぐしたり，体の動きを高める方法を学んだりすることができる領域である。

中学校では，より具体的なねらいをもった運動を行い，学校の教育活動全体や実生活で生かすことをねらいとして，第1学年及び第2学年は，「体を動かす楽しさや心地よさを味わい，目的に適した運動を身に付け，組み合わせる」ことができるようにすることを，第3学年は，「体を動かす楽しさや心地よさを味わい，健康の保持増進や体力の向上を目指し，目的に適した運動の計画を立て取り組む」ことを学習する。

高等学校では，これまでの学習を踏まえて，体を動かす楽しさや心地よさを味わい，「自己の体力や生活に応じた継続的な運動の計画を立て，実生活に役立てること」などが求められる。入学年次では，体を動かす楽しさや心地よさを味わい，運動を継続する意義，体の構造，運動の原則などを理解するとともに，健康の保持増進や体力の向上を目指し，目的に適した運動の計画を立て，取り組むことができるようにすること，入学年次の次の年次以降では，体を動かす楽しさや心地よさを味わい，体つくり運動の行い方などを理解するとともに，実生活に役立てること，生涯にわたって運動を豊かに継続するための課題に取り組むこと等をねらいとしている。

体つくり運動の特性

体つくり運動の指導に際しては，中学・高等学校ともに「知識及び運動」「思考力，判断力，表現力等」「学びに向かう力，人間性等」の内容をバランスよく学習させることとしている。具体例として，「知識及び運動」について学習指導要領では，次のように示されている。

[中学校　第1学年及び第2学年]

ア　体ほぐしの運動では，手軽な運動を行い，心と体との関係や心身の状態に気付き，仲間と積極的に関わり合うこと。
イ　体の動きを高める運動では，ねらいに応じて，体の柔らかさ，巧みな動き，力強い動き，動きを持続する能力を高めるための運動を行うとともに，それらを組み合わせること。

[中学校　第3学年]

ア　体ほぐしの運動では，手軽な運動を行い，心と体は互いに影響し変化することや心身の状態に気付き，仲間と自主的に関わり合うこと。
イ　実生活に生かす運動の計画では，ねらいに応じて，健康の保持増進や調和のとれた体力の向上を図るための運動の計画を立て取り組むこと。

[高等学校]

ア　体ほぐしの運動では，手軽な運動を行い，心と体は互いに影響し変化することや心身の状態に気付き，仲間と主体的に関わり合うこと。
イ　実生活に生かす運動の計画では，自己のねらいに応じて，健康の保持増進や調和のとれた体力の向上を図るための継続的な運動の計画を立て取り組むこと。

体つくり運動における指導の概要

体つくり運動ではそれぞれの運動の目的をよく理解して，自分にあった行い方を工夫し，安全に注意しながら楽しく運動することが大切である。基本的な考え方は下図のとおり。

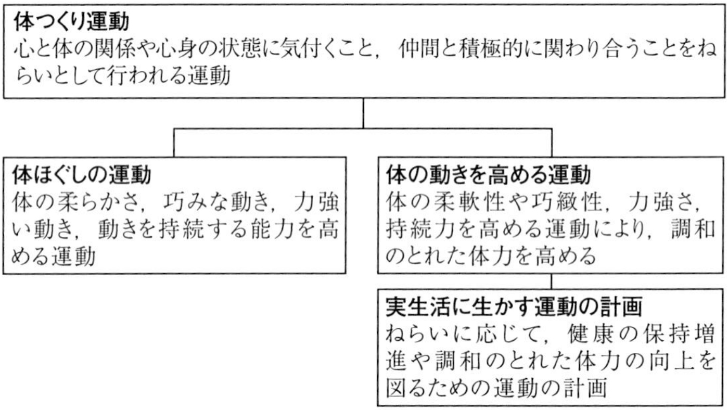

体つくり運動
心と体の関係や心身の状態に気付くこと，仲間と積極的に関わり合うことをねらいとして行われる運動

体ほぐしの運動
体の柔らかさ，巧みな動き，力強い動き，動きを持続する能力を高める運動

体の動きを高める運動
体の柔軟性や巧緻性，力強さ，持続力を高める運動により，調和のとれた体力を高める

実生活に生かす運動の計画
ねらいに応じて，健康の保持増進や調和のとれた体力の向上を図るための運動の計画

中学校・高等学校の段階は，心身の発達が最も旺盛な時期である。このことを踏まえ，「体つくり運動」の学習を通して，体を動かす楽しさや心地よさを味わわせるとともに，健康や体力の状況に応じて体力を高める必要性を認識させ，「体つくり運動」以外の運動に関する領域においても，学習した結果としてより一層の体力の向上を図ることができるようにすることが大切である。

さらに，学習した成果を実生活や実社会に生かすこと及び運動やスポーツの習慣化を促す観点から，体育理論や保健との関連，教科外活動や学校生活全体を見通した教育課程の工夫を図るようにすることが求められる。

また，体育分野と保健分野の相互の関連を図るため，中学校では「ストレスへの対処」，高等学校では「精神疾患の予防と回復」など保健分野の指導との関連を図った指導を行うものとしている。

なお授業時数については，従前の学習指導要領に引き続き，中学校では各学年で7単位時間以上を，高等学校では各年次で7～10単位時間程度を配当する。

例題 1

高等学校における「体つくり運動」の内容について，次のa～dの正誤の組合せとして正しいものを，以下の1～4のうちから1つ選べ。

a 「体つくり運動」の運動に関する領域については,「知識及び技能」に「思考力・判断力・表現力等」「学びに向かう力・人間性等」を内容として示している。

b 高等学校では中学校までの学習を踏まえて,「体を動かす楽しさや心地よさを味わい，自己の体力や生活に応じた継続的な運動の計画を立て，実生活に役立てること」などが求められている。

c 体の構造については，入学年次で関節や筋肉の働きを中心に取り上げるようにする。

d 「体ほぐしの運動」については，全ての学年で取り扱うこととしている。また,「保健」における精神疾患の予防と回復などの内容と関連を図ることとしている。

	a	b	c	d
1	誤	正	正	正
2	誤	誤	誤	正
3	正	正	誤	誤
4	正	誤	正	誤

解答 1

解説 体つくり運動は，従前は「体ほぐしの運動」と「体力を高める運動」としていたものを，今回の高等学校学習指導要領(平成30年告示)では,「体ほぐしの運動」と「実生活に生かす運動の計画」として新たに示された。中学校及び小学校の「体つくり運動」の内容についても確認しておくこと。aに記述された3つの要素は，育成を目指す資質・能力である。

例題 2

次は，中学校学習指導要領の保健体育の［第1学年及び第2学年］「(1)　知識及び運動」の一部である。空欄①，②に当てはまる語句の組合せとして，正しいものを選べ。

> (1)　知識及び運動
>
> 体つくり運動について，次の事項を身に付けることができるよう指導する。
>
> (略)
>
> ア　体ほぐしの運動では，手軽な運動を行い，心と体との関係や心身の状態に気付き，［　①　］こと。
>
> イ　体の動きを高める運動では，ねらいに応じて，体の柔らかさ，［　②　］，力強い動き，動きを持続する能力を高めるための運動を行うとともに，それらを組み合わせること。

ア　①　仲間と自主的に関わり合う　　②　巧みな動き
イ　①　仲間と積極的に関わり合う　　②　巧みな動き
ウ　①　仲間と主体的に関わり合う　　②　バランスをとる動き
エ　①　仲間と自主的に関わり合う　　②　バランスをとる動き
オ　①　仲間と積極的に関わり合う　　②　バランスをとる動き

解答　イ

解説　体つくり運動の「知識及び運動」に関する出題である。「仲間と積極的に関わり合う」とは，共に運動する仲間と進んで協力したり助け合ったりすることで，楽しさや心地よさが増すように関わりをもつことである。「巧みな動き」を高めるための運動とは，自分自身で，あるいは人や物の動きに対応してタイミングよく動くこと，力を調整して動くこと，バランスをとって動くこと，リズミカルに動くこと，素早く動くことができる能力を高めることをねらいとして行われる運動である。指導に際しては，ゆっくりした動きから素早い動き，小さい動きから大きい動き，弱い動きから強い動き，易しい動きから難しい動きへと運動を発展させるようにすることが大切である。

例題 3

中学校学習指導要領(平成29年3月告示)「保健体育」の〔体育分野〕の第1学年及び第2学年における「体つくり運動」の内容に関する記述として適切なものは，次の1～4のうちのどれか。

1　体ほぐしの運動では，手軽な運動を行い，心と体は互いに影響し変化することや心身の状態に気付き，仲間と主体的に関わり合うこと。

2　体ほぐしの運動では，手軽な運動を行い，心と体との関係に気付いたり，仲間と関わり合ったりすること。

3　体ほぐしの運動では，手軽な運動を行い，心と体との関係や心身の状態に気付き，仲間と積極的に関わり合うこと。

4　体ほぐしの運動では，手軽な運動を行い，心と体は互いに影響し変化することや心身の状態に気付き，仲間と自主的に関わり合うこと。

解答　3

解説　1は高等学校の「体つくり運動」の運動の内容，2は小学校第5学年及び第6学年の「体つくり運動」の運動の内容，4は中学校第3学年の「体つくり運動」の運動の内容である。

例題 4

次の文章は，高等学校学習指導要領(平成30年3月告示)「保健体育」の「第2款　各科目」の「第1　体育」の一部である。

> 2　内容
> A　体つくり運動
> 　体つくり運動について，次の事項を身に付けることができるよう指導する。
> (1)　次の運動を通して，体を動かす楽しさや心地よさを味わい，体つくり運動の行い方，体力の構成要素，(　①　)への取り入れ方などを理解するとともに，自己の体力や生活に応じた(　②　)の計画を立て，実生活に役立てること。

ア　体ほぐしの運動では，手軽な運動を行い，(　③　)は互いに影響し変化することや心身の状態に気付き，仲間と主体的に関わり合うこと。

イ　実生活に生かす運動の計画では，自己のねらいに応じて，健康の保持増進や調和のとれた体力の向上を図るための(　②　)の計画を立て取り組むこと。

(2)　生涯にわたって運動を豊かに継続するための自己や仲間の課題を発見し，合理的，計画的な解決に向けて取り組み方を工夫するとともに，自己や仲間の考えたことを(　④　)に伝えること。

(3)　体つくり運動に主体的に取り組むとともに，互いに助け合い高め合おうとすること，一人一人の違いに応じた動きなどを大切にしようとすること，合意形成に貢献しようとすることなどや，健康・安全を確保すること。

(1)　(　①　)～(　④　)の各空欄に適する語句を答えよ。

(2)　下線部はどのようなことを意味しているか，答えよ。

解答　(1)　①　実生活　②　継続的な運動　③　心と体　④　他者　(2)　チームや自己の課題の解決に向けた練習方法や作戦について話し合う場面で，対立意見が出た場合でも，仲間を尊重し相手の感情に配慮しながら発言したり，提案者の発言に同意を示したりして建設的な話合いを進めようとすること。

解説　(1)　体つくり運動は，各領域の主運動の前に実施される準備運動や補強運動として扱うのではなく，体つくり運動のねらいに適した取扱いに配慮するとともに，運動の原則や体の構造等の知識を確実に習得できるよう一定のまとまりの時間を確保することとする。

(2)　合意形成に貢献しようとすることは，相互の信頼関係を深めることにつながるとともに，自己形成に役立つことを理解し，取り組めるようにする。

例題 5

次の文章は，中学校学習指導要領解説(平成29年7月)「保健体育編」における「体つくり運動」の記述をまとめたものである。文中の(　①　)～(　④　)に適する語句を以下のア～クから1つずつ選び，記号で答えよ。ただし，同じ番号の空欄には，同じ解答が入るものとする。

「体つくり運動」については，体を動かす楽しさや心地よさを味わわせるとともに，健康や体力の状況に応じて体力を高める必要性を認識させ，学校の教育活動全体や(　①　)で生かすことができるよう改善を図ることとした。

具体的には，「体ほぐしの運動」において，第1学年及び第2学年では，「心と体の関係に気付き，体の調子を整え，仲間と交流するための手軽な運動や律動的な運動を行うこと」を改め，「(　②　)を行い，心と体との関係や心身の状態に気付き，仲間と(　③　)に関わり合うこと」とした。第3学年では，「心と体は互いに影響し変化することに気付き，体の状態に応じて体の調子を整え，仲間と積極的に交流するための手軽な運動や律動的な運動を行うこと」を改め，「(　②　)を行い，心と体は互いに影響し変化することや心身の状態に気付き，仲間と(　④　)に関わり合うこと」を内容として示した。

また，従前，「体力を高める運動」として示していたものを，第1学年及び第2学年で「体の動きを高める運動」，第3学年で「(　①　)に生かす運動の計画」として新たに示した。

ア　主体的　　イ　積極的　　ウ　実生活　　エ　準備運動
オ　協働的　　カ　手軽な運動　　キ　授業の中　　ク　自主的

解答　①　ウ　　②　カ　　③　イ　　④　ク

解説　体育分野の内容の「体つくり運動」の授業時数については，従前どおり，各学年で7単位時間以上を，「体育理論」の授業時数については，各学年で3単位時間以上を配当することとした。

例題 6

次の文章は，高等学校学習指導要領解説(平成30年7月)「保健体育編・体育編」における「体つくり運動」の入学年次に関するものである。文中の(　①　)～(　⑤　)に適する語句を答えよ。

体つくり運動は，体ほぐしの運動と実生活に生かす運動の計画で構成され，自他の心と体に向き合って，体を動かす楽しさや心地よさを味わい，心と体をほぐしたり，体の動きを高める方法を学んだりすることができる領域である。

…(中略)…

高等学校では，これまでの学習を踏まえて，「体を動かす楽しさや(　①　)を味わい，自己の体力や生活に応じた継続的な運動の計画を立て，実生活に役立てること」などが求められる。

したがって，入学年次では，体を動かす楽しさや心地よさを味わい，運動を継続する意義，(　②　)，運動の原則などを理解するとともに，健康の保持増進や体力の向上を目指し，(　③　)に適した運動の計画を立て取り組むことができるようにする。その際，自己や仲間の課題を発見し，(　④　)な解決に向けて運動の取り組み方を工夫するとともに，自己や仲間の考えたことを他者に伝えることができるようにする。また，体つくり運動の学習に自主的に取り組み，互いに助け合い教え合うことや一人一人の違いに応じた動きなどを大切にすることなどに意欲をもち，(　⑤　)を確保することができるようにする。

解答　①　心地よさ　②　体の構造　③　目的　④　合理的　⑤　健康や安全

解説　指導に際しては，知識の理解を基に運動の計画を立てたり，運動の計画を立てて取り組むことで一層知識を深めたりするなど，知識と運動を関連させて学習させることや，「知識及び運動」，「思考力，判断力，表現力等」，「学びに向かう力，人間性等」の内容をバランスよく学習させるようにすることが大切である。

体ほぐしの運動

体ほぐしの運動は，手軽な運動を行い，心と体は互いに影響し変化することや心身の状態に気付き，仲間と自主的に関わり合うことをねらいとして行われる運動である。1つの運動例において，複数のねらいが関連している場合があるので，指導に際しては，これらのねらいを関わり合わせながら，運動を経験するだけでなく，心や体の状態を軽やかにし，ストレスの軽減にも役立つなど，自他の心と体の関係や心身の状態を確かめながら学ぶことができるように留意することが大切である。

中学校学習指導要領解説によると，体ほぐしの運動として次の6つが例示されている。

- のびのびとした動作で用具などを用いた運動を行うこと
- リズムに乗って心が弾むような運動を行うこと
- 緊張したり緊張を解いて脱力したりする運動を行うこと
- いろいろな条件で，歩いたり走ったり跳びはねたりする運動を行うこと
- 仲間と動きを合わせたり，対応したりする運動を行うこと
- 仲間と協力して課題を達成するなど，集団で挑戦するような運動を行うこと

なお最後の「仲間と協力して課題を達成するなど，集団で挑戦するような運動を行うこと」は，平成29年の改訂時に追加された項目である。

▼体ほぐしの運動の構造

手軽な運動を行う

心と体は互いに影響し変化することに気付く

心身の状態に気付く

仲間と自主的に関わり合う

運動の実践例として，次のようなものがあげられる。

1. 柔軟運動

ストレッチングのような手軽な準備運動などを行う。感じたことを言葉で表現し，仲間の心や体の状態に気付くようにする。

〈例〉背のばし，ひっぱり伸脚，背負い等

2. 律動的な運動

音楽にあわせてリズミカルな運動を行う。運動感覚を呼び起こすとともに，心と体をリラックスさせることで，心身のバランスの調和を図る。

〈例〉ラインステップ，体じゃんけん，ミラーリング等

3. チャレンジ運動

仲間と協力することで達成できる運動。仲間同士で課題解決を話し合い，成功したらお互いのことを評価する。

〈例〉ラインアップ，ジャンプ・アンド・パス・ゲーム，グランドキャニオン等

例題 1

次の文は，中学校学習指導要領解説　保健体育編(平成29年7月)「第2章　保健体育科の目標及び内容　A体つくり運動　[第1学年及び第2学年]」に示されている内容の一部である。下線部について，解説では3つの運動が示されている。3つの組み合わせとして正しいものをア～カから1つ選び，その記号を書け。

(1)　知識及び運動

体つくり運動について，次の事項を身に付けることができるよう指導する。

(1)　次の運動を通して，体を動かす楽しさや心地よさを味わい，体つくり運動の意義と行い方，体の動きを高める方法などを理解し，目的に適した運動を身に付け，組み合わせること。

ア　体ほぐしの運動では，手軽な運動を行い，心と体との関係や心身の状態に気付き，仲間と積極的に関わり合うこと。

イ　体の動きを高める運動では，ねらいに応じて，体の柔らかさ，巧みな動き，力強い動き，動きを持続する能力を高めるための運動を行うとともに，それらを組み合わせること。

記号	3つの運動		
ア	誰もが簡単に取り組むことができる運動	仲間と協力して勝敗を競う運動	心や体が弾むような軽快な運動
イ	定期的・計画的に行う体力増進のための運動	一人きりで自分の心と体に向き合って取り組む運動	心や体が弾むような軽快な運動
ウ	誰もが簡単に取り組むことができる運動	一人きりで自分の心と体に向き合って取り組む運動	心や体を鍛える強度の高い運動
エ	誰もが簡単に取り組むことができる運動	仲間と協力して楽しくできる運動	心や体が弾むような軽快な運動
オ	定期的・計画的に行う体力増進のための運動	仲間と協力して楽しくできる運動	心や体を鍛える強度の高い運動
カ	定期的・計画的に行う体力増進のための運動	仲間と協力して勝敗を競う運動	心や体を鍛える強度の高い運動

解答　エ

解説　手軽な運動により心や体の状態を軽やかにすることでストレスの軽減にも役に立つ。

例題 2

次は，中学校学習指導要領(平成29年告示)解説　保健体育編「第2章　保健体育科の目標及び内容　第2節　各分野の目標及び内容〔体育分野〕2　内容　A　体つくり運動［第1学年及び第2学年］(1)　知識及び運動　○　運動」に示されている〈行い方の例〉の一部である。「体ほぐしの運動」として最も適切なものを，次の1～4の中から1つ選べ。

1　床やグラウンドに設定した様々な空間をリズミカルに歩いたり，走ったり，跳んだり，素早く移動したりすること。

2　ステップやジャンプなど複数の異なる運動を組み合わせて，エアロビクスなどの有酸素運動を時間や回数を決めて持続して行うこと。

3　大きくリズミカルに全身や体の各部位を振ったり，回したり，ねじったり，曲げ伸ばしたりすること。

4　いろいろな条件で，歩いたり走ったり跳びはねたりする運動を行うことを通して，気付いたり関わり合ったりすること。

解答　4

解説　1は「巧みな動き」を高めるための運動，2は「動きを持続する能力」を高めるための運動，3は「体の柔らかさ」を高めるための運動の例示である。

例題 3

体ほぐしの運動は，「手軽な運動を行い，心と体との関係や心身の状態に気付き，仲間と積極的に関わり合うこと。」が内容であるが，下線部の「手軽な運動」について，具体的な運動例を3つ答えよ。

解答　音楽にあわせて走ったり，縄跳びをする　／　ストレッチやペアストレッチをする　／　仲間と一緒に音楽にあわせ，エクササイズを行う　等

解説　「手軽な運動」とは，誰もが簡単に取り組むことができる運動，仲間と協力して楽しくできる運動，心や体が弾むような軽快な運動を示している。中学校及び高等学校学習指導要領解説体育編には，〈行い方の例〉として以下のような運動例が示されている。「のびのびとした動作で用具などを用いた運動を行うこと」「リズムに乗って心が弾むような運動を行うこと」「緊張したり緊張を解いて脱力したりする運動を行うこと」「いろいろな条件で，歩いたり走ったり跳びはねたりする運動を行うこと」「仲間と動きを合わせたり，対応したりする運動を行うこと」「仲間と協力して課題を達成するなど，集団で挑戦するような運動を行うこと」。この中から具体的な運動例を3つ答えるようにする。

体の動きを高める運動

「体の動きを高める運動」は，従前「体力を高める運動」であったものを新たに示したもので，中学校第1学年及び第2学年で指導する。ねらいや体力の程度に応じて，適切な強度，時間，回数，頻度などを考慮した運動の組合せが大切であることを理解できるようにする。内容は，次のようになっている。

> 体の動きを高める運動では，ねらいに応じて，体の柔らかさ，巧みな動き，力強い動き，動きを持続する能力を高めるための運動を行うとともに，それらを組み合わせること。

なお上記能力のうち，必要に応じて，「動きを持続する能力を高めるための運動」に重点を置いて指導することができるが，総合的に体の動きを高めることで調和のとれた体力を高めることに留意することとされている。

上記それぞれの能力を高めるための運動について，学習指導要領解説では以下のように示している。

体の柔らかさを高めるための運動

【運動】

・全身や体の各部位を振ったり回したりすることや，曲げたり伸ばしたりすること

【ねらい】

・体の各部位の可動範囲を広げること

【指導のポイント】

・体のどの部位が伸展や収縮をしているのかを意識できるようにすること

・可動範囲を徐々に広げたり，負荷の少ない動的な運動から始めたりして行うようにすること

【行い方の例】

・大きくリズミカルに全身や体の各部位を振ったり，回したり，ねじったり，曲げ伸ばしたりすること

・体の各部位をゆっくり伸展し，そのままの状態で約10秒間維持すること

巧みな動きを高めるための運動

【運動】

・自分自身で，あるいは人や物の動きに対応してタイミングよく動くこと，力を調整して動くこと，バランスをとって動くこと，リズミカルに動くこと，素早く動くこと

【ねらい】

・上記【運動】ができる能力を高めること

【指導のポイント】

・ゆっくりした動きから素早い動き，小さい動きから大きい動き，弱い動きから強い動き，易しい動きから難しい動きへと運動を発展させるようにすること

【行い方の例】

・いろいろなフォームで様々な用具を用いて，タイミングよく跳んだり転がしたりすること
・大きな動作で，ボールなどの用具を，力を調整して投げたり受けたりすること
・人と組んだり，用具を利用したりしてバランスを保持すること
・床やグラウンドに設定した様々な空間をリズミカルに歩いたり，走ったり，跳んだり，素早く移動したりすること

力強い動きを高めるための運動

【運動】

・自己の体重，人や物などの抵抗を負荷として，それらを動かしたり，移動したりすること

【ねらい】

・力強い動きを高めること

【指導のポイント】

・繰り返すことのできる最大の回数などを手掛かりにして，無理のない

運動の強度と回数を選んで行うようにすること

【行い方の例】

・自己の体重を利用して腕や脚を屈伸したり，腕や脚を上げたり下ろしたり，同じ姿勢を維持したりすること
・二人組で上体を起こしたり，脚を上げたり，背負って移動したりすること
・重い物を押したり，引いたり，投げたり，受けたり，振ったり，回したりすること

動きを持続する能力を高めるための運動

【運動】

・1つの運動又は複数の運動を組み合わせて一定の時間に連続して行ったり，あるいは，一定の回数を反復して行ったりすること

【ねらい】

・動きを持続する能力を高めること

【指導のポイント】

・心拍数や疲労感などを手掛かりにして，無理のない運動の強度と時間を選んで行うようにすること

【行い方の例】

・走や縄跳びなどを，一定の時間や回数，又は，自己で決めた時間や回数を持続して行うこと
・ステップやジャンプなど複数の異なる運動を組み合わせて，エアロビクスなどの有酸素運動を時間や回数を決めて持続して行うこと

また上記の運動を組み合わせて行うことについても指導する。組合せの考え方には，効率のよい組合せとバランスのよい組合せの2通りがある。

効率のよい組合せとは，高めたい体の動きのねらいを1つ決め，それを高めるための運動を組み合わせることである。効率のよい運動の組合せの指導に際しては，体の柔らかさや巧みな動きを高める運動では，1つの運動を反復してから次の運動を行うこと，力強い動きや動きを持続する能力を高める運動では，体力やねらいに応じて回数や運動時間を設定して行うこ

とが大切である。

バランスのよい組合せとは，ねらいが異なる運動を組み合わせることである。バランスのよい運動の組合せの指導に際しては，総合的に体の動きを高めるように組み合わせることが大切である。

【運動の組合せ方の例】

・体の柔らかさ，巧みな動き，力強い動き，動きを持続する能力を高めるための運動の中から，1つのねらいを取り上げ，それを高めるための運動を効率よく組み合わせて行うこと

・体の柔らかさ，巧みな動き，力強い動き，動きを持続する能力を高めるための運動の中から，ねらいが異なる運動をバランスよく組み合わせて行うこと

例題 1

次の文章は，中学校学習指導要領(平成29年3月告示)「保健体育」の一部である。以下の各問いに答えよ。

体つくり運動について，次の事項を身に付けることができるよう指導する。

(1)　次の運動を通して，体を動かす楽しさや心地よさを味わい，体つくり運動の意義と行い方，体の動きを高める方法などを理解し，目的に適した運動を身に付け，組み合わせること。

ア　(略)

イ　体の動きを高める運動では，ねらいに応じて，体の柔らかさ，(　①　)動き，(　②　)動き，動きを持続する能力を高めるための運動を行うとともに，それらを組み合わせること。

(1)　(　①　)，(　②　)の各空欄に適する語句を答えよ。

(2)　下線部の「動きを持続する能力を高めるための運動」の指導に際して，中学校学習指導要領解説ではどのようにすることが大切とされているか，答えよ。

解答 (1) ① 巧みな　② 力強い　(2) 心拍数や疲労感などを手掛かりにして，無理のない運動の強度と時間を選んで行うようにする。

解説 (1) ① 巧みな動きを高めるための運動は，自分自身で，あるいは人や物の動きに対応してタイミングよく動くこと，力を調整して動くこと，バランスをとって動くこと，リズミカルに動くこと，素早く動くことができる能力を高めることをねらいとして行われる運動である。　② 力強い動きを高めるための運動とは，自己の体重，人や物などの抵抗を負荷として，それらを動かしたり，移動したりすることによって，力強い動きを高めることをねらいとして行われる運動である。　(2) 動きを持続する能力を高めるための運動とは，1つの運動又は複数の運動を組み合わせて一定の時間に連続して行ったり，あるいは，一定の回数を反復して行ったりすることによって，動きを持続する能力を高めることをねらいとして行われる運動である。

例題 2

体つくり運動について，「中学校学習指導要領解説　保健体育編」(平成29年7月　文部科学省)第2章「第2節　各分野の目標及び内容」に即して答えよ。

(1) 以下の枠内の下線部を説明している文の(　a　)～(　c　)に当てはまる語句をそれぞれ書け。なお，順番は問わない。

> (1) 知識及び運動
> 　体つくり運動について，次の事項を身に付けることができるよう指導する。
>
> > (1) 次の運動を通して，体を動かす楽しさや心地よさを味わい，体つくり運動の意義と行い方，<u>体の動きを高める方法</u>などを理解し，目的に適した運動を身に付け，組み合わせること。

・ <u>体の動きを高める方法</u>では，ねらいや体力の程度に応じて，適切な強度，(　a　)，(　b　)，(　c　)などを考慮した運動の組合せが大切であることを理解できるようにする。

(2) 体の動きを高める運動のねらいについて説明している①～④の文で，正しいものには○，正しくないものには×を書け。

① 体の柔らかさを高めるための運動とは，全身や体の各部位を振ったり回したりすることや，曲げたり伸ばしたりすることによって全身の筋肉を柔らかくすることをねらいとして行われる運動である。

② 巧みな動きを高めるための運動とは，自分自身で，あるいは人や物の動きに対応してタイミングよく動くこと，力いっぱいに動くこと，バランスをとって動くこと，リズミカルに動くこと，ゆっくりと動くことができる能力を高めることをねらいとして行われる運動である。

③ 力強い動きを高めるための運動とは，自己の体重，人や物などの抵抗を負荷として，それらを動かしたり，移動したりすることによって，力強い動きを高めることをねらいとして行われる運動である。

④ 動きを持続する能力を高めるための運動とは，1つの運動又は複数の運動を組み合わせて一定の時間に連続して行ったり，あるいは，一定の回数を反復して行ったりすることによって，動きを持続する能力を高めることをねらいとして行われる運動である。

解答 (1) a 時間　b 回数　c 頻度　(2) ① ×　② ×　③ ○　④ ○

解説 (1) 体の動きを高める運動は，中学校第1学年及び第2学年の内容であり，「体の動きを高める方法など」の「など」の例としては，運動の組み合わせ方がある。自己の健康や体力の状態に応じて，体の柔らかさ，巧みな動き，力強い動き，動きを持続する能力を，それぞれ効率よく高めることができる組み合わせ方や，これらの体の動きをバランスよく高めることができる組み合わせ方である。

(2) ① 体の柔らかさを高めるための運動では「全身の筋肉を柔らかくすること」ではなく「体の各部位の可動範囲を広げること」である。 ② 巧みな動きを高めるための運動では，「力いっぱいに動くこと」ではなく「力を調整して動くこと」であり，「ゆっくりと動くこと」ではなく「素早く動くこと」である。

実生活に生かす運動の計画

「実生活に生かす運動の計画」は，従前「体力を高める運動」であったもので，中学校第3学年以降で示されている。この構成の変更について，中教審答申(平成28年12月)では「体を動かす楽しさや心地よさを味わうとともに，健康や体力の状況に応じて体力を高める必要性を認識し，運動やスポーツの習慣化につなげる観点から，体つくり運動の内容等について改善を図る」を踏まえて行われたとされる。

この項目は運動の計画を立てて取り組むことを主なねらいとしており，自己の日常生活を振り返り，健康の保持増進や調和のとれた体力の向上を図るために，体の動きを高める運動の計画を立てて取り組むことを指導する。中学校第1学年及び第2学年で学習した「体の動きを高める運動」を踏まえて，運動不足を解消する，体調を維持するなどの健康に生活するための体力や運動を行うための調和のとれた体力を高めていく運動の計画を立てて取り組む。

【指導内容】

[中学校第3学年]

> 実生活に生かす運動の計画では，ねらいに応じて，健康の保持増進や調和のとれた体力の向上を図るための運動の計画を立て取り組むこと。

[高等学校]

> 実生活に生かす運動の計画では，自己のねらいに応じて，健康の保持増進や調和のとれた体力の向上を図るための継続的な運動の計画を立て取り組むこと。

【指導のポイント】

- ①ねらいは何か，②いつ，どこで運動するのか，③どのような運動を選ぶのか，④どの程度の運動強度，時間，回数で行うかなどに着目して運動を組み合わせ，計画を立てて取り組めるようにすること

・一部の能力のみの向上を図るのではなく，総合的に体の動きを高めることで調和のとれた体力の向上が図られるよう配慮すること
・新体力テストなどの測定結果を利用する際には，例えば，測定項目の長座体前屈は体の柔らかさの一部を測定するものではあるが，これ以外にも体の柔らかさを高める必要があることや，成長の段階によって発達に差があることなどを理解させ，測定項目の運動のみを行ったり，測定値の向上のために過度な競争をあおったりすることのないよう留意すること

【実生活に生かす運動の計画の行い方の例】

○健康に生活するための体力の向上を図る運動の計画と実践
運動不足の解消や体調維持のために，食事や睡眠などの生活習慣の改善も含め，休憩時間や家庭などで日常的に行うことができるよう効率のよい組合せやバランスのよい組合せで運動の計画を立てて取り組むこと。

○運動を行うための体力の向上を図る運動の計画と実践
調和のとれた体力の向上を図ったり，選択した運動やスポーツの場面で必要とされる体の動きを高めたりするために，効率のよい組合せやバランスのよい組合せで運動の計画を立てて取り組むこと。

例題 1

中学校学習指導要領(平成29年3月告示)「保健体育」の一部に，「実生活に生かす運動の計画では，ねらいに応じて，健康の保持増進や調和のとれた体力の向上を図るための運動の計画を立て取り組むこと。」とある。また中学校学習指導要領解説「保健体育編」(平成29年7月)では，効率のよい組合せやバランスのよい組合せで運動の計画を立てて取り組むことの理由が示されている。どのようなことか。2つ答えよ。

解答 ① 運動不足の解消や体調維持のために，食事や睡眠などの生活習

慣の改善も含め，休憩時間や家庭などで日常的に行うことができるようにするため。　②　調和のとれた体力の向上を図ったり，選択した運動やスポーツの場面で必要とされる体の動きを高めたりするため。

解説　実生活に生かす運動の計画では，一部の能力のみの向上を図るのではなく，総合的に体の動きを高めることで調和のとれた体力の向上が図られるよう配慮する必要がある。その上で，新体力テストなどの測定結果を利用する際には，例えば，測定項目の長座体前屈は体の柔らかさの一部を測定するものではあるが，これ以外にも体の柔らかさを高める必要があることや，成長の段階によって発達に差があることなどを理解させ，測定項目の運動のみを行ったり，測定値の向上のために過度な競争をあおったりすることのないよう留意することなどが大切である。

例題 2

「体つくり運動」における高等学校入学年次の「実生活に生かす運動の計画」に関する記述として，高等学校学習指導要領解説保健体育編(文部科学省　平成30年7月)に照らして適切なものは，次の1～4のうちのどれか。

1　体調の維持などの健康の保持増進をねらいとして，各種の有酸素運動や体操などの施設や器具を用いず手軽に行う運動例や適切な食事や睡眠の管理の仕方を取り入れて，卒業後も継続可能な手軽な運動の計画を立てて取り組むこと。

2　生活習慣病の予防をねらいとして，「健康づくりのための身体活動基準2013」(厚生労働省　運動基準の改定に関する検討会　平成25年3月)などを参考に，卒業後も継続可能な手軽な運動の計画を立てて取り組むこと。

3　運動不足の解消や体調維持のために，食事や睡眠などの生活習慣の改善も含め，休憩時間や家庭などで日常的に行うことができるよう効率のよい組合せやバランスのよい組合せで運動の計画を立てて取り組むこと。

4　競技力の向上及び競技で起こりやすいけがや疾病の予防をねらいとし

て，体力の構成要素を重点的に高めたり，特に大きな負荷のかかりやすい部位のけがを予防したりする運動の組合せ例を取り入れて，定期的に運動の計画を見直して取り組むこと。

解答 3

解説 体つくり運動は,「体ほぐしの運動」と「実生活に生かす運動の計画」で構成される。選択肢1，2，4は，入学年次の次の年次以降における実生活に生かす運動の計画の行い方の例である。

体力とトレーニング

●体力

日常生活を送る上で身体に必要な能力を**体力**という。体力には，生きていく上で最低限必要な**抵抗力**と，環境に応じて積極的によりよくして生きていこうとする**行動力**がある。抵抗力が高くなるほど疲れにくく，病気やけがになりにくくなる。また行動力が高いほど，スポーツなどの身体能力が高く，日常生活における行動も活発になる。

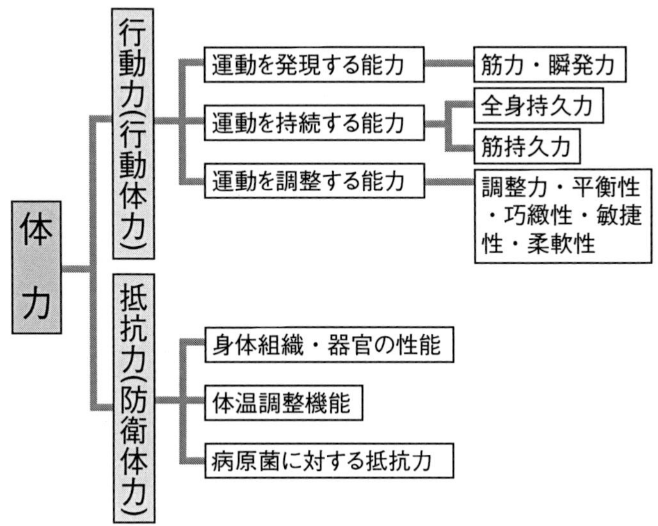

●トレーニング

運動や環境に対する適応性を利用して，体力を高めようとすることを**トレーニング**という。適切なトレーニングにより行動力や抵抗力が高まれば，行動はより活発になり，病気や怪我などを防ぐことができるようになる。

筋力を高めるには，最大筋力(全力)あるいはそれに近い筋力を発揮する運動を行い，筋力が増大するにしたがって，**負荷**をしだいに増していく。これは筋力を高める運動(トレーニング)の基本原則(漸進性の原則)

である。筋力を高める運動には，負荷のかけ方のちがいから，2種類の方法がある。1つは，筋肉の等張性収縮を利用する方法で，バーベル，**ダンベル**，鉄アレイなどの重量物やエキスパンダーなどの抵抗物を用いる動的トレーニング(**アイソトニックトレーニング**)，または**ウエイトトレーニング**が代表的である。

もう1つは，筋肉の等尺性収縮を利用する方法で，負荷してある筋力を，全力を出して動かそうとする静的トレーニングまたは**アイソメトリックトレーニング**である。

▼各トレーニングの具体的方法

動的トレーニング(アイソトニックトレーニング)	①筋力を高めようとする筋肉を主に使う運動，全力の$\frac{2}{3}$(続けて約10回できる程)を発揮 ②正確な動きで，1回ごとに1呼吸し，10回連続して行う，これを1セットという ③1～3分間，疲れた部分をほぐすようにして休む
静的トレーニング(アイソメトリックトレーニング)	①各運動とも，固定したものを動かそうとして，全力か全力に近い力を出す ②5～10秒間全力を出し，各運動とも1～3回行う ③関節角度を深い，中位，浅いの3つの関節角度を用いる ④3つの角度を一度に続けて用いるときは3秒程度にする

①　持久力を高める運動

持久力は**筋持久力**と**全身持久力**とに大別される。筋持久力は，筋がどれだけ長時間にわたって，収縮または収縮・弛緩をくり返すことができるかを筋肉の機能として捉え，全身持久力は**呼吸循環**機能の問題として考える必要がある。筋持久力は，筋力を高める運動の中で，全力の$\frac{1}{3}$程度の力を出し連続して運動をくり返す方法が一般的である。全身持久力を高めるには，特に呼吸循環機能を高めることに目を向けて，**最大酸素摂取能力**などを高めなければならない。この方法には**インターバルトレーニング**がある。

②　瞬発力を高める運動

瞬間的に力を発揮し仕事を遂行しうる能力のことで，ただ筋力が強いだけでなく，力を集中的に発揮できる能力，すなわち**力×スピード**で「パワー」と呼ぶ。パワーを高めるには，筋肉の迅速な**収縮と弛緩**の能力を高め，靭帯や関節包が急激なひっぱりに慣れるようにする運動が必要である。

③　**柔軟性を高める運動**

柔軟性を高める運動は，通常，関節を大きく動かして筋肉や腱，靭帯などを伸展させる方法(ストレッチング)によって行われる。ストレッチングには，ゆっくり弾(はず)みや反動をつけて行う**動的ストレッチング**と，反動をつけずに静かにゆっくり行う**静的ストレッチング**とがあるが，近年，より安全であることから後者のほうが用いられている。

静的ストレッチングでは，自然な呼吸をしながら，ここちよい痛み(ストレッチ感)を感じるところまで**筋肉**をゆっくり伸ばし，伸ばした位置で10～30秒間静止状態を保つ。このようにして身体各部の筋肉や腱，靭帯などをいろいろな方向にストレッチングする。

柔軟性のトレーニングの効用は，関節の**可動範囲(可動域)**が大きくなることから，動作が無理なくスムーズにできるようになることである。また，筋肉痛や筋断裂などの障害予防にも役立つ。

④　**調整力のトレーニング**

調整力とは，神経の働きによって，運動中の姿勢を調節したり，動作を機敏に，巧みに行ったりする能力である。

この能力には，敏捷性，平衡性，巧緻性の要素が含まれているので，それぞれを重点的に強化する必要がある。

敏捷性は音や光の刺激にすばやく**反応**したり，合図に合わせてすばやく動いたりすることによって高めることができる。短距離走のスタートダッシュ，サイドステップなどの運動が効果的である。平衡性はバランス能力である。平衡性を高めるには，平均台運動，マットの回転運動，一輪車などの運動が効果的である。巧緻性は動作を巧みにできる能力である。巧緻性は多種目の運動を経験することによって高めることができる。

⑤　**体力を全面的に高める運動**

体力を全面的に高める方法としては，一般的には**サーキットトレーニング**が用いられる。このトレーニングは，休息をおかずに種々の運動を循環(サーキット)して行うことによって，筋力，瞬発力，筋持久力，全身持久力を高めることができる。

▼トレーニングの種類

静的トレーニング(アイソメトリックトレーニング)	筋肉の等尺性収縮を利用し，力を拮抗させ，関節の動きのない状態で行う。また，動かないものを全力で押すとか，伸び縮みしないものを引っ張ることによっても行うことができる。
動的トレーニング(アイソトニックトレーニング)	筋肉の等張性収縮を利用し，抵抗に対抗し，ダンベルやバーベルなどの重量物を用いて行う。
アイソキネティックトレーニング	筋肉の等速性収縮を利用し，筋肉が最大力を発揮できるよう油圧式機器などを使って行う。
インターバルトレーニング	あらかじめ設定された強度での運動をし，疲労が十分に回復するまで休息をとり，再び前回と同じレベルの強さの運動を反復するトレーニング方法。
レペティショントレーニング	スピード，スピード持久力，筋力などを高めることをねらいとして，運動と完全休息とを繰り返す方式のトレーニング方法。
ウエイトトレーニング	筋力やパワーを高めるため，重量物などを用いて行う抵抗運動。
サーキットトレーニング	基礎体力(筋力および持久力)の総合訓練法で，ウエイトトレーニングに似るが，比較的小さい負荷の運動を何種類か組み合わせてワンセットとして，休息をとることなく繰り返して練習するトレーニング方法。
イメージトレーニング	実際に体を動かすことなく，自分あるいは他者の運動技能のイメージを想起することによって技能を向上させようとするトレーニング方法。
SAQトレーニング	Sはスピード(走る時の最高速度の能力)，Aはアジリティ(敏捷性：左右の速い移動)，Qはクイックネス(すばやさ：静止からの速い反応と動作)のことで，スピード，すばやさ，敏捷性の向上を目的としたトレーニング方法。

●トレーニングの原則

体力の高め方については，各種の運動の技能や能力及び健康の基盤として捉え，トレーニング効果をあげるための基本原則を示して論述する。各人のトレーニングの目的，体力水準，健康状態，日常の生活環境などを検討した上で，適切な運動種目を選択し，その運動の強度，時間，頻度を決めることを「**運動処方**」あるいは「**トレーニング処方**」という。トレーニングプログラムの作成と実施にあたっては「**トレーニングの５原則**」をよく理解し，守る必要がある。

▼トレーニングの5原則

意識性の原則	トレーニングの意義をよく理解し，目的をもって積極的に行う。
全面性の原則	心身の機能が調和を保って，全面的に高められるようにする。
個別性の原則	個人差をよく理解し，個人の特徴に応じたトレーニングを行う。
反復性の原則	運動はくり返して行うことによって効果があらわれる。
漸進性の原則	体力の向上とともに，しだいに運動の強さや量，頻度を高める。

●オーバーロード(過負荷)の原理

トレーニングに用いる運動は，**日常生活で普通行っている運動よりも強いものでなければならない**という原理をいう。または，**トレーニングの負荷を徐々に増やすことにより効果があがる**という原理をいう。

● デッドポイント

呼吸循環機能や身体の諸条件がまだその運動に適応せず，**酸素受容量と酸素摂取のバランスのとれていない状態が最高に達した時点**をいう。これは，運動を開始してまもなく，呼吸が促進し，心拍数増加，呼吸困難を自覚し非常に苦しい時期である。しかし，デッドポイントを通過すると呼吸循環機能が促進され，激しい発汗とともに呼吸困難が改善し，円滑な運動が継続できるようになる(セカンド・ウィンド)。

例題 1

次の文を読んで，あとの問いに答えよ。

体力は，あとの図のような構成要素からなっている。

筋力の強さは，多くの(a)筋線維で構成されている(b)筋肉と密接な関係があり，筋力は筋肉の太さに(　①　)すると言われている。筋力を高める方法には，筋収縮を(c)静的に行うトレーニングと動的に行うトレーニングがある。

(　②　)は，体の組成や機能，恒常性を働かせて(　③　)機能など，生存のために必要な能力や機能からなっている。

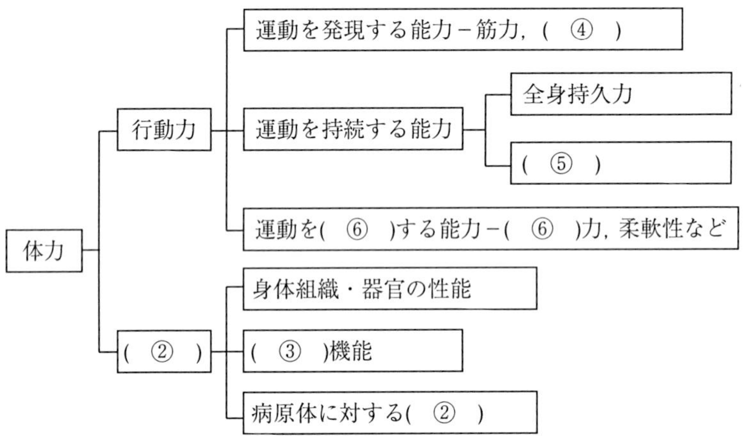

問1　(　①　)～(　⑥　)に適語を入れよ。

問2　下線部(a)は速筋と遅筋の2種類に分けられるが，それぞれを別の名称で答えよ。

問3　下線部(b)のうち，横紋筋で不随意筋でもある筋肉名を答えよ。

問4　下線部(c)は何を変えずに力を発揮するトレーニングであるか答えよ。

問5　(　④　)を高めるためのトレーニングは，運動強度，運動時間の観点から，どのように実施することが効果的であるか答えよ。

解答 問1 ① 比例 ② 抵抗力 ③ 体温調節 ④ 瞬発力 ⑤ 筋持久力 ⑥ 調整 問2 速筋：白筋 遅筋：赤筋 問3 心筋 問4 筋肉の長さ 問5 負荷を軽くして，素早く行う。(短時間で行う等)

解説 問1 ① 筋力と筋量は比例する。 ② 体力には一般的な行動体力と病気などに対する抵抗力の2種類がある。 ③～⑥ 体力の種類の分布は必ず覚えておく。 問2 遅筋には，持久運動で酸素が必要となるため，その運搬機能の役割を持つミオグロビンが存在する。そして，このミオグロビンの色が赤いため，遅筋は赤く，赤筋と呼ばれる。速筋にはミオグロビンがないため，白く，白筋と呼ばれる。 問3 心筋は，骨格筋と同じ横紋筋であるが，骨格筋は随意筋で多核の細胞でできているのに対して，心筋は単核(稀に2核)の細胞でできており，不随意筋である。また，ミトコンドリアが非常に多く存在しており，心筋が要求するエネルギーの大部分をまかなっている。 問4 筋の収縮には3種類ある。等張性収縮，等尺性収縮，伸張性収縮である。 問5 速度の観点から言えば，負荷を軽く，素早く反復させることが大事であるが，瞬間的に大きな力を出せるようにするトレーニングとしては，強い負荷を短時間でするというのが正しい。ただ，正確に言えば，瞬発力のトレーニングは負荷が強いため，短時間で行うのではなく，短時間しか持たないというのが正しい表現である。トレーニングをより効果的にするためには，短時間ではなく，自身の体力が続く限り続けた方がいい。

例題 2

体力について，次の(1)～(4)の各問いに答えよ。

(1) 運動やスポーツを行うために必要な体力を何というか答えよ。

(2) ストレスや環境に適応したり，病原体に抵抗したりするための体力を何というか答えよ。

(3) 体力を高めるためには，日常行っている運動よりもやや強い運動をする必要があるという原則を何というか答えよ。

(4) ウォーキングやジョギングなど，比較的低い強度で酸素をとり入れながら長時間行い，最大酸素摂取量を高めるのに有効なトレーニング法を答えよ。

解答 (1) 行動体力 (2) 防衛体力 (3) オーバーロード(過負荷)の原則 (4) 有酸素トレーニング

解説 (1) 人間の体力で積極的な要素としての体力のこと。 (2) 一般に抵抗力として考えられているものに近く，体外，体内からのストレスに対して耐える能力をいう。温度調節，免疫，適応など。

(3) トレーニングによって，新しい適応を身体にもたらそうとするのであれば，日常生活でふつう行っている運動より強い運動負荷を身体に加えなければならない。また，体力の向上に伴い過負荷の程度は小さくなるので，体力をさらに高めるには運動の強さを増す必要がある。 (4) 体に取り込んだ酸素を利用して運動に必要なエネルギーをつくりだし，全身持久力や酸素摂取能力を高めるトレーニングで，ウォーキング，ジョギング，ランニング，水泳，サイクリング，エアロビック・ダンスなどの全身的な運動が適している。

例題 3

次の①～③の文が説明している語句を以下のア～シから1つずつ選び，その記号を書け。

① メンタルトレーニングの方法で，興奮が低い場合に動機づけを高くしたり，体に刺激を与えるなど，興奮水準を上げること。
② 腕で物を保持している状態のように，筋肉が長さを変えずに力を発揮する筋収縮のこと。
③ 今まで一生懸命に練習やトレーニングに取り組んできたにもかかわらず，突然運動する意欲が無くなってしまう状態のこと。

ア	プラトー	イ	コンセントリック収縮
ウ	オーバーロード	エ	プライオメトリック収縮
オ	サイキングアップ	カ	ゾーン
キ	ハイプレッシャー	ク	アイソメトリック収縮
ケ	スランプ	コ	エクセントリック収縮
サ	バーンアウト	シ	モチベーション

解答 ① オ　② ク　③ サ

解説 ① リラックスして興奮状態を収めることもメンタルコントロールだが，逆に精神的緊張や興奮水準を高めるためのコントロールの技法である。 ② アイソメトリックトレーニング(静的トレーニング)は安全性が高く，誰でも手軽に行える方法である。ウエイトなどを用いて行う動的トレーニングはアイソトニックトレーニングである。③ 「燃え尽き症候群」とも言われる。スランプと類似しているので，使い分けについて説明できるようにしておくとよい。

新体力テスト

新体力テストとは国民の体力・運動能力の現状を明らかにするとともに，体育・スポーツの指導と行政上の基礎資料を得るために実施されているテストのことである。従来の体力テストに比べ，より実施しやすいテストにするために測定方法の簡素化やテスト項目数の精選がされている。また，小学生から高齢者までを対象に同一方法で実施される項目数が多いことから，評価は個人でも容易に，かつ時系列的変化を把握しやすくなるように作られている。

このテストの目的は，測定結果を何らかの基準に照らし，体力水準やその特性を評価するための資料を提供することにある。調査結果から，以下のようなことが分析できる。

①全国平均値，県平均値や集団の平均値と比較することで，テストの結果が優れているのか劣っているのかがわかる。②前年の結果と比較することで，体力の発達や低下傾向がわかる。

▼要因と測定項目（12歳～19歳）

要因	測定項目
筋力	握力
筋力・筋持久力	上体起こし
柔軟性	長座体前屈
敏捷性	反復横とび(1m幅に統一)
全身持久力	1500m走(男子)・1000m走(女子) 20mシャトルラン　}選択
走能力　スピード	50m走
投能力　巧緻性・筋パワー	ハンドボール投げ
跳能力　筋パワー	立ち幅とび

▼実施要項(12歳～19歳)

【握力】

1　準備

スメドレー式握力計

2　方法

(1)　握力計の指針が外側になるように持ち，握る。この場合，人差し指の第2関節が，ほぼ直角になるように握りの幅を調節する。

(2)　直立の姿勢で両足を左右に自然に開き腕を自然に下げ，握力計を身体や衣服に触れないようにして力いっぱい握りしめる。この際，握力計を振り回さないようにする。

3　記録

(1)　右左交互に2回ずつ実施する。

(2)　記録はキログラム単位とし，キログラム未満は切り捨てる。

(3)　左右おのおののよい方の記録を平均し，キログラム未満は四捨五入する。

4　実施上の注意

(1)　このテストは，右左の順に行う。

(2)　このテストは，同一被測定者に対して2回続けて行わない。

【上体起こし】

1　準備

ストップウォッチ，マット

2　方法

(1)　マット上で仰臥姿勢をとり，両手を軽く握り，両腕を胸の前で組む。両膝の角度を90°に保つ。

(2)　補助者は，被測定者の両膝をおさえ，固定する。

(3)　「始め」の合図で，仰臥姿勢から，両肘と両大腿部がつくまで上体を起こす。

(4)　すばやく開始時の仰臥姿勢に戻す。

(5)　30秒間，前述の上体起こしを出来るだけ多く繰り返す。

3　記録

(1)　30秒間の上体起こし(両肘と両大腿部がついた)回数を記録する。ただし，仰臥姿勢に戻したとき，背中がマットにつかない場合は，回数としない。

(2)　実施は1回とする。

4　実施上の注意

(1)　両腕を組み，両脇をしめる。仰臥姿勢の際は，背中(肩甲骨)がマットにつくまで上体を倒す。

(2)　補助者は被測定者の下肢が動かないように両腕で両膝をしっかり固定する。しっかり固定するために，補助者は被測定者より体格が大きい者が望ましい。

(3)　被測定者と補助者の頭がぶつからないように注意する。

(4)　被測定者のメガネは，はずすようにする。

【長座体前屈】

1　準備

幅約22cm・高さ約24cm・奥行き約31cmの箱2個(A4コピー用紙の箱など)，段ボール厚紙1枚(横75～80cm×縦約31cm)，ガムテープ，スケール(1m巻き尺または1mものさし)。

高さ約24cmの箱を，左右約40cm離して平行に置く。その上に段ボール厚紙をのせ，ガムテープで厚紙と箱を固定する(段ボール厚紙が弱い場合は，板などで補強してもよい)。床から段ボール厚紙の上面までの高さは，25cm(±1cm)とする。右または左の箱の横にスケールを置く。

2　方法

(1)　初期姿勢：被測定者は，**両脚**を両箱の間に入れ，長座姿勢をとる。壁に背・**尻**をぴったりとつける。ただし，**足首**の角度は固定しない。**肩幅**の広さで両手のひらを下にして，手のひらの中央付近が，**厚紙**の手前端にかかるように置き，胸を張って，**両肘**を伸ばしたまま両手で箱を手前に十分引きつけ，背筋を伸ばす。

(2)　初期姿勢時のスケールの位置：初期姿勢をとったときの箱の手前右または左の角に零点を合わせる。

(3)　前屈動作：被測定者は，両手を厚紙から離さずに**ゆっくりと**前屈して，**箱全体を真っ直ぐ前方にできるだけ遠くまで滑らせる**。このとき，**膝が曲がらないように注意する**。最大に前屈した後に**厚紙**から手を離す。

3　記録

(1)　初期姿勢から最大前屈時の箱の移動距離をスケールから読み取る。

(2)　記録はセンチメートル単位とし，センチメートル未満は切り捨てる。

(3)　2回実施してよい方の記録をとる。

4　実施上の注意

(1)　前屈姿勢をとったとき，膝が曲がらないように気をつける。

(2)　箱が真っ直ぐ前方に移動するように注意する(ガイドレールを設けてもよい)。

(3)　箱がスムーズに滑るように床面の状態に気をつける。

(4)　靴を脱いで実施する。

【反復横とび】

1　準備

ストップウォッチ

床の上に中央ラインをひき，その両側100cmのところに2本の平行ラインをひく。

2　方法

中央ラインをまたいで立ち，「始め」の合図で右側のラインを越すか，または，踏むまでサイドステップし(ジャンプしてはいけない)，次に中央ラインにもどり，さらに左側のラインを越すかまたは触れるまでサイドステップする。

3　記録

(1)　上記の運動を20秒間繰り返し，それぞれのラインを通過するごとに1点を与える(右，中央，左，中央で4点になる)。

(2)　テストを2回実施してよい方の記録をとる。

4　実施上の注意

(1)　屋内，屋外のいずれで実施してもよいが，屋外で行う場合は，よく整地された安全で滑りにくい場所で実施すること(コンクリート等の上では実施しない)。

(2)　このテストは，同一の被測定者に対して続けて行わない。

(3)　次の場合は点数としない。

ア　外側のラインを踏まなかったり越えなかったとき。

イ　中央ラインをまたがなかったとき。

【持久走(男子1500m，女子1000m)】

1　準備

歩走路(トラック)，スタート合図用旗，ストップウォッチ

2　方法

(1)　スタートはスタンディングスタートの要領で行う。

(2)　スタートの合図は，「位置について」，「用意」の後，音または声を発すると同時に旗を上から下に振り下ろすことによって行う。

3　記録

(1)　スタートの合図からゴールライン上に胴(頭，肩，手，足ではない)が到達するまでに要した時間を計測する。

(2)　1人に1個の時計を用いることが望ましいが，ストップウォッチが不足する場合は，計時員が時間を読み上げ，測定員が到着時間を記録してもよい。

(3)　記録は秒単位とし，秒未満は切り上げる。

(4)　実施は1回とする。

4　実施上の注意

(1)　被測定者の健康状態に十分注意し，疾病及び傷害の有無を確かめ，医師の治療を受けている者や実施が困難と認められる者については，このテストを実施しない。

(2)　トラックを使用して行うことを原則とする。

(3)　いたずらに競争したり，無理なペースで走らないように注意し，各自の能力なども考えて走るよう指導する。

(4)　テスト前後に，ゆっくりとした運動等によるウォーミングアップ及びクーリングダウンをする。

【20mシャトルラン(往復持久走)】

1　準備

テスト用CDまたはテープ及び再生用プレーヤー

20m間隔の2本の平行線をひき，ポール4本を平行線の両端に立

てる。

2　方法

(1)　プレーヤーによりCD(テープ)再生を開始する。

(2)　一方の線上に立ち，テストの開始を告げる5秒間のカウントダウンの後の電子音によりスタートする。

(3)　一定の間隔で1音ずつ電子音が鳴る。電子音が次に鳴るまでに20m先の線に達し，足が線を越えるか，触れたら，その場で向きを変える。この動作を繰り返す。電子音の前に線に達してしまった場合は，向きを変え，電子音を待ち，電子音が鳴った後に走り始める。

(4)　CD(テープ)によって設定された電子音の間隔は，初めはゆっくりであるが，約1分ごとに電子音の間隔は短くなる。すなわち，走速度は約1分ごとに増加していくので，できる限り電子音の間隔についていくようにする。

(5)　CD(テープ)によって設定された速度を維持できなくなり走るのをやめたとき，または，2回続けてどちらかの足で線に触れることができなくなったときに，テストを終了する。なお，**電子音からの遅れが1回の場合，次の電子音に間に合い，遅れを解消できれば，テストを継続することができる。**

3　記録

(1)　テスト終了時(電子音についていけなくなった直前)の折り返しの総回数を記録とする。ただし，2回続けてどちらかの足で線に触れることができなかったときは，最後に触れることができた折り返しの総回数を記録とする。

(2)　折り返しの総回数から最大酸素摂取量を推定する場合は，参考「20mシャトルラン(往復持久走)最大酸素摂取量推定表」を参照すること。

4　実施上の注意

(1)　ランニングスピードのコントロールに十分注意し，電子音の鳴る時には，必ずどちらかの線上にいるようにする。CD(テープ)によって設定された速度で走り続けるようにし，走り続けることができなくなった場合は，自発的に退くことを指導しておく。

(2) テスト実施前のウォーミングアップでは，足首，アキレス腱，膝などの柔軟運動(ストレッチングなどを含む)を十分に行う。

(3) テスト終了後は，ゆっくりとした運動等によるクーリングダウンをする。

(4) 被測定者に対し，最初のランニングスピードがどの程度か知らせる。

(5) CDプレーヤー使用時は，音がとんでしまうおそれがあるので，走行場所から離して置く。

(6) 被測定者の健康状態に十分注意し，疾病及び傷害の有無を確かめ，医師の治療を受けている者や実施が困難と認められる者については，このテストを実施しない。

【50m走】

1 準備

50m直走路，スタート合図用旗，ストップウォッチ

2 方法

(1) スタートは，**クラウチングスタート**の要領で行う。

(2) スタートの合図は，「位置について」，「用意」の後，音または声を発すると同時に旗を下から上へ振り上げることによって行う。

3 記録

(1) スタートの合図からゴールライン上に胴(頭，肩，手，足ではない)が到達するまでに要した時間を計測する。

(2) **記録は$\frac{1}{10}$秒単位とし，$\frac{1}{10}$秒未満は切り上げる。**

(3) 実施は1回とする。

4 実施上の注意

(1) 走路は，セパレートの直走路とし，曲走路や折り返し走路は使わない。

(2) 走者は，スパイクやスターティングブロックなどを使用しない。

(3) ゴールライン前方5mのラインまで走らせるようにする。

【ハンドボール投げ】

1　準備

ハンドボール2号(外周54cm～56cm，重さ325g～400g)，巻き尺

平坦な地面上に直径2mの円を描き，円の中心から投球方向に向かって，中心角30度になるように直線を2本引き，その間に同心円弧を1m間隔に描く。

2　方法

(1)　投球は地面に描かれた円内から行う。

(2)　投球中または投球後，円を踏んだり，越したりして円外に出てはならない。

(3)　投げ終わったときは，静止してから，円外に出る。

3　記録

(1)　ボールが落下した地点までの距離を，あらかじめ1m間隔に描かれた円弧によって計測する。

(2)　記録はメートル単位とし，メートル未満は切り捨てる。

(3)　2回実施してよい方の記録をとる。

4　実施上の注意

(1)　ボールは規格に合っていれば，ゴム製のものでもよい。

(2)　投球のフォームは自由であるが，できるだけ「下手投げ」をしない方がよい。また，ステップして投げたほうがよい。

【立ち幅とび】

1　準備

屋外で行う場合

砂場，巻き尺，ほうき，砂ならし

砂場の手前(30cm～1m)に踏み切り線を引く。

屋内で行う場合

マット(6m程度)，巻き尺，ラインテープ

マットを壁に付けて敷く。マットの手前(30cm～1m)の床にラインテープを張り踏み切り線とする。

2　方法

(1)　両足を軽く開いて，つま先が踏み切り線の前端にそろうように

立つ。

(2) 両足で同時に踏み切って前方へとぶ。

3 記録

(1) 身体が砂場(マット)に触れた位置のうち，最も踏み切り線に近い位置と，踏み切り前の両足の中央の位置(踏み切り線の前端)とを結ぶ直線の距離を計測する。

(2) 記録はセンチメートル単位とし，センチメートル未満は切り捨てる。

(3) 2回実施してよい方の記録をとる。

4 実施上の注意

(1) 踏み切り線から砂場(マット)までの距離は，被測定者の実態によって加減する。

(2) 踏み切りの際には，二重踏み切りにならないようにする。

(3) 屋外で行う場合，踏み切り線周辺及び砂場の砂面は，できるだけ整地する。

(4) 屋内で行う場合，着地の際にマットがずれないように，テープ等で固定するとともに，片側を壁につける。滑りにくい(ずれにくい)マットを用意する。

(5) 踏み切り前の両足の中央の位置を任意に決めておくと計測が容易になる。

例題 1

次の文章は，「体力の高め方」について述べたものである。問1～問4に答えよ。

人が生き生きとした生活を送るために必要な体の基礎的な能力を体力という。体力には，運動やスポーツを行うために必要な[①]と，ストレスや環境に適応したり，病原個体に抵抗したりするための防衛体力とがある。運動は，骨，筋，神経の三つの器官系の働きで発現する。長時間続く運動では，筋にエネルギーを供給するために，肺や心臓など呼吸器系及び[②]系の働きが大切になる。運動を巧みに行うためには，どの筋を，どのようなタイミングで，そして，どの程度の強さで動かすかという[　③　]系の働きが必要になる。

体力を高めるためには，A新体力テストなどにより自分の体力の状況を知るとともに，体力を高める[　④　]，健康状態，運動習慣等を検討した上で，適切な運動種目を選択し，そのB運動の強度，時間，頻度等を決めることが必要である。

C体力を高めるトレーニングには，様々な方法があり，安全で効果的に行うための計画を立てて実践することが大切である。

問1　文中の[　①　]～[　④　]に当てはまる語句を次からそれぞれ選べ。

ア　循環器　　イ　目的　　ウ　内分泌　　エ　神経
オ　基礎体力　　カ　意志　　キ　行動体力　　ク　骨格

問2　次の表は，下線部Aの種目と測定される体力の要素を表したものである。(　a　)，(　b　)に当てはまる語句を書け。

種　　目	測定される体力の要素
握力	筋力
(　　a　　)	筋力・筋持久力
長座体前屈	柔軟性
反復横とび	(　　b　　)・筋持久力
持久走又は20mシャトルラン	全身持久力
50m走	走力・スピード
立ち幅とび	瞬発力
ハンドボール投げ	巧緻性・瞬発力

問3　次の(1)，(2)の文は，下線部Bについて指導する際の留意点を述べたものである。文中の[　a　]に当てはまる数字をⅠ群から，[　b　]に当てはまる数字をⅡ群からそれぞれ選べ。

(1)　筋力を高めるためには，最大反復回数が[　a　]回の比較的重い負荷を用いると効果的である。

(2)　スピード主体の瞬発力を高めるためには，最大筋力の[　b　]%程度の運動強度で，数秒間，全速力で反復すると効果的である。

Ⅰ群

ア　1～3　　イ　10～20　　ウ　20～40　　エ　60～80

Ⅱ群

ア　30　　イ　60　　ウ　90　　エ　100

問4　下線部Cについて指導する際，全身持久力を高める目的で行うトレーニングとして適したものを次から1つ選び，その行い方を簡単に説明せよ。

a　アイソトニックトレーニング　　b　インターバルトレーニング

c　オーバートレーニング　　d　アイソメトリックトレーニング

解答　問1　①　キ　②　ア　③　エ　④　イ　問2　a　上体起こし　b　敏捷性　問3　(1)　イ　(2)　ア　問4　b：もともとは陸上競技の中・長距離の練習方法として始められたトレーニングで，ランニングや水泳等の運動と不完全休息(歩行やジョギング)を交互に繰り返すトレーニング方法である。

解説　問1，問2　トレーニングとは，運動に対する身体の適応性を利用し，身体の行動力と抵抗力を望ましい水準に高めようとする過程のこと。体力トレーニングの効果を確かなものにするためには，その目的に応じた適切な運動を行わなければならない。そのために，正しいトレーニング処方を理解することが重要となる。

問3　(1)　筋力トレーニングの方法は，オーバーロードの原則に則っている。トレーニング負荷そのものは，筋肉に対し抵抗を与えるという共通点があることから，最近ではレジスタンストレーニングと総称することが多い。　(2)　瞬発力は体全体を使って発揮されるため，俊敏に動くことのできないくらい重い負荷ではよい効果は得られない。ある程度軽い負荷で体全体を素早く動かした方が，より大きな効果が期待できる。　問4　このトレーニングは，有酸素的な運動能力を高めるトレーニング手段として知られているが，運動時間と休息時間の比や休息の状態などによって，無酸素的な能力の向上にも役立つ。　a，d：筋力を高めるトレーニング方法のこと。

c：過剰なトレーニングによりパーフォーマンスが低下し，簡単に回復しない慢性的な疲労状態のこと。

例題 2

次の(1)～(5)は，12歳～19歳を対象とした新体力テスト(文部科学省)に関する記述である。文中の空欄(①)～(⑤)に入る最も適切な語句・数字を答えよ。

(1) テスト項目は「握力」，「上体起こし」，「(①)」，「反復横とび」，「持久走又は20mシャトルラン」，「50m走」，「立ち幅とび」，「ハンドボール投げ」の8項目である。

(2) 握力の測定では，握力計を握る際，(②)の第2関節がほぼ直角になるように握りの幅を調節する。

(3) 上体起こしの測定では，(③)秒間における上体起こしの回数を記録する。

(4) 反復横とびの測定では，運動を(④)秒間繰り返し，それぞれのラインを通過するごとに1点を与える。

(5) 50m走の測定における記録は$\frac{1}{10}$秒単位とし，$\frac{1}{10}$秒未満は(⑤)。

解答 ① 長座体前屈　② 人差し指　③ 30　④ 20
⑤ 切り上げる

解説 この問題は，新体力テスト(文部科学省)の実施要項を参考にする。
① 解答の長座体前屈を含め，全8項目をおさえておく。
②～⑤ 用いる器具の名前，方法，記録の仕方，注意点をそれぞれ確認しておく。これらは他の項目についても同様に確認しておく。

例題 3

次の文は，「新体力テスト実施要項(12歳～19歳対象)」(文部科学省)に示されている4つのテスト項目の説明内容の一部である。文中の(①)～(⑥)にあてはまる数値をそれぞれ書け。

＜反復横とび＞

・床の上に中央ラインを引き，その両側(①)cmのところに2本の平行ラインを引く。

・テストは(②)秒間行い，2回実施してよい方の記録をとる。

＜上体起こし＞

・ マット上で仰臥姿勢をとり，両膝の角度を(　③　)度に保つ。

・ テストは(　④　)秒間行い，両肘と両大腿部がついた回数を記録する。

＜ハンドボール投げ＞

・ 平坦な地面上に直径2mの円を描き，円の中心から投球方向に向かって，中心角(　⑤　)度になるように直線を2本引き，その間に同心円弧を1m間隔に描く。

＜50m走＞

・記録は(　⑥　)秒単位とし，(　⑥　)秒未満は切り上げる。

解答　①　100　②　20　③　90　④　30　⑤　30

⑥　$\frac{1}{10}$(0.1)

解説　①・②「反復横とび」は中央ラインをまたいで立ち，「始め」の合図で右側のラインを越すか，または踏むまでサイドステップし(ジャンプしてはいけない)，次に中央ラインにもどり，さらに左側のラインを越すかまたは触れるまでサイドステップする。　③・④「上体起こし」は「始め」の合図で仰臥姿勢から両肘と両大腿部がつくまで上体を起こし，すばやく開始時の仰臥姿勢に戻す。30秒間，前述の上体起こしを出来るだけ多く繰り返す。　⑤「ハンドボール投げ」での投球は地面に描かれた円内から行う。投球中または投球後，円を踏んだり，越したりして円外に出てはならない。投げ終わったときは，静止してから，円外に出る。記録はメートル単位とし，メートル未満は切り捨てる。　⑥「50m走」のスタートは，クラウチングスタートの要領で行う。走者はスパイクやスターティングブロックなどを使用しない。

第 2 章

器械運動

保健体育科 器械運動

ポイント

器械運動は，マット運動，鉄棒運動，平均台運動及び跳び箱運動で構成され，器械の特性に応じて多くの「技」がある。これらの技に挑戦し，その技ができる楽しさや喜びを味わうことのできる運動である。

小学校では，技ができることや技を繰り返したり組み合わせたりすることを学習しており，中学校では，これらの学習を受けて，技がよりよくできることや自己に適した技で演技することが求められる。したがって，第1学年及び第2学年では，技ができる楽しさや喜びを味わい，器械運動の特性や成り立ち，技の名称や行い方，その運動に関連して高まる体力などを理解するとともに，技がよりよくできるようにする。その際，技などの自己の課題を発見し，合理的な解決に向けて運動の取り組み方を工夫するとともに，自己の考えたことを他者に伝えることができるようにすることが大切である。

高等学校では，中学校までの学習を踏まえて，技がよりよくできたり自己や仲間の課題を解決したりするなどの多様な楽しさや喜びを味わい，「自己に適した技で演技する」ことなどが求められている。したがって，入学年次では，技ができる楽しさや喜びを味わい，運動観察の方法や体力の高め方などを理解するとともに，自己に適した技で演技することができるようにする。その際，技などの自己や仲間の課題を発見し，合理的な解決に向けて運動の取り組み方を工夫するとともに，自己の考えたことを他者に伝えることができるようにすることが大切である。また，器械運動の学習に自主的に取り組み，よい演技を讃えることや一人一人の違いに応じた課題や挑戦を大切にすることなどに意欲をもち，健康や安全を確保することができるようにすることが大切である。

マット運動

●マット運動の内容

① 中学校

マット運動では，自己の能力に応じて技を選択，習得し，それらの技を組み合わせて「はじめ－なか－おわり」という連続した技がよりよくできるようにするとともに，演技を発表できるようにする。また，技を改善したり，新たに技を加えたりして，演技の内容を豊かにすることができるようにする。

② 高等学校

マット運動では，基本的な技，条件を変えた技，発展技の中から，技の静止や組合せの流れに着目して「はじめ－なか－おわり」に用いる技を構成し，演技できるようにするとともに，演技を発表できるようにする。また，自己に適した技を選び，挑戦するようにすることが大切である。

●マット運動の主な技の例示

マット運動には，回転系と巧技系がある。

① 回転系

〈接転技群(背中をマットに接して回転)〉

前転グループ：前転，開脚前転，伸膝前転，倒立前転，跳び前転　など

後転グループ：後転，開脚後転，伸膝後転，後転倒立　など

〈ほん転技群(手や足の支えで回転)〉

倒立回転・倒立回転跳びグループ：

側方倒立回転，側方倒立回転跳び$\frac{1}{4}$ひねり(ロンダート)・倒立ブリッジ，前方倒立回転，前方倒立回転跳び　など

はねおきグループ：首はねおき，頭はねおき　など

② 巧技系

〈平均立ち技群(バランスをとりながら静止する技)〉

片足平均立ちグループ：片足正面水平立ち，片足側面水平立ち，Y字バランス　など

倒立グループ：頭倒立，倒立，倒立ひねり　など

マット運動の主な技の例(高等学校・入学年次の次の年次以降)

系	技群	グループ	基本的な技 (主に中3までに例示)	発展技
回転系	接転	前転	開脚前転 →	伸膝前転 → 倒立伸膝前転
			→ 倒立前転 →	（→ 倒立伸膝前転）
			→ 跳び前転	
		後転	開脚後転 → 伸膝後転 →	後転倒立
	ほん転	倒立回転・倒立回転跳び	側方倒立回転 → 側方倒立回転跳び $\frac{1}{4}$ひねり（ロンダート）	
			倒立ブリッジ → 前方倒立回転 →	前方倒立回転跳び
		はねおき	頭はねおき	
巧技系	平均立ち	片足平均立ち	片足正面水平立ち → ↘ Y字バランス	片足側面水平立ち
		倒立	倒立 →	倒立ひねり

●マット運動の学習の要点

マット運動の指導においては，各種の回転運動や姿勢保持の運動の技能を高め，跳躍力，支持力，身体支配の能力の向上を図ることが大切である。技能の向上は，すでに習得している運動をベースに段階的・系統的に発展させ，それらの連続を工夫することによって図ることができる。また，効果的に学習活動を展開するためには，補助や幇助を積極的に取り入れたり，学習者が相互に観察や助言をし合うこと，組み合わせを工夫させることなど，自己や仲間の安全に留意して運動ができるようにすることが必要である。

例題 1

次の文章は，器械運動の「マット運動」における技を実施するときの注意点を説明したものである。(　①　)～(　③　)について当てはまる語句を語群a～fから1つずつ選び，記号で答えよ。

(1) 伸膝前転

ア　マットに(　①　)が触れる瞬間に(　②　)を一気に前屈して手を着く。

イ　手は腰と(　③　)の中間くらいに着き，強くマットを押しながら前屈をする。

(2) 倒立前転

ア　倒立で，(　①　)を前にゆっくりはずし，前転に入るタイミングをつかむ。

イ　(　②　)が着くまで(　③　)と膝に力を入れ，(　②　)からスムーズに転がる。

(3) 前方倒立回転跳び

ア　ホップして体の前傾を作り着手の準備をする。

イ　着手は肩角を十分に開いたままで，(　①　)を前に倒して行う。

ウ　着手と同時に振り上げ足を一気に振り上げる。

エ　(　②　)の前方への回転スピードを止めないで，(　③　)の突き放しとともに体を反らす。

語群

a 手　b 足　c 膝　d 後頭部　e 腰　f 上体

解答 (1) ① b　② f　③ c　(2) ① b　② d　③ e
(3) ① f　② b　③ a

解説 (1) 前方に足を投げ出し，マットに足が触れる瞬間に上体を一気に前屈して手を着く。手は腰と膝の中間くらいに着き，強くマットを押しながら前屈する。 (2) 倒立で，足を前にゆっくりはずし，前転に入るタイミングをつかむ。後頭部が着くまで腰と膝に力を入れ，後頭部からスムーズに転がる。 (3) ホップして体の前傾を作り着手の準備をする。着手は肩角を十分に開いたままで，上体を前に倒して行う。着手と同時に振り上げ足を一気に振り上げる。足の前方への回転スピードを止めないで，手の突き放しとともに体を反らす。

例題 2

体育分野の領域「器械運動」の「マット運動」について，次の1～3に答えよ。

1　マット運動の技を構成し演技させるためには，どのようなことに留意する必要があるか。簡潔に書け。

2　次の図は，前方倒立回転跳びの連続する動作を，①～⑤の5つに分けて示したものである。一連の動きを滑らかにして回転するための技能の要点を，①～⑤について，それぞれ簡潔に書け。

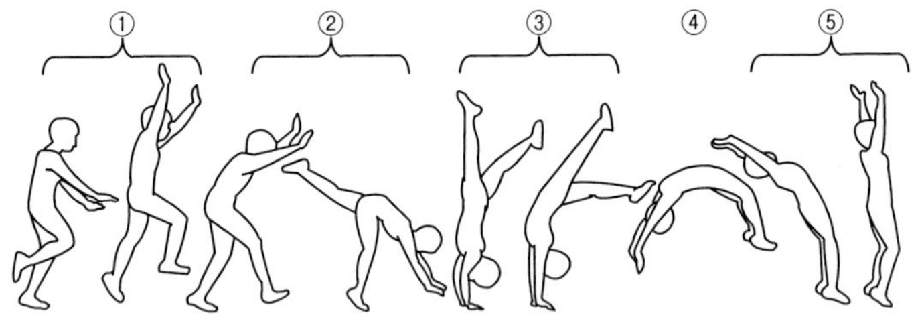

3　マット運動における補助を活用した学習の意義を，簡潔に3つ書け。

解答　1　同じグループや異なるグループの基本的な技，条件を変えた技，発展技の中から，技の組み合わせの流れや技の静止に着目して「はじめ－なか－おわり」に構成し演技させること。　2　①　両腕を振り上げながらホップする(はずむ)。　②　振り上げ足を勢いよく振り上げながら両手をマットに着手する。　③　倒立の姿勢から手でマットを突き放して体を反らす。　④　両足を揃えながら空中で体を反らして伸身の姿勢をとる。　⑤　膝を伸ばして柔らかく着地する。　3　・運動経過を安全に経験させることができる。　・正しい技のイメージを早くつかませることができる。　・技の癖をなくし，技術内容を改善向上させることができる。　・動きの感じや動きのコツをつかませることができる。　・補助者にも技の性質や

コツをつかませることができる。　・好ましい信頼関係で，仲間との教え合いを理解させることができる。 などから3つ

解説 器械運動は，マット運動，鉄棒運動，平均台運動，跳び箱運動で構成され，器械の特性に応じて多くの「技」がある。これらの技に挑戦し，その技ができる楽しさや喜びを味わい，その技がよりよくできるようにする (1・2年)・自己に適した技で演技することができるようにする (3年)。マット運動では，回転系や巧技系の基本的な技を滑らかに安定して行うこと，条件を変えた技，発展技を行うこと，それらを構成し演技したりすることが求められている。なお，解答は内容を正しく捉えていれば，表現は異なってもよい。

例題 3

次の文章は，『中学校学習指導要領(平成29年告示)解説　第2章　第2節　各分野の目標及び内容』からの一部抜枠である。(　A　)～(　E　)に適する語句を以下の語群から選び，記号で答えよ。

2　内容　　B. 器械運動　[第3学年]　ア　マット運動

系	技群	グループ	基本的な技 (主に中1・2で例示)	発展技
回転系	接転	前転	開脚前転 → → 倒立前転 →	伸膝前転 跳び前転
		後転	開脚後転	伸膝後転 → 後転倒立
	ほん転	倒立回転・倒立回転跳び	側方倒立回転 → 倒立ブリッジ →	側方倒立回転跳び$\frac{1}{4}$ひねり（ロンダート） 前方倒立回転 → 前方倒立回転跳び
		はねおき	頭はねおき	
(　A　)系	平均立ち	片足平均立ち	片足正面水平立ち →	片足側面水平立ち，(　B　) バランス
		倒立	倒立 →	倒立ひねり

＜回転系の例示＞

○　接転技群(背中をマットに接して回転する)

・体をマットに順々に(　C　)させて回転するための動き方，回転力を高めるための動き方で，基本的な技の一連の動きを(　D　)に安定させて回ること。

・開始姿勢や終末姿勢，組合せの動きや支持の仕方などの条件を変えて回ること。

・学習した基本的な技を発展させて，一連の動きで回ること。

○　ほん転技群(手や足の支えで回転する)

・(　E　)を支えたり，突き放したりするための着手の仕方，回転力を高めるための動き方，起き上がりやすくするための動き方で，基本的な技の一連の動きを(　D　)に安定させて回転すること。

・開始姿勢や終末姿勢，支持の仕方や組合せの動きなどの条件を変えて回転すること。

・学習した基本約な技を発展させて，一連の動きで回転すること。

《語群》

ア	体操	イ	屈伸	ウ	巧技	エ	支持	オ	Y字
カ	V字	キ	リズミカル	ク	滑らか	ケ	姿勢	コ	維持
サ	接触	シ	静止	ス	全身	セ	確実		
ソ	伸身跳び								

解答　A　ウ　　B　オ　　C　サ　　D　ク　　E　ス

解説　A　マット運動の技は，大きく回転系と巧技系に分けられ，回転系には接転技群とほん転技群，巧技系には平均立ち技群がある。

B　片足で立ち，もう一方の足を持ち上げて，上げた足と同じ側の手で足首をつかみ，空いている腕は上方に伸ばし，体全体がYの字の形になるポーズ。　C　接点技は，背中をマットに接して回転する技で，体をマットに順々に接触させて回転することが求められる。

D　「滑らかに行う」とは，その技に求められる動きが途切れずに続けてできること。　E　ほん転技は，手や足の支えで回転する技で，着手の仕方には技によって全身を支える着手と，手でジャンプするように突き放す着手がある。

例題 4

器械運動のマット運動について，次の(1)～(3)の各問いに答えよ。

(1)　マット運動の回転系の「接転技」と「ほん転技」の違いについて説明せよ。

(2) 次のア～エは倒立前転の一連の流れにおける指導上の留意点である。誤っているものを2つ選び，記号で答えよ。

ア 足を前後に開いて，後ろ足を大きく振り上げるとともに，前足で蹴って倒立する。

イ 倒立時には，ほぼ肩幅に手を開いてつき，あごを引き体を反らす。

ウ 倒立後，肘を曲げ，重心を徐々に背面側に移動し，頭部がマットに触れないように，肩・背中・腰の順にマットにつきながら転がる。

エ 回転の後半にひざを曲げて足を引きつけ，そのスピードを利用して立つ。

(3) 前方倒立回転跳びにおいて，ダイナミックな回転となるための指導上の留意点を，足，手・肩，頭の3点について述べよ。

解答 (1) 体をマットに順々に接触させて回転する技が接転技である。一方，ほん転技は手や足で全身を支えたり，突き放したりして回転する技である。 (2) イ，ウ (3) 足：着手と同時に足を勢いよく振り上げて回転力をつくる。 手・肩：上体の前倒しに合わせて素早く着手する。着手時に肩が前に出ないようにし，手を突き放す。 頭：空中で頭を背屈させ，体の反りによる回転力をつくり出す。

解説 (1) 接転技群：マットに体の部分を順番に接触させながら回転する運動で，前方に頭→首→背→腰の順に接触させて回転する場合を前転(前方回転)，その逆が後転になる。基本技術には，スムーズに回転する順次接触技術と回転力を生み出す回転加速技術が求められる。 ほん転技群：手(頭・首)と足の支えによって回転する運動で，回転経過中に体の曲げ伸ばしの動作が見られるが，伸身体勢が特徴になる。はねおきは，屈伸動作と手の押し放しで回転力を生み出す。回転倒立は，手足のどちらかが床を支えて回転する運動で，側方を除いては後屈の柔軟性によって回転する。倒立回転跳びは足での踏み切りと手での突き放しによって，空中に浮く局面をもっている。 (2) ・倒立で，足を前にゆっくりはずし，前転に入るタイミングをつかませる。 ・後頭部が着くまで腰と膝に力を入れ，後頭部からスムーズに転がる。 (3) ・ホップして体の前傾を作り着手の準備をする。 ・着手は角度を十分に開いたままで，上体を前に倒して行う。
・着手と同時に振り上げ足を一気に振り上げる。 ・足の前方への回転スピードを止めないで，手の突き放しとともに体を反らす。

例題 5

中学校第1学年の「マット運動」の学習について，次の(1)～(3)の各問いに答えよ。

(1) 「伸膝後転」で起き上がれない生徒に対して，起き上がる感覚を実感させるためのマットを使った場の設定を，設定理由を含め，具体的に書け。

(2) 「倒立」の練習において，二人組をつくり，一人が壁を利用して倒立を行い，もう一人が教師の用意したポイントを示した資料と比較して，倒立の形をアドバイスする時間を設定した。生徒に示す体の使い方に着目したアドバイスを，具体的に書け。

(3) 「側方倒立回転」において，腰や脚が上がらない生徒に対して，腰や脚が上がっていくことを実感させるような用具を用いた練習の工夫を，具体的に書け。

解答 (1) マットを重ねて段差をつけ，着地を低くすることで，重心が下がり起き上がりやすくなる。 (2) 肘や膝の関節をしっかり伸ばそう。 (3) 脚を伸ばすと届く位置にゴムひもや風船などを準備し，蹴る意識をもち，脚を上げる練習。

解説 (1) 回転のスピードを速くすることで勢いが出る。マットの下に踏切板を敷いて傾斜をつくってもよい。 (2) 他には，肩の上に重心が来るようにする。また，手先は指を開いて前に向け，指をやや曲げて，指先でマットをおさえるように力を入れて前に倒れないようにする，なども有効である。 (3) 壁倒立から側方に下りる練習や，目印のライン上に手足をついて回転する練習もあげられる。

鉄棒運動

●鉄棒運動の内容

鉄棒運動では，自己の能力に応じて技を選択，習得し，個々の技ができるようにするとともに，それらの技を組み合わせて「上がる—回る—下りる」といった連続した技がよりよくできるようにするとともに，**技能**を高め，演技を発表できるようにする。

特に，できない技を習得しようとするときには，その技の**基礎的な運動**や動きが類似した運動を経験したり，**補助や補助用具**の用い方を工夫したりする。また，1つの技がある程度できるようになったら，正しい振動や**支持の仕方**，回転の仕方や力を入れるタイミングなどを工夫して技がよりよく繰り返しできるようにする。

なお，技の組み合わせを考える場合には，「上がる—回る—下りる」をどんな技で組み合わせれば円滑な技になるかを考え，はじめは既習の技で工夫し，さらに**新しい技**を加えながら組み合わせを発展できるようにする。また，上がりの部分は「足かけ上がり」，「逆上がり」，「け上がり」などから自己の能力に適した運動を選んだり，下りる部分では安全な**着地体勢**がとれるようにする。

●鉄棒運動の主な技の例示

鉄棒運動には，支持系と懸垂系がある。

① 支持系

〈前方支持回転技群〉(支持体勢から前方に回転する)

前転グループ：前方かかえ込み回り，前方支持回転，前方伸膝支持回転，転向前下り，踏み越し下り，支持跳び越し下り　など

前方足掛け回転グループ：膝掛け振り上がり，前方膝掛け回転，前方もも掛け回転，膝掛け上がり，もも掛け上がり，け上がり　など

〈後方支持回転技群〉(支持体勢から後方に回転する)

後転グループ：逆上がり，後方支持回転，後方伸膝支持回転，後方

浮き支持回転，棒下振り出し下り，後ろ振り跳びひねり下り　など

後方足掛け回転グループ：膝掛け振り逆上がり，後方膝掛け回転，後方もも掛け回転　など

② 懸垂系

〈懸垂技群〉(懸垂体勢で行う)

懸垂グループ：懸垂振動(順手・片逆手)，後ろ振り跳び下り，懸垂振動ひねり，前振り跳び下り　など

鉄棒運動の主な技の例(高等学校・入学年次の次の年次以降)

系	技群	グループ	基本的な技 (主に中3までに例示)	発展技
支持系	前方支持回転	前転	前方支持回転 → 踏み越し下り → 支持跳び越し下り →	前方伸膝支持回転 伸膝支持跳び越し下り
		前方足掛け回転	前方膝掛け回転 → 前方もも掛け回転 → 膝掛け上がり → もも掛け上がり →	前方両膝掛け回転 け上がり
	後方支持回転	後転	後方支持回転 → 後方伸膝支持回転 → 後方支持回転 → 棒下振り出し下り → 後ろ振り跳びひねり下り	後方浮き支持回転 足裏支持棒下振り出し下り
		後方足掛け回転	後方膝掛け回転 → 後方もも掛け回転 →	後方両膝掛け回転 背面後方け上がり
懸垂系	懸垂	懸垂	懸垂振動(順手・片逆手) → 後ろ振り跳び下り 懸垂振動(順手・片逆手) → 懸垂振動ひねり 懸垂振動(順手・片逆手) → 前振り跳び下り	後方後ろ振り上がり

●鉄棒運動の学習の要点

鉄棒運動は，鉄棒を軸として支持や懸垂の運動因子からなる各種の回転や振動の運動であるので，支持や懸垂の能力を高めるとともに，支持回転や懸垂振動の技能を養い，空間での身体支配の能力を高めるよう指導する。

さらに，鉄棒運動では，落下や手の損傷などに対する対策として，補助や滑り止め，手の保護手段などを講じること，あるいは生徒自身，自己や仲間の安全に留意して学習する態度を形成するよう指導することが望まれる。

例題 1

鉄棒運動の技を次の図のように分類した。以下の各問いに答えよ。

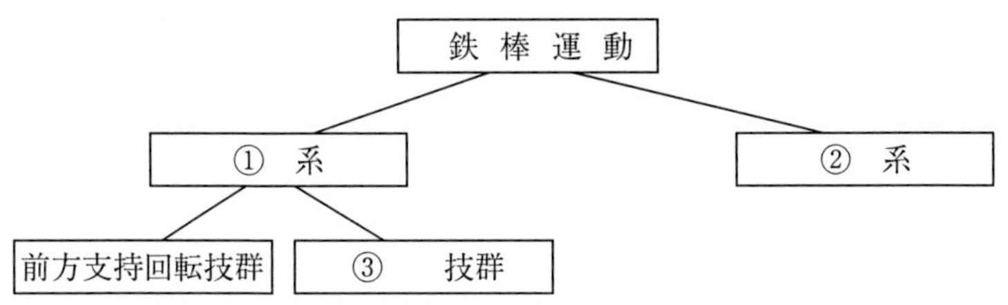

(1) ①～③に当てはまる語句を書け。

(2) 前方支持回転技群の技を3つ書け。

解答 (1) ① 支持 ② 懸垂(または懸垂振動) ③ 後方支持回転

(2) 前方支持回転，け上がり，転向前下り，踏み越し下り，前方膝掛け回転，前方もも掛け回転，膝掛け上がり，もも掛け上がり，などから3つ

解説 器械運動は，マット，鉄棒，平均台，跳び箱を使った「技」によって構成されている運動で，各運動種目には多くの技があることから，それらの技を系，技群，グループの視点によって分類されている。なお，平均台運動と跳び箱運動については，技の数が少ないことから技群とグループの視点をまとめてグループのみで分類している。学習指導要領解説―保健体育編―に，自己の能力に適した(応じた)技を習得したり，技の組み合わせ(演技)を構成したりする際に技を選ぶための目安として，技能の内容に技が例示されているので，各運動種目ごとにまとめて正しく理解しておきたい。

例題 2

鉄棒運動について，次の(1)，(2)に答えよ。

(1) 転向前下りで，軸腕の鉄棒の握り方は，どのようになるか，書け。

(2) 前方支持回転の回り始めと起き上がりがうまくできない生徒に対し，どのように指導するか，書け。

解答 (1) 逆手 (2) 回り始め：腕を伸ばし，胸を起こして，前方に上体を投げ出すように回る。 起き上がり：手首を返して，肘を伸ばし，背を丸めるようにして起き上がる。

解説 (2) ① 両腕を伸ばし，腰角を広げながら，肩を遠くにまわすように上体を前方に倒す。 ② 回転の後半でバーを腰で挟むように鋭く前屈する。 ③ 手でバーを下に押さえながら手を握り替える。

例題 3

鉄棒運動の後方支持回転の指導について，次の各問いに答えよ。

(1) 段階的に指導するため，まず後方膝掛け回転の練習を行わせた。その意図を書け。

(2) 後方支持回転の初歩の段階では，身近な用具を活用することで，生徒の練習の補助をすることができる。その用具と活用例を書け。

(3) 後方支持回転を指導する際の足の振り込み方に関わる技術的なポイントを書け。

解答 (1) 回転軸が固定しやすいため，後方支持回転に類似した感覚を味わうことができる。 (2) 用具…チューブ 活用例…鉄棒と体が離れないように腰のあたりを鉄棒と結びつける。 (3) 鉄棒に腰を巻きつけるように，足を振り込む。

解説 (1) 後方膝掛け回転は，鉄棒にももを掛けた状態から膝裏に移して，上体を一気に倒して回転に勢いを付け，体を起こす際には手首の返しが重要となる。 (2) 柔道着の帯なども活用できる。 (3) 鉄棒に足を巻き込むようにして足を振り込み，その後，膝を曲げて鉄棒を引き寄せ回転し，腰を伸ばして手首を返す。

平均台運動

●平均台運動の内容

平均台運動には，歩走・跳躍などの**体操系**の技，ポーズ，ターンなどの**バランス系**の技がある。

平均台運動では，自己の能力に応じて技を選択，習得し，個々の技ができるようにするとともに，それらの技を組み合わせて，「上がる―移動・バランス・ターン―下りる」といった連続した技がよりよくできるようにするとともに，技能を高め，演技を発表できるようにする。

1つの技を習得するためには，床の上や**低い台**など工夫した場で動き方ができるようにし，次に平均台でバランスを崩さないように**バランス**を高めてできるようにする。

なお，組み合わせを工夫する場合には，いろいろな形態で**移動・バランス・ターン**などを組み合わせることができるようにし，さらに「上がる―移動・バランス・ターン―下りる」という連続した技ができるようにするとともに，演技を発表できるようにする。また，技を改善したり，新たに技を加えたりして，演技の内容を豊かにすることができるようにする。

●平均台運動の主な技の例示

平均台運動には，歩走，跳躍などの体操系，ポーズ，ターンなどのバランス系などの技がある。

① 体操系

歩走グループ：前方歩，前方ツーステップ，前方走，後方歩，後方ツーステップ　など

跳躍グループ：伸身跳び(両足踏切)，かかえ込み跳び，開脚跳び下り，かかえ込み跳び下り，開脚跳び(片足踏切)，前後開脚跳び，片足踏み切り跳び上がり　など

② バランス系

ポーズグループ：立ちポーズ(両足・片足)，片足水平バランス，座臥・支持ポーズ，V字ポーズ，片膝立ち水平支持ポーズ

など

ターングループ：両足ターン，片足ターン(振り上げ型，回し型)

など

平均台運動の主な技の例(高等学校・入学年次の次の年次以降)

系	グループ	基本的な技 (主に中3までに例示)	発展技
体操系	歩走	前方歩 → 前方ツーステップ，前方走 → 後方歩 →	ギャロップ，スキップ 後方ツーステップ
	跳躍	伸身跳び（両足踏切）→ かかえ込み跳び → ↘ 開脚跳び下り，かかえ込み跳び下り ↘ 支持跳び上がりしゃがみ立ち → 開脚跳び（片足踏切）→ 前後開脚跳び → ↘ 片足踏み切り跳び上がり	伸身跳び $\frac{1}{2}$ ひねり 支持跳び上がり開脚立ち 交差跳び
バランス系	ポーズ	片足水平バランス V字ポーズ，片膝立ち水平支持ポーズ →	Y字バランス 脚前挙支持（開脚・閉脚）
	ターン	両足ターン　片足ターン（振り上げ型，回し型）→	片足1回ひねりターン

●平均台運動の学習の要点

平均台運動は，幅の狭い，高さのある場所的に限定された局限面での巧ち性の運動で，歩走や回転，跳躍や支持の運動因子で構成される平均や姿勢保持の運動である。そのため，台上ではより多くの移動方法，バランス，柔軟性を必要とし，それらの能力の向上を図るとともに，高さに対する適応を図ることである。

したがって，平均台運動では，各種の移動方法，バランスなどの技能を養い，いろいろな運動の連続を工夫して台上を往復することができるよう指導する必要がある。

例題 1

「平均台運動」について，次の各問いに答えよ。

問1　平均台運動の技の分類を示した次の［①］～［③］に当てはまる語句をそれぞれ書け。

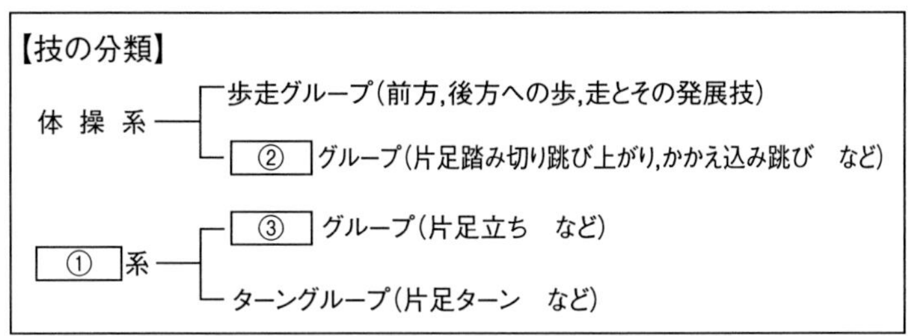

【技の分類】
体操系
歩走グループ（前方,後方への歩,走とその発展技）
［②］グループ（片足踏み切り跳び上がり,かかえ込み跳び　など）
［①］系
［③］グループ（片足立ち　など）
ターングループ（片足ターン　など）

問2　平均台上の歩行をスムーズに行うための指導のポイントを1つ書け。

問3　平均台の高さに対する不安感や恐怖心を取り除くための練習方法の工夫を1つ書け。

解答　問1　①　バランス　②　跳躍　③　ポーズ　問2　足の内側で平均台の側面に触れながら振り出し，足先から台上に重心を移すようにして歩く。この時，支持足は小指・薬指で平均台の縁を押さえる。　問3　平均台の上にロングマットをかぶせ，平均台の下には安全マットを置く。

解説　問2・問3　平均台運動は，支持面が局限化された場所で行うという運動特性があるので，段階的な指導が非常に大切になる。少しずつ支持面に幅の制限を加えたり，また少しずつ高さを作り出したりなど，不安感を少しずつなくしていく配慮が必要である。

例題 2

平均台運動について，次の各問いに答えよ。

1　次の表は，平均台運動の主な技の例示である。表中の(　①　)(　②　)に当てはまる語句を書け。

系	グループ	基本的な技	発展技
(①)系	歩走	前方歩 → 後方歩 →	前方ツーステップ，前方走 後方ツーステップ
	跳躍	伸身跳び（両足踏切） 開脚跳び（片足踏切）	かかえ込み跳び 開脚跳び下り，かかえ込み跳び下り (　③　) 片手支持跳び上がり
(②)系	ポーズ	立ちポーズ → （両足・片足） 座臥・支持ポーズ →	(　④　) V字ポーズ，片膝立ち水平支持ポーズ
	ターン	両足ターン →	片足ターン（振り上げ型，回し型）

2　次の図は，上の表中の(　③　)(　④　)に該当する技である。それぞれの技の名称を書け。

3　次の文の(　A　)(　B　)に当てはまる語句を書け。

学習した技の中から，いくつかの技を，「(　A　)－(　B　)－下りる」に構成して演技できるようにする。

解答　1　①　体操　　②　バランス　　2　③　前後開脚跳び

④　片足水平バランス　　3　A　上がる　　B　なかの技

解説　①・②　平均台運動の技は，「体操系」と「バランス系」に大別される。体操系には，台上を歩いたり走ったりして移動する「歩走グループ」と，台上で跳び上がって着台する，フロアから台上へ跳び上がったり，台上から跳び下りたりする「跳躍グループ」がある。「バランス系」には，台上でポーズを示して安定を保ったり静止したりする「ポーズグループ」と，台上で両足，あるいは片足で体の向きを変える「ターングループ」がある。　2　③「前後開脚跳び」は，前方歩から膝を伸ばして脚を上げながら大きく振り出し，もう片方の足で上方向に踏み切って空中で前後開脚姿勢を示し，振り出した足で安定した着台を行う技である。　④「片足水平バランス」は，直立位から片足を後ろに上げ，上体を前に傾けていき，上げた脚と上体が水平になるようにして，バランスが崩れないように姿勢を保持し，両腕は横か後ろに上げる技である。　3　A・B　平均台運動の「いくつかの技を，構成して演技する」とは，同じグループや異なるグループの基本的な技，条件を変えた技，発展技の中から，技の組合せの流れや技の静止に着目して「上がる—なかの技—下りる」に構成し演技すること。

第 3 章

陸上競技

保健体育科 陸上競技

ポイント

陸上競技は,「走る」「跳ぶ」「投げる」などの運動で構成され，記録に挑戦したり，相手と競争したりする楽しさや喜びを味わうことのできる運動である。

中学校では，小学校での学習を受けて，陸上競技に求められる基本的な動きや効率のよい動きを発展させて，各種目特有の技能を身に付けることができるようにすることが求められる。したがって，第1学年及び第2学年では，記録の向上や競争の楽しさや喜びを味わい，技術の名称や行い方などを理解し，基本的な動きや効率のよい動きを身に付けること，第3学年では，第1，2学年で学習したことを踏まえ，各種目特有の技能を身に付けることを学習のねらいとしている。その際，動きなどの自己の課題を発見し，合理的な解決に向けて運動の取り組み方を工夫するとともに，自己の考えたことを他者に伝えることができるようにすること等が求められる。また，陸上競技の学習に積極的に取り組み，ルールやマナーを守ることや一人一人の違いに応じた課題や挑戦を認めることなどに意欲をもち，健康や安全に気を配ることができるようにすることも大切である。

高等学校では，中学校までの学習を踏まえて，記録の向上や競争及び自己や仲間の課題を解決するなどの多様な楽しさや喜びを味わい,「各種目特有の技能を身に付ける」ことなどができるようにすることが求められる。したがって，記録の向上や競争の楽しさや喜びを味わい，体力の高め方や運動観察の方法などを理解するとともに，各種目特有の技能を身に付けること等ができるようにする。その際，動きなどの自己や仲間の課題を発見し，合理的な解決に向けて運動の取り組み方を工夫するとともに，自己の考えたことを他者に伝えることができるようにする。

短距離走・リレー

●短距離走・リレーの内容

短距離走は，ある特定の距離を自分の**最大スピード**を高め，相手より速く走ることや記録を高めることがねらい(課題)である。そのため，20～40mの距離で必要なスピードに達するための**スタート**とスタートダッシュの技能と，そのスピードを保つための**中間疾走**やフィニッシュの技能を身に付けることが必要である。

短距離走のスタートには**クラウチングスタート**が用いられる。このスタートの構えは各人の能力と体型に合ったスタートの構え方で，体重を両腕と前脚に70％，後ろ脚に30％の割合で配分する。両腕は肩幅に構え，視線は自然に前方にやる。1歩目の動作は深い前傾を保ちながら，後ろ脚はすばやく着地するとともに，**前脚**は瞬発的に強くブロックを押す。前に振られた腕を前方に大きく振り，一直線上を進む。前に振られた腕は地面と平行になるようにする。**中間疾走**では，上体を15～20度前傾させ，腕を高く保ってももを高く上げ，足先で地面を強くキックする。肩に力を入れずに，腕を前後に強く振る。

リレーではバトンパスの技能が重要であり，バトンを渡す者と受け取る者とが共に**スピード**に乗った状態で，受け渡しが確実にできるようにすることが大切である。

短距離走とリレーは，それぞれ別々に学習することも可能であるが，両種目を関連させて学習できるようにする方が，**短距離走**についての自己の特徴が明確になるとともに，次走者に引き継ぐために最後まで頑張る態度などを身に付けることもできることから，より**効果的**である。また，走る距離は，短距離走は50～100m，リレーでは一人50～100mが目安になるが，生徒の能力やトラックの大きさ等に応じて弾力的に取り扱うとよい。

●短距離走の競技規則

① 400mまでのレースにおいて，各競技者は幅50mmの白色のラインで区切られた，右側のライン幅を含む最大幅1m220(±10mm)のレー

ンを走らなければならない。

② スタートについては,「位置について(On your marks)」の合図の後,競技者は自分の割り当てられたレーン内のスタートラインの後方の位置につく。両手と少なくとも片膝がグラウンドに,両足はスターティング・ブロックのフットプレートと接触していなければならない。「用意(Set)」の合図で競技者は速やかに最終のスタート体勢に構えなければならない。

スターターは,競技者が下記の行為をしたと判断した場合,スタートを中止しなければならない。この場合,当該競技者に対して審判長は警告を与えることができ,同じ競技会の中で2度の規則違反があった場合は失格となる。

(a)「位置について」または「用意」の合図の後,信号器発射の前に正当な理由もなく手を挙げたり,クラウチングの姿勢から立ち上がったりした場合。

(b) 「位置について」または「用意」の合図に従わない,あるいは遅れることなく速やかに最終の用意の位置につかなかったとスターターが判断したとき。

(c)「位置について」または「用意」の合図の後,音声や動作,その他の方法で,他の競技者の妨害をしたとき。

③ 競技者は,最終の用意の姿勢をとった後,信号器の発射音を聞くまでスタート動作を開始してはならない。競技者が少しでも早く動作を開始したとスターターが判断したときは不正スタートとなる。ただし,立位(スタンディング・ポジション)でスタートする場合において,競技者が偶発的に動いてしまったと考えられる場合は「ふらつき」と見なされ,不正スタートの対象にはならない。

不正スタートは混成競技を除き,1度で失格となる。

④ レーンで行うレースでは,各競技者はスタートからフィニッシュまで,自分に割り当てられたレーンを走らなければならず,違反した場合は失格となる。ただし,以下の場合は失格にならない。

(a) レース中に,他の競技者や何らかの物によって押されたり,妨害されたりしたために,自分のレーン外,縁石やラインの上あるいは内側に足が入ったり走ったりした場合。

(b) 直走路で自分のレーン外を踏んだり走ったりした場合。または曲走路で自分のレーンの外側のラインを踏んだり，外側のレーンを走ったりした場合。

⑤ 競技者の順位は，競技者の胴体(トルソー：頭，首，腕，脚，手，足を含まない部分)のいずれかの部分がフィニッシュラインのスタートラインに近い方の端の垂直面に到達したことで決める。

●リレー走でのバトンパス

① バトンは競走中，手で持ち運ばなければならない。競技者は，バトンを受け取りやすくする目的で手袋をはめたり，所定以外のものを手に付けたりすることはできない。もしバトンを落とした場合，その競技者がバトンを拾って継続しなければならない。この場合，競技者は距離が短くならないことを条件にバトンを拾うために自分のレーンから離れてもよい。レーンから離れて拾い上げた後は，競技者はバトンを落とした地点に戻ってレースを再開しなければならない。これらの手続きが適正とみなされ，他の競技者を妨害しない限りは，バトンを落としても失格とはならない。

② バトンは，テイク・オーバー・ゾーン内で受け渡されなければならない。バトンのパスは，受け取る競技者がバトンに触れた時点に始まり，受け取る競技者の手の中に完全に渡り，唯一のバトン保持者となった瞬間に成立する。それはあくまでもテイク・オーバー・ゾーン内でのバトンの位置のみが決定的なものであり，競技者の身体の位置ではない。

バトンパスが開始され，完了していない状態でバトンを落とした場合，バトンは渡し手(前走者)が拾う。バトンパスが完了し，受け手(後走者)が唯一の保持者となった後にバトンを落とした場合，バトンは受け手が拾う。

③ バトンを受ける前の競技者は自分のレーンまたはゾーンにとどまる。バトンを渡し終えた競技者は，他の競技者への妨害を避けるため，走路が空くまで自分のレーンまたはゾーンにとどまる。

▼バトンパスのやり方

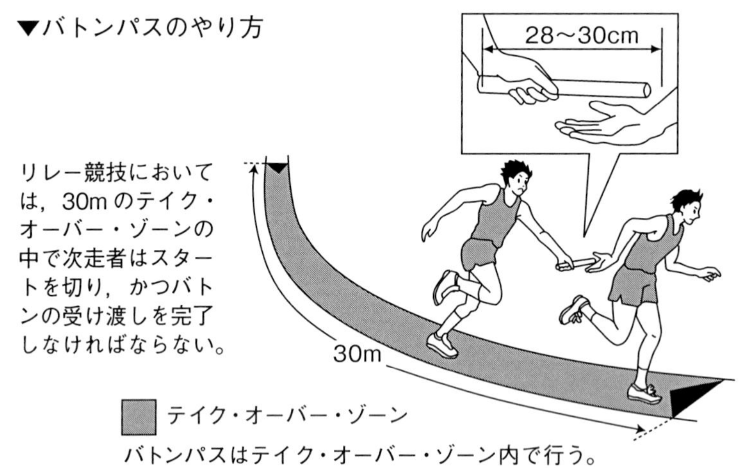

28〜30cm
リレー競技においては，30mのテイク・オーバー・ゾーンの中で次走者はスタートを切り，かつバトンの受け渡しを完了しなければならない。
30m
テイク・オーバー・ゾーン

バトンパスはテイク・オーバー・ゾーン内で行う。

テイク・オーバー・ゾーン外でバトンを受け渡した場合	テイク・オーバー・ゾーンに入る前に次走者がバトンに触れたら，そのチームは失格となる。あるいはゾーンを出てから完了する場合，または完了せずにバトンがゾーンを過ぎてしまった場合も，そのチームは失格となる。
バトンが次走者の手に触れることなく，落下し次走者が拾ってそのまま走った場合	この場合は，次走者の手に触れていない，すなわちバトンパスは開始されていない。したがって，次走者が拾ってそのまま競走を継続した場合は失格となる。

●短距離走・リレーの指導の要点

短距離走・リレーでは，自己の最大スピードを高めたり，バトンの受渡しでタイミングを合わせたりして，個人やチームのタイムを短縮したり，競走したりできるようにする。

「滑らかな動き」とは，腕振りと脚の動きを調和させた全身の動きである。

指導に際しては，走る距離は，短距離走では50〜200m程度，リレーでは1人50〜100m程度を目安とするが，生徒の体力や技能の程度やグラウンドの大きさに応じて弾力的に扱うようにする。

〈中学校例示〉

[第1学年及び第2学年]

・クラウチングスタートから徐々に上体を起こしていき加速すること。

・自己に合ったピッチとストライドで速く走ること。

・リレーでは，次走者がスタートするタイミングやバトンを受け渡すタイミングを合わせること。

[第3学年] (高等学校の[入学年次]に同じ)

〈高等学校例示〉

[入学年次]

・スタートダッシュでは地面を力強くキックして，徐々に上体を起こしていき加速すること。

・後半でスピードが著しく低下しないよう，力みのないリズミカルな動きで走ること。

・リレーでは，次走者はスタートを切った後スムーズに加速して，スピードを十分に高めること。

[入学年次の次の年次以降]

・高いスピードを維持して走る中間走では，体の真下近くに足を接地したり，キックした足を素早く前に運んだりするなどの動きで走ること。

・最も速く走ることのできるペース配分に応じて動きを切り替えて走ること。

・リレーでは，大きな利得距離を得るために，両走者がスピードにのり，十分に腕を伸ばした状態でバトンを渡すこと。

例題 1

次の文章は，陸上競技の短距離走について述べたものである。文中の①・②に当てはまる適当な語を答えよ。ただし，同じ問いの空欄には，同じ解答が入るものとする。

疾走スピードを高めるには，(①)を速くして(②)を大きくすればよい。しかし，(①)を速くしようとすれば，(②)は小さくなり，逆に，(②)を大きくすれば，(①)は遅くなる関係にある。自然な疾走フォームの中で，両者のバランスを見つけ出すことが大切である。

解答 ① ピッチ (足の回転) ② ストライド (歩幅)

解説 ①，② 自分にあったピッチとストライドで，後半スピードがいちじるしく低下しないよう，力みのないリズミカルな動きで走ることが大切である。

例題 2

陸上競技「リレー」の学習について，次の(1)，(2)の問いに答えよ。

(1) 400mトラックで行う4×100mリレーにおいて，バトンを持ちかえないでバトンパスを行う場合，レーンの特性から第1走者は，どちらの手にバトンを持ってスタートすることがよいか。また，このような方法がよいとされる理由を書け。

(2) バトンパスを行う場所を何と言うか。また，スピードにのった状態で上から渡すバトンパスを行う際のバトンを渡す者と受け取る者に対する指導のポイントをそれぞれ2つずつ書け。

解答 (1) 第1走者のバトンを持つ手…第1走者は，右手にバトンを持って走る など 理由…400mトラックでの4×100mリレーでは，第1走者と第3走者は曲走路でバトンパスをするのでレーンの内側を走る方が距離が短くなり有利なため など (2) バトンパスを行う場所…テイク・オーバー・ゾーン(テークオーバーゾーン)
渡す者に対する指導のポイント…・スピードを落とさないでテイク・オーバー・ゾーン(テークオーバーゾーン)に入る ・全力疾走で次走者の手のひらに押しつけるように素早くバトンを渡す など
受け取る者に対する指導のポイント…・前走者の「ハイ」の合図で受け取る腕を後ろにあげる ・振り向かないで全力疾走でバトンをもらう など

解説 (2) リレー競技においては，30mのテイク・オーバー・ゾーンの中でバトンの受け渡しを完了しなければならない。もしバトンを落とした場合，その競技者がバトンを拾って継続してもよい。このとき，他の競技者を妨害しなければ，自分のレーンから離れて拾ってもよい。

例題 3

次の図は，陸上競技「短距離走・リレー」の授業で，あるチームが4×100mリレーを行ったときのスピード曲線を表したものである。下の問いに答えよ。

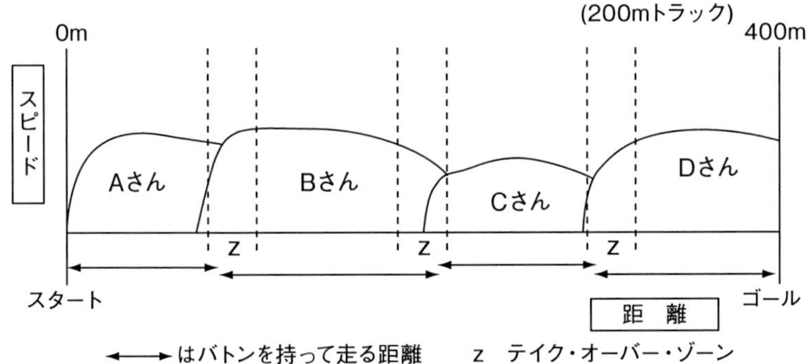

(1) このチームは，一人一人がチームに貢献できるように，自分たちのチームの特徴に応じた作戦を考えた。この作戦のねらいを1つ答えよ。

(2) AさんとBさんはスピードに乗った状態でバトンをもらえるよう，バトンを渡す際に「ハイ」と声をかけてBさんに渡していた。しかし，共にスピードに乗った状態での受け渡しがうまくいかない。この課題を解決するための練習方法を答えよ。

(3) BさんとCさんのバトンパス練習で，2人が留意しなければならないことをあげよ。

解答 (1) (例) 走力のあるものがバトンを持ってより長い距離を走るチームの作戦。　(2) (例) ダッシュマークを置き，スタートするタイミングをつかませる。　(3) (例) テイク・オーバー・ゾーンに気をつける。走力に違いがあるため，2人がぶつからないように気をつける。

解説 (1) 図より，チーム内ではＣさんの走力があまり高くないことが分かる。Ｂさんがテイク・オーバー・ゾーンの終盤でＣさんにバトンパスをし，Ｄさんはテイク・オーバー・ゾーンの前半でバトンパスを受け，走力の高い2人がＣさんの走る距離を短くして補っている。
(2) Ｂさんがスタートして加速し，スピードに乗れた時点でＡさんとバトンパスができるよう，Ｂさんのスタートするタイミングをうまく計らせる工夫が必要となる。 (3) 図より，2人の走力に差があることや，Ｃさんがテイク・オーバー・ゾーン終盤でバトンパスを受けていることから考えられる。

例題 4

陸上競技のリレーを題材とした授業において，生徒に対しバトン受け渡しについて説明をする際，「テイク・オーバー・ゾーン」の効果的な使い方で，特に強調しなければならないことを書け。

解答 次走者のスピードが十分に高まったところでバトンの受け渡しをすること。

解説 テイク・オーバー・ゾーンは30mあり，バトンのパスはこのゾーンの中で行わなければならない。この30mを効果的に使えるよう指導することが求められる。

長距離走・ハードル走

●長距離走の内容

長距離走は，ある特定の長い距離を速く走り通し，記録の向上をねらったり，競走したりすることがねらいである。長い距離を走るためには，無駄な力を抜いた**軽快な走り方**を身に付けることや，自己に適したペースで走ることができるようにすることが必要である。さらには，**スピード**に変化をつけるなど競走でも自己の能力を発揮できるようにすることも大切である。長距離走の距離については，1000～3000 m程度を目安に学習の段階や生徒の実態に応じて弾力的に扱うことが必要である。

●ハードル走の指導の要点

ハードル走の指導について，中学校・高等学校学習指導要領解説の内容をまとめると，次のようになる。

ハードル走では，ハードルを越えながらインターバルを一定のリズムで走り，タイムを短縮したり，競走したりできるようにする。

「リズミカルな走り」とは，インターバルにおける素早いピッチの走りのことである。

「滑らかにハードルを越す」とは，インターバルで得たスピードで踏み切って，余分なブレーキをかけずそのままのスピードでハードルを走り越えることである。

指導に際しては，ハードル走の距離は50～80m程度，その間にハードルを5～8台程度置くことを目安とするが，生徒の体力や技能の程度やグラウンドの大きさに応じて弾力的に扱うようにする。

〈中学校例示〉

［第1学年及び第2学年］

・遠くから踏み切り，勢いよくハードルを走り越すこと。
・抜き脚の膝を折りたたんで前に運ぶなどの動作でハードルを越すこと。
・インターバルを3又は5歩でリズミカルに走ること。

［第3学年］(高等学校の[入学年次]に同じ)

〈高等学校例示〉

［入学年次］

・スタートダッシュから1台目のハードルを勢いよく走り越すこと。

・遠くから踏み切り，振り上げ脚をまっすぐに振り上げ，ハードルを低く走り越すこと。

・インターバルでは，3又は5歩のリズムを最後のハードルまで維持して走ること。

［入学年次の次の年次以降］

・ハードリングでは，振り上げ脚を振り下ろしながら，反対の脚(抜き脚)を素早く前に引き出すこと。

・インターバルでは，力強く腕を振って走ること。

・インターバルでは，3歩のリズムを最後まで維持して走ること。

・ハードリングとインターバルの走りを滑らかにつなぐこと。

●ハードル走の競技規則

① ハードル走はレーンを走り，自分に決められたレーンを走りとおす。

② 原則，ハードルを**何台倒しても**失格にはならない。

③ 次に該当する場合は，失格となる。

・ハードルを越える瞬間に，足または脚がハードルをはみ出てバーの高さより低い位置を通ったとき。

・手や体，振り上げ脚の前側で，いずれかのハードルを倒すか移動させたとき。

・レース中に自分のレーンまたは他のレーンのハードルを倒したり移動させたりして，他の競技者に影響を与えたり妨害したり，他の規則に違反する行為をしたとき。

④ 全部のハードルが**日本陸上競技連盟規定のもの**が使われていなければ，その記録は公認されない。

●ハードルの配置・高さ

男女別のハードルの配置・高さは下表の通りである。

○男女別ハードルの配置

性別等	距離	スタートから第1ハードルまでの距離	ハードル間の距離	最終ハードルからフィニッシュまでの距離
男子(標準・中学)	110m	13.72m	9.14m	14.02m
女子(標準)	100m	13.00m	8.50m	10.50m
女子(中学)	100m	13.00m	8.00m	15.00m

※標準…一般，U20，U18

○男女別ハードルの高さ

性別	距離	一般	U20	U18	中学生
男子	110m	1067mm	991mm	914mm	914mm
女子	100m	838mm	838mm	762mm	762mm

●ハードル走の内容

ハードル走では，ある特定の距離を，その間に置かれたハードルを素早く走り越しながら，より速く走ることがねらいである。

ハードル走は，陸上競技の中のトラック種目では最も技術的なものである。疾走スピードを落とさずに**リズミカル**にハードルを走り越すのがポイントであるため，短距離走の能力を生かし，滑らかなハードリングとインターバルの**リズミカル**な走り方を身に付けることに重点を置いた学習が大切である。

ハードル走は「何台ものハードルを越えて速く走り切る」というところに大きなポイントがあるので，学習にあたっては，インターバルの距離や，高さを個人差(身長，走能力など)に応じて「場」の設定をしてやる必要がある。その場合，いずれも全力で走りながら**3歩のリズム**で正しく走り切れるかどうかということに注意しなければならない。

学習の進め方として，①短い間隔に並べた各種のハードル(障害物として，ボールを置く，ひも・ゴムひもを張ったり，棒をさしだしたりなど)を越えて走る。**不安や恐怖心**を与えないように，ごく低いハードルからはじめて，少しずつ高さを増していく。これらの障害物を「跳んで－1－2－3，跳んで－1－2－3」というリズムで跳び越えて走り，しだいに3歩のリズムで走り越えるようにしていく。最もうまくいかない者でも，最高スピードを出せばどうにか越えられる程度を基準にして，障害物の間隔(インターバル)を決める。さらに，左右片脚ずつ踏切って，各自に適した越え方(振り上げ脚とひきつけ脚)を見いだしていくようにする。これらのことが身に付いたら，ハードリングの仕方よりも疾走リズム(3歩のリズム)を崩さないで，いかに速く走り越えられるかに最重点を置いた走り方を身に付けるようにすることが大切である。

●長距離走の指導の要点

長距離走では，自己のスピードを維持できるフォームでペースを守りながら，一定の距離を走り通し，タイムを短縮したり，競走したりできるようにする。

「ペースを守って走る」とは，設定した距離をあらかじめ決めたペースで走ることである。

指導に際しては，「体つくり運動」領域に，「動きを持続する能力を高めるための運動」として長く走り続けることに主眼をおく持久走があるが，ここでは，長距離走の特性を捉え，取り扱うようにする。

また，走る距離は，1000～3000m程度を目安とするが，生徒の体力や技能の程度や気候等に応じて弾力的に扱うようにする。

〈中学校例示〉

［第1学年及び第2学年］

・腕に余分な力を入れないで，リラックスして走ること。

・自己に合ったピッチとストライドで，上下動の少ない動きで走ること。

［第3学年］(高等学校の[入学年次]に同じ)

〈高等学校例示〉

［入学年次］

・リズミカルに腕を振り，力みのないフォームで軽快に走ること。

・呼吸を楽にしたり，走りのリズムを作ったりする呼吸法を取り入れて走ること。

［入学年次の次の年次以降］

・自分で設定したペースの変化や仲間のペースの変化に応じて，ストライドとピッチを切り替えて走ること。

例題 1

ハードル走について，次の(1)～(3)の問いに答えよ。

(1) ハードル走の授業を行う場合，振り上げ脚やディップなどの「ハードリング」の技術指導の他に，技能面の指導にはどのようなものがあるか，1つ書け。ただし，ハードル走独特の内容に限る。

(2) リズミカルな走り方を身に付けさせるため，どのような工夫をすればよいか，簡潔な文章で1つ書け。

(3) 陸上競技の競技規則に示されている中学生男女それぞれのハードルの高さを次のア～エから選び，その記号を書け。

ア 62.4cm　イ 76.2cm　ウ 81.4cm　エ 91.4cm

解答 (1) ・第1ハードルまでの走りやアプローチに関する指導。 ・インターバルの走り方に関する指導。 ・最終ハードルからゴールまでの走り方に関する指導。(類答可)などから1つ。 (2) ・ハードルを低くしたり，ゴムなどの代用品を使ったりする用具の工夫。 ・インターバルの距離を選択できるような場の設定。 ・手拍子や太鼓などでリズムをとらせる。(類答可)などから1つ。 (3) 男 エ 女 イ

解説 指導者の立場になり，「この指導ではどのように工夫するか」といった実際の指導法を問う出題が増えている。各種の運動について，そのポイントや手立て，対処の仕方をおさえておく必要がある。ハードル走では，自己の能力に応じたハードリングとインターバルのリズミカルな走り方を身に付けることに重点を置いた学習が大切である。また，ハードル走に関する基本的用語も理解しておく。

・アプローチ…スタートから1台目のハードルまでの距離をいう。アプローチで得られた速度がタイムに大きく影響する。 ・インターバル…ハードルとハードルの間の区間をいう。

例題 2

陸上競技のハードル走について次の各問いに答えよ。

(1) 一般男子110mハードル走及び一般女子100mハードル走におけるハードルの台数，標準の高さ，スタートラインから第1ハードルまでの距離，ハードルの間の距離，最後のハードルからフィニッシュラインまでの距離を次の語群から選び記号で答えよ。

語群

ア	8	イ	8.14	ウ	8.50	エ	9.14	オ	10
カ	10.50	キ	13.00	ク	13.72	ケ	14.02	コ	14.72
サ	15.02	シ	9	ス	0.838	セ	0.967	ソ	1.067

(2) ハードリングにおいて，抜き脚が前に出てこない主な原因を3つ記せ。また，解決するための指導ポイントを3つ記せ。

解答 (1) ハードルの台数(台)：(一般男子110mH)…オ　(一般女子100mH)…オ　ハードルの標準の高さ(m)：(一般男子110mH)…ソ　(一般女子100mH)…ス　スタートラインから第1ハードルまでの距離(m)：(一般男子110mH)…ク　(一般女子100mH)…キ　ハードルの間の距離(m)：(一般男子110mH)…エ　(一般女子100mH)…ウ

最後のハードルからフィニッシュラインまでの距離(m)：(一般男子110mH)…ケ　(一般女子100mH)…カ

(2) 原因：・踏み切りで腰が開いてしまう。　・抜き脚を前方に引き出すパワーがない。　・抜き脚の足を高く蹴り上げてしまう。指導のポイント：・腰を高く保ちながら，遠くから踏み切り，ハードルと両肩を平行にするように姿勢を作る。　・ハードルを低く跳び越し，上体を起こしながら膝を水平にリードしてひきつけて，抜き脚の踵を体側から離さないようにする。　・上体を前傾させながら，膝から下を振り出し正中線の胸まで引き出す。

解説 (2) 下線の言葉を観点として解答する。

例題 3

「中・長距離走」について，次の各問いに答えよ。

問1　次の①，②の図は，中・長距離走の走法を表したものである。その走法を何というか，それぞれ書け。

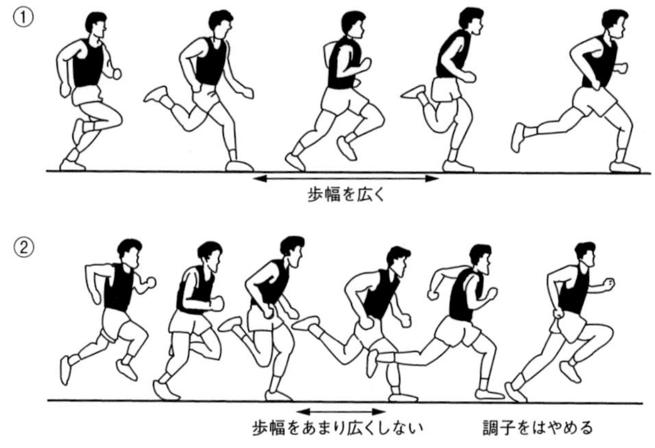

問2　中・長距離走の疾走フォームを指導する際のポイントを2つ書け。

問3　中・長距離走の授業において事故防止のために留意すべき事項を2つ書け。

解答　問1　①　ストライド走法　　②　ピッチ走法　　問2　(解答例・以下から2つ)　・重心の上下動があまりないように指導する。
・肩や首の力を抜いてリラックスさせる。　・腰の位置は高く意識させる。　・腕振りは走法に合わせて行わせる。　問3　(解答例)
・準備運動と整理運動をしっかり行う(体ほぐしの運動も入れる)。
・生徒自身が自分の体の健康に関心をもち，体調の認識を行うことができるように，練習と記録とを合わせて体調の記録をつける。

解説　問1　ストライド走法とは，長距離走で，ストライド(歩幅)の幅が大きい走法のことで，全身のバネを使って飛び跳ねるように走るが，負担が大きいと言われる。ピッチ走法とは，長距離走で歩幅をせまくし，脚の回転を速くする走法。負担が少ないと言われ，日本ではこの走法が主流である。厳格にストライド走法と区別のできない選手も多い。　問2　長い距離を走るためには，無駄な力を抜いた軽快な走り方を身に付けることや，自己に適したペースで走ることができるようにすることが必要である。これらの技能を身に付けるためには，走り方やペース配分に伴う体の状態に気付き，それに応じた走り方やペースを見つけることができるようにすることが必要である。さらに，生徒の能力などに応じて，スピードに変化をつけるなど競走でも自己の力を出し切ることができるようにすることも大切である。　問3　長距離走の距離については，3000m程度を目安に学習の段階や生徒の実態に応じて弾力的に取り扱うことが必要である。また，長く走り続けることに主眼をおく持久走としての取扱いは，「A体つくり運動」の「動きを持続する能力を高めるための運動」に含め，長距離走とは区別して考える。

走り幅跳び

●走り幅跳びの内容

走り幅跳びは，**助走のスピード**とリズミカルな動きを生かした踏切りによって前上方へ跳び出し，より遠くへ跳ぶことがねらいである。距離を伸ばすためには，スピードに乗った助走と**踏切り**の技能，加えて，より効果的な着地へとつなぐ**空間動作**と着地の仕方が重要である。

踏切り地点(踏切板)に足を合わせることは大切な技能であるが，このことにとらわれすぎると，かえって助走のスピードが落ち，力強い踏切りができなくなることがある。したがって，次のような練習を合わせて行う方法が考えられる。

① **足を合わせる練習**

助走路を用いずに，トラックなどの広い場所でスタート地点と**踏切り地点**を決めて，走り抜けをさせる。この練習では，はじめから踏切板を使って足を合わせる練習であると，足を合わせることばかりに気をとられて，助走のスピードが鈍ってしまうことが多いので，踏切板よりも幅の広い**踏切りゾーン**(50cm くらい)を利用して走り抜けるようにする。これに慣れたら，実際の助走路を用いて踏切板を踏んで走り抜けの練習を行い，踏切板にピタッと足が合うようになったら，どのような跳び方でもよいから実際に跳んでみる。

② **踏切りの練習**

次のような点に留意して，踏切りの練習をしてみる。

ア　踏切り前の一歩で速い脚の動き，つまり**すばやく踏み込む**という意識を強調して行う。

イ　踏切板を**足裏全体**でたたきつける感じで行う。

ウ　振り上げ脚の膝および足先を高く引き上げることを強調する。

エ　腕を曲げ，肩を引き上げることを強調する。

以上のような練習を行い，思い切って踏切ることに集中できるようにすることが効果的である。

また，**助走距離**は，生徒の走能力や加速の仕方によって異なるので，短助走(10m くらい)から，しだいに助走距離を伸ばしていく。実際に踏切って跳ぶ段階になったら，短助走，中助走(20mくらい)，全助走(30mくらい)の記録を比較し，自己に適した助走距離又は歩数を見つけるようにすることが大切である。

空間動作は，「そり跳び」，「はさみ跳び」などがあり，生徒が個性に合った跳び方を身に付けることができるようにする。

●走り幅跳びの競技規則

8人を超える競技者が競技を行う場合は，各競技者は3回の試技が許される。その中で上位の成績を得た競技者8人は，さらに3回の試技が許される。第8位が同記録の場合，それぞれ2番目の記録で，それでも決められない場合は3番目の記録で決める。ただし競技者が8人以下の場合は，おのおの6回の試技が許される。

次のような場合は1回の無効試技となる。

① 競技者が踏切る際に，跳躍しないで走り抜ける中で，あるいは跳躍の動きの中で，踏切足または踏切足の靴のどこかが，踏切板または地面から離れる前に，踏切線の垂直面より前に出た時。

② 踏切線の延長線より先でも手前でも，踏切板の両端よりも外側から踏切った時。

③ 助走あるいは跳躍動作中に宙返りのようなフォームを使った時。

④ 踏切後，着地場所への最初の接触前に，助走路あるいは助走路外の地面あるいは着地場所の外側の部分に触れた場合。

⑤ 着地の際，砂に残った最も近い痕跡よりも踏切板に近い砂場の外の境界線，または地面に触れた時。(体のバランスを崩したことも含む)。

⑥ 着地場所を離れる際，競技者の足が砂場との境界上または砂場外の地面へ最初に触れた位置が，踏切線に最も近い痕跡よりも踏切線から近い場合。

▼踏切りの判定

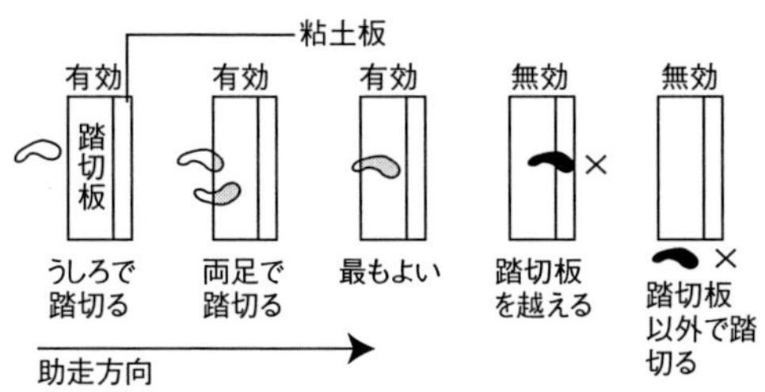

▼着地の判定

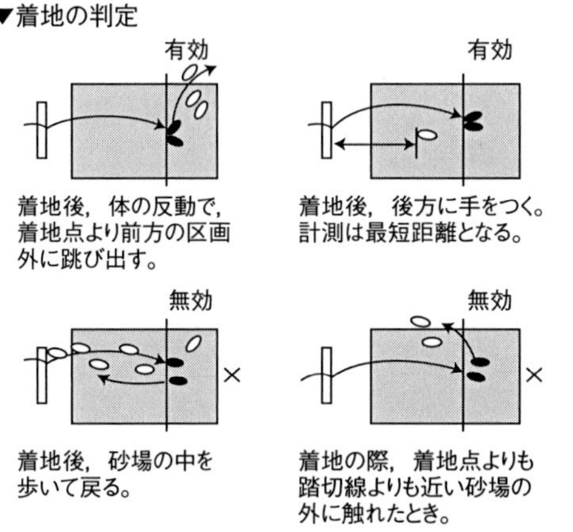

●走り幅跳びの指導の要点

走り幅跳びの指導について，中学校・高等学校学習指導要領解説の内容をまとめると，次のようになる。

走り幅跳びでは，助走スピードを生かして素早く踏み切り，より遠くへ跳んだり，競争したりできるようにする。

「スピードに乗った助走」とは，最大スピードでの助走ではなく，踏み切りに移りやすい範囲でスピードを落とさないように走ることである。

「素早く踏み切って」とは，助走のスピードを維持したまま，走り抜けるように踏み切ることである。

指導に際しては，学習の始めの段階では，踏切線に足を合わせることを強調せずに行うようにし，技能が高まってきた段階で，助走マークを用いて踏切線に足を合わせるようにすることが大切である。

〈中学校例示〉

[第1学年及び第2学年]

・自己に適した距離，または歩数の助走をすること。

・踏切線に足を合わせて踏み切ること。

・かがみ跳びなどの空間動作からの流れの中で着地すること。

[第3学年] (高等学校の[入学年次]に同じ)

〈高等学校例示〉

[入学年次]

・踏み切り前3～4歩からリズムアップして踏み切りに移ること。

・踏み切りでは上体を起こして，地面を踏みつけるようにキックし，振り上げ脚を素早く引き上げること。

・かがみ跳びやそり跳びなどの空間動作からの流れの中で，脚を前に投げ出す着地動作をとること。

[入学年次の次の年次以降]

・加速に十分な距離から，高いスピードで踏み切りに移ること。

・タイミングよく腕・肩を引き上げ，力強く踏切ること。

例題 1

次の表は，「走り幅跳び」のそれぞれの技能における留意点をまとめたものである。あとの(1)～(3)の各問いに答えよ。

技　能	留　意　点
助　走	自己に適した助走距離から勢いよくスタートして加速しスピードを維持する。踏切板の手前では，①踏切板を見て，素早く踏切りに入る。
踏切り	踏切りは，上体を②倒し，踏切り足のひざは深く曲げず，つま先を起こして③かかとから鋭く踏み込み，同時に振り上げ脚と両腕をすばやく引き上げる。大きな跳躍力を得るには，すばやい踏切り動作が大切である。
空中動作 着　地 (そり跳び)	力強く踏み切った後，④振り上げ足を前方に大きく踏み出し，腕・肩を引き上げる。その後，腕を後方に引き胸を反らす。両腕・両足を前方に振り出し，ひざを持ち上げるようにして⑤曲げて着地に向かう。

(1) 表の下線部①～⑤について，正しいものには○を，誤っているものは適切な語句を記入せよ。

(2) 踏切り後，高く跳び上がるための練習方法を2つ答えよ。

(3) 表中のそり跳び以外にどのような跳び方があるか1つ答えよ。

解答 (1) ① (前方)斜め上(の目標物) ② 起こし ③ ○ ④ ○ ⑤ 伸ばして (2) ・踏切り板の30cm程度先の位置にミニハードルを置き，それに触れないように力強く踏み切る練習 ・前方斜め上にボールを設定し，空中でそれにタッチする練習 など (3) はさみ跳び

解説 走り幅跳びで大切な要素：1. 前方へのスピード(助走スピード) 2. 垂直方向への体の引き上げ 3. 前のめりを抑える空中動作 4. 有効な着地動作(※水平スピードと垂直スピードの合力によって跳躍角度が決まってくる。 ※水平，垂直スピードが決まり着地さえうまくいけば，跳躍距離は決まってくる。) (2) 空中動作のポイント：1. 肩，腰を思い切り引き上げる。 2. 引き上げ後リード腕を上に伸ばす。 3. リード腕にもう一方の腕を合わせる。 (3) はさみ跳びは，踏み切りの際のリード脚の引き上げを強調し，空中では腕を回すのに合わせて1歩か2歩の走行に似た運動を行う。最後は前方に脚を揃えて，上体をそらした姿勢で着地することも多い。

例題 2

次の①～⑤の文は，中学校学習指導要領解説「保健体育編」(平成29年7月)に示されている「陸上競技　第3学年　技能　走り幅跳び　走り高跳び」の例示について述べたものである。正しくないものを1つ選べ。

〈走り幅跳び〉

① 踏み切り前3～4歩からリズムアップして踏み切りに移ること。

② 踏み切りでは上体を前傾させて地面をキックし，振り上げ脚をゆっくり引き上げること。

③ かがみ跳びやそり跳びなどの空間動作からの流れの中で，脚を前に

投げ出す着地動作をとること。

〈走り高跳び〉

④　リズミカルな助走から真上に伸び上がるように踏み切り，はさみ跳びや背面跳びなどの空間動作で跳ぶこと。

⑤　背面跳びでは踏み切り前の3～5歩で弧を描くように走り，体を内側に倒す姿勢を取るようにして踏み切りに移ること。

解答　②

解説　「踏み切りでは上体を起こして，地面を踏みつけるようにキックし，振り上げ脚を素早く引き上げること」が正しい。

例題 3

日本陸上競技連盟の定める走幅跳について無効試技とはならないものを，次の1～4から1つ選べ。

1　助走の途中，助走路を示す白線の外側にはみ出た場合。

2　助走あるいは跳躍動作中に宙返りのようなフォームを使った時。

3　踏切線の延長線より先でも手前でも，踏切板の両端よりも外側から踏切った時。

4　踏切後，着地場所への最初の接触前に助走路あるいは助走路外の地面あるいは着地場所の外側の部分に触れた場合。

解答　1

解説　『陸上競技ルールブック2024』日本陸上競技連盟の「競技規則・第3部フィールド競技，B長さの跳躍，TR 30.走幅跳」において，「助走の途中，助走路を示す白線の外側にはみ出た場合」は，競技者は試技無効とはならないと示されている。

走り高跳び

●走り高跳びの内容

走り高跳びは，助走のスピードを利用し，**より高く跳ぶ**ことがねらいである。したがって，踏切りと，バーを**越す動作**に重点を置いた学習が大切である。

踏切りについては，助走のスピードと関連して扱うとともに，助走の角度の取り方や**踏切りの位置**について，適切に身に付けていくことが必要になる。走り高跳びの助走では，ストライドを伸ばす，特に最後の3歩のストライドを伸ばすことが強調されがちであるが，ストライドを伸ばすより，**スピード**を上げるほうがよいだろう。もっとも，走り高跳びの助走スピードは脚の筋力によって変化するものであるから，その調節は個人的に決定する必要がある。

空間動作は「**はさみ跳び**」，「**ベリーロール**」などがあり，生徒の個性に合った跳び方を身に付けることができるようにする。「ベリーロール」では，着地の場の安全を確保する必要がある。なお，「**背面跳び**」については，すべての生徒を対象とした中学生の学習では，技能レベルや体育施設・器具等の面から危険な場合があるので，生徒の技能や施設・器具等の安全性などの条件が十分に整っており，さらに安全を考慮した段階的な学び方を身に付けている場合に限る。高校生を対象とした場合は，生徒の能力・適性，**指導の順序**や施設・設備，器具等に十分配慮する。

●走り高跳びの競技規則

3回続けて失敗した場合は失格となる。跳躍後，風によってバーが落下した場合は有効，跳躍の途中の場合はやり直しになる。

次の場合は無効試技となる。

① 跳躍した後，バーが競技者の跳躍中の動作によってバー止にとどまらなかった時。

② バーを越える前に，バーの助走路側の垂直面より着地場所側の，またはその垂直面を支柱から左右に延長した着地場所側の，地面あるいは着地場所に身体のいかなる部分でも触れた時。ただし，競技者が跳

躍した時に足が着地場所に触れたが，審判員がなんら有利にならなかったと判断した場合には，無効試技と見なさない。

③　助走して跳躍せずにバーまたは支柱の垂直部分に接触した時。

▼走り高跳びの技術的内容

	はさみ跳び（正面跳び）	ベリーロール
空間動作	振り上げ脚は，バーを越した瞬間，下後方に引き伸ばす。踏切り脚はその反動を利用して半円を描くように胸に近く引き上げてバーを越し，さらに下後方に振り下げて，振り上げ脚に先んじて着地する。	踏切り後，体が上昇するにつれて回転し，振り上げ脚をバーにかぶせるようにして越える。越えると同時に頭，肩，振り上げ脚を下におろすようにする。この動作で踏切り脚を上方にはね上げ，バーを越える。着地は振り上げ脚と両腕で行い，回転の激しいときは着地と同時に横に転がる。ベリーロールは，バーの上で水平移動することが少なく，重心の高さを最大限に利用できる経済的な点に長所があるが，踏切り後，体を回転させるところに難点がある。
助走角度	正面あるいは右側45度から行い，最後の2歩でバーに対して60度の角度で入る。助走の歩数は普通8歩(約11.26～12.48m)である。	助走角度は45度で，左側から出発する(左脚踏切りの場合)。助走の終末部で助走角度45度から30度に変える場合もある。助走の歩数は，一般に12～14歩である。
踏切り	バーに対して60度の角度で踏切る(ウエスタンロールでは45度)。踏切り点はバーから約1.2mのところで振り上げ脚のスイングに中心がおかれ，左腕は身体のバランスを保つための働きをする。	最後の一歩の踏込みは，その前の一歩よりもテンポを速くして，身体を後ろに倒して踏切りに移る。振り上げ脚は，助走方向に向かって振り上げるとともに両腕の振り込みを大きくする。

●走り高跳びの順位の決定

①：競技中，最高の高さを跳んだ者から順位を決定する。

②：2名以上の競技者が最後に越えたバーの高さが同じだった時は，最

後に越えた高さで，試技数のもっとも少なかった競技者を勝者とする。

③：②の方法では決められないときは，その試技全体，すなわち最後に越えた高さを含むそれまでのすべての試技のうち**無効試技数**が最も少なかった競技者を勝者とする。

④：③の方法でも決まらない場合，第1位を決めるにはジャンプオフ，第1位以外の順位については同成績の競技者は**同順位**とする。

●走り高跳びの指導の要点

走り高跳びの指導について，中学校・高等学校学習指導要領解説の内容をまとめると，次のようになる。

走り高跳びは，リズミカルな助走から力強く踏み切り，より高いバーを越えたり，競争したりできるようにする。

「リズミカルな助走」とは，スピードよりもリズムを重視した踏み切りに移りやすい助走のことである。

「力強く踏み切って」とは，助走スピードを効率よく上昇する力に変えるために，足裏全体で強く地面を押すようにキックすることである。

「大きな動作」とは，はさみ跳びでバーを越える際の両脚の大きなはさみ動作のことである。

〈中学校例示〉

［第1学年及び第2学年］

・リズミカルな助走から力強い踏み切りに移ること。

・跳躍の頂点とバーの位置が合うように，自己に合った踏切位置で踏み切ること。

・脚と腕のタイミングを合わせて踏み切り，大きなはさみ動作で跳ぶこと。

［第3学年］(高等学校の[入学年次]に同じ)

〈高等学校例示〉

［入学年次］

・リズミカルな助走から真上に伸び上がるように踏み切り，はさみ跳びや背面跳びなどの空間動作で跳ぶこと。

・背面跳びでは，踏み切り前の3～5歩で弧を描くように走り，体を内側に倒す姿勢をとるようにして踏み切りに移ること。

［入学年次の次の年次以降］
・助走では，リズムを保ちながらスピードを高め踏み切りに移ること。
・踏み切りでは，振り上げ脚の引き上げと両腕の引き上げをタイミングよく行うこと。
・背面跳びでは，バーの上で上体を反らせるクリアーの姿勢をとった後，腹側に体を曲げて，背中でマットに着地すること。

例題 1

下線部(A)～(E)のうち，「中学校学習指導要領(平成29年告示)解説　保健体育編(平成29年7月　文部科学省)　第2章　保健体育科の目標及び内容　第2節　各分野の目標及び内容〔体育分野〕　2　内容　C　陸上競技［第1学年及び第2学年］　オ　走り高跳び」について記載した内容として，言葉が正しいものを○，誤っているものを×としたとき，○×の正しい組合せをあとの①～⑤の中から1つ選べ。

オ　走り高跳び

走り高跳びは，リズミカルな助走から(A)力強く踏み切り，より高いバーを越えたり，競争したりできるようにする。

リズミカルな助走とは，スピードよりもリズムを重視した踏み切りに移りやすい助走のことである。

(A)力強く踏み切ってとは，助走スピードを効率よく上昇する力に変えるために，(B)足裏全体で強く地面を押すようにキックすることである。

大きな動作とは，はさみ跳びでバーを越える際の両脚の大きなはさみ動作のことである。

〈例示〉

(中略)

・(C)跳躍の頂点とバーの位置が合うように，自己に合った踏切位置で踏み切ること。

(中略)

〈用語の説明〉

(中略)

走り高跳びにおける「はさみ跳び」とは，バーに対して斜め後方や正面から助走し，踏み切った後，振り上げ足から順にバーをまたいで越える(D)またぎ跳びや，両足を交差させて大きく開き，上体を横に倒しながらバーを越える(E)ベリーロールなどの跳び方のことである。

	(A)	(B)	(C)	(D)	(E)
①	○	○	○	○	×
②	×	×	○	×	○
③	○	○	×	×	○
④	×	○	○	×	×
⑤	○	×	×	○	○

解答 ①

解説 (E) 正面跳びが正しい。ベリーロールは両足を交差させて大きく開き，状態を横にしながらバーを越える跳び方のことである。

例題 2

陸上競技の走り高跳びに関する記述として適切なものは，次の1～4から1つ選べ。

1 高く跳ぶためには，スピードに乗った助走が必要なので，助走距離は，長ければ長いほどよいとされている。

2 助走の走り方としては，スタートから全力で走り，なるべく早くスピードに乗った助走ができるようにする。

3 助走の最後の3歩は，スピードを落とし，ストライドを狭くして，最後の踏み込みをスムーズに行えるようにする。

4 踏み切りは，踏み切り脚を前に伸ばすようにして，突っ張る感じで踏み切るようにする。

解答 4

解説 1 助走は6歩程度で6m～8m程度　2 リズムよく5～6歩でおこなう。 3 最後の3歩はスピードを上げストライドを広くして最後の踏み込みは踵からつくようにする。

例題 3

「走り高跳び」について，問1～問4に答えよ。

問1 次の図①，②の跳び方の名称をそれぞれ書け。

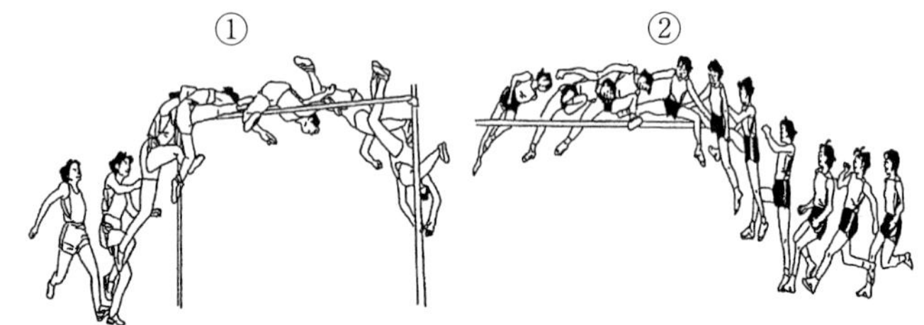

問2 問1の①，②の跳び方の踏み切りについて，指導のポイントをそれぞれ書け。

問3 次の2通りの走り高跳びの練習に共通するねらいは何か，書け。

3～5歩助走

問4 背面跳びを安全に行わせるための指導上の留意点を2つ書け。

解答 問1 ① ベリーロール　② はさみ跳び　問2 ① 上体はたててバーから近い方の脚で踏み切る。 ② 上体を後傾しながらバーに遠い方の脚で踏み切る。　問3 空中動作の習得　問4 背中からの正しい着地フォームを習得させるため，その場立ち両足踏切で後方高くジャンプする練習，少し高い台上からバー越しジャンプする練習と段階を踏んで行う。踏み切り位置が一定になるまでしっかり助走練習をするとともに，跳躍練習は助走の距離を少しずつ伸ばしながら行う。

解説 問1・問2　走り高跳びは，助走のスピードを踏み切りにより上昇スピードに変え，バーを越える競技である。上昇スピードを得るための助走と踏み切り，バーを効率よく越えるための空中フォームが重要になる。それぞれの空中フォームは，1. 両腕・両肩で体を引き上げると同時に振り上げ脚を高く引き上げ，体を回転させながら腹でバーを越す。2. 振り上げ脚を勢いよく振り上げ，踏み切り脚を胸に引きつけながら上体をバーに水平になるほど寝かせる。　問4　背面跳びは，むやみに試みると危険なので，授業では安全に留意して行わせることが重要である。背面跳びの助走では，最初に直線を走り，踏み切り前の4～5歩は円を描くように走り込む。曲線状を走ることによって遠心力を受けるが，体を内側に傾ける(内傾する)ことによりバランスがとれる。内傾することにより，重心を落とすなどの踏み切り姿勢がとりやすくなる。

第 4 章

水泳

保健体育科 水 泳

ポイント

水泳はクロール，平泳ぎ，背泳ぎ，バタフライなどから構成され，浮く，呼吸をする，進むなどのそれぞれの技能の組み合わせによって成立している。それぞれの泳法を身に付けることで，続けて長く泳いだり，速く泳いだり，競い合ったりする楽しさや喜びを味わうことができる。

中学校では，小学校での学習を受けて，泳法を身に付けること，効率的に泳ぐことができるようにすることが求められる。したがって，第1学年及び第2学年では，記録の向上や競争の楽しさや喜びを味わい，技術の名称や行い方などを理解し，泳法を身に付けることができるようにすることをねらいとしている。第3学年では記録の向上や競争の楽しさや喜びを味わい，体力の高め方や運動観察の方法などを理解するとともに，効率的に泳ぐことを学習のねらいとしている。指導に際しては，泳法などの自己の課題を発見し，合理的な解決に向けて運動の取り組み方を工夫するとともに，自己の考えたことを他者に伝えることができるようにすること，水泳の学習に積極的に取り組み，分担した役割を果たすことや一人一人の違いに応じた課題や挑戦を認めることなどに意欲をもち，健康や水中の安全確保に気を配ることができるようにすることが大切である。

高等学校では，中学校までの学習を踏まえて，記録の向上や競争及び自己や仲間の課題を解決するなどの多様な楽しさや喜びを味わい，「自己に適した泳法を身に付け，その効率を高めて泳ぐ」ことができるようにすることなどが求められる。入学年次では，記録の向上や競争の楽しさや喜びを味わい，体力の高め方や運動観察の方法などを理解するとともに，効率的に泳ぐことができるようにすること，入学年次の次の年次以降では，多様な楽しさや喜びを味わい，技術の名称や行い方などを理解するとともに，自己に適した泳法で効率を高めて泳ぐこと，生涯にわたって運動を豊かに継続するための課題に取り組み，考えたことを他者に伝えること及び水泳に主体的に取り組むとともに，公正，協力，共生などの意欲を育み，健康・安全を確保することができるようにすること，と生涯スポーツを意識した学習のねらいとなっている。

クロール・平泳ぎ・背泳ぎ・バタフライ

●クロールの内容

姿勢は前方からの水の抵抗がもっとも小さい伏し浮きの水平姿勢がよい。「け伸び」の練習を十分に行い，無駄な力を抜いた**伏し浮き**の姿勢で浮くことができるようにする。全身をまっすぐに伸ばして水面に伏し浮き，脚を左右交互に上下させ，腕は左右交互に水をかいて(プル)水面上を前方に戻し，顔を横に上げて呼吸をしながら泳ぐ。クロールでは，腕の動作(プルorストローク)が**推進力**の大半を生みだすが，脚の有効な動作が協応しなければ，有効なプルは生まれない。手は水を**真後ろ**に押すようにしてかき抜くことに練習の重点を置く。バタ足は，左右の腕1回転の間に脚を6回打つ**1ストロークに6ビート**が標準的であるが，泳者の能力等に応じて1ストローク4ビートにする等も考えられる。したがって，手と脚の動作の練習を行い，「面かぶりクロール」でよく泳ぐようにし，続いて呼吸を組み合わせるようにする。なお，脚は膝から下をしっかり伸ばすことがポイントとなる。呼吸は，左右どちらか一方で行う。右側で呼吸する場合は，右腕の**プル**がはじまるあたりから水中で鼻と口で呼気をしはじめ，腕を水面上に抜き上げながら顔を出し，肩の横まで戻す間に吸気する。手と脚の動作が協応し，スピードがでるほど横に上げた口のあたりに水のくぼみができるので，実際にはあごを引いて顔を横斜め後方に向けるだけで吸気できる。

●クロールの指導の要点

≪中学校≫

指導に際しては，クロールの距離は，25～50m程度を目安とするが，生徒の体力や技能の程度などに応じて弾力的に扱うようにする。初期段階では**水中歩行**や面かぶりクロールあるいはビート板を持った状態で練習するのも効果的である。

〈例示〉

〈第1学年及び第2学年〉

・一定のリズムで強いキックを打つこと。

・水中で肘を曲げて腕全体で水をキャッチし，S字やI字を描くようにして水をかくこと。
・プルとキック，ローリングの動作に合わせて横向きで呼吸をすること。
〈第3学年〉
・水面上の腕は，ローリングの動きに合わせてリラックスして前方へ動かすこと。
・泳ぎの速さに応じて，顔を横に向ける大きさを調節して呼吸動作を行うこと。

≪高等学校≫

指導に際しては，4泳法の中で最も速く泳ぐことのできるクロールの特性や魅力を深く味わえるよう，ローリングを生かした滑らかな呼吸動作や有効なキック動作，大きな推進力を出すプル動作に着目させ，学習に取り組ませることが大切である。

なお，クロールの距離は，50～200m程度を目安とするが，指導のねらい，生徒の体力や技能の程度などに応じて弾力的に扱うようにする。

〈例示〉
〈入学年次〉
・水面上の腕は，ローリングの動きに合わせてリラックスして前方へ動かすこと。
・泳ぎの速さに応じて，顔を横に向ける大きさを調節して呼吸動作を行うこと。
〈入学年次の次の年次以降〉
・手は遠くの水をつかむように前方に伸ばすこと。
・肘を曲げて腕全体で水を捉え，加速するようにかくこと。
・流線型の姿勢を維持して，しなやかでリズミカルなキックを打つこと。
・肩のローリングを使って最小限の頭の動きで呼吸を行うこと。

●平泳ぎの内容

基本姿勢は，左右同形でしかも水平でなければならない。腰に重心を置き，常に安定した姿勢を保つ必要がある。体位が立ちすぎたり，脚をひきつけたときに膝が腹部の下にきて上下動が生じたりすることは特に注意する。全身をまっすぐ伸ばして水面に伏し浮き，両手のひらを下に向けて胸の前からそろえて前方に出し，円を描くように左右に水をかき，脚は**足の裏**で円を描くように左右に水を**押し挟み**，顔を前に上げて呼吸をしながら泳ぐ。腕の伸ばし方，効率のよい水のキャッチの仕方，腕のかき方などの動作や脚のひきつけ方，**足のけり方**などの動作を中心に，手の動作に合わせて呼吸の練習を行い，それに脚の動作を加えて，そのコンビネーションをよりよく行えるようにする。

〈脚の動作の要点〉

① 両脚をそろえて伸ばした状態から，両脚を引き寄せながら肩の幅に開き，同時に足の裏を**上向き**にして踵(かかと)を尻の方へ引き寄せる。

② けり始めは，親指を外向きにし，足の裏で水を左右に押し出し，膝が伸びきらないうちに両脚で水を押し挟み，最後は両脚をそろえて伸ばす。

③ けり終わったら，惰力を利用してしばらく伸びをとる。

〈腕の動作の要点〉

① 両手のひらを下向きにしてそろえ，胸の前，あごの下から水面と平行に前方に出す。

② 両手のひらを斜め外向きにして左右に水を押し開きながら腕を曲げ，手のひらを前腕の後方に向ける。

③ 両肘が肩の横にくるまで手をかき進めたら，両腕で**内側後方**に水を押しながら胸の前でそろえる。

●平泳ぎの指導の要点

≪中学校≫

第1学年及び第2学年の指導に際しては，平泳ぎの距離は，50～100m，第3学年は50～200m程度を目安とするが，生徒の体力や技能の程度などに応じて弾力的に扱うようにする。

〈例示〉

〈第1学年及び第2学年〉

・蹴り終わりで長く伸びるキックをすること。

・肩より前で，両手で逆ハート型を描くように水をかくこと。

・プルのかき終わりに合わせて顔を水面上に出して息を吸い，キックの蹴り終わりに合わせて伸び(グライド)をとり進むこと。

〈第3学年〉

・片寄り前で，両手で逆ハート型を描くように強くかくこと。

・プルのかき終わりに合わせて顔を水上面に出して呼吸を行い，キックの蹴り終わりに合わせて伸び(グライド)をとり，1回のストロークで大きく進むこと。

≪高等学校≫

指導に際しては，呼吸と視野を確保しやすく，キックによって大きな推進力を得ることのできる平泳ぎの特性や魅力を深く味わえるよう，水の抵抗を意識したキック時のグライド姿勢や推進力を生み出すプルとキック動作に着目させ，学習に取り組ませることが大切である。

なお，平泳ぎの距離は，50～200m程度を目安とするが，生徒の体力や技能の程度などに応じて弾力的に扱うようにする。

〈例示〉

〈入学年次〉

・肩より前で，両手で逆ハート型を描くように強くかくこと。

・プルのかき終わりに合わせて顔を水面上に出して呼吸を行い，キックの蹴り終わりに合わせてグライドをとり，1回の腕の動き(ストローク)で大きく進むこと。

〈入学年次の次の年次以降〉

・手を前方に大きく伸ばした後に肘を曲げ，加速させながら内側にかき込み，抵抗を減らすために素早く手を前に戻すストロークの動きをすること。

・抵抗の少ない肩幅程度の足の引き付けから，足先を外側にして直ちにキックをすること。

・プルのかき終わりと同時に，あごを引いて口を水面上に出して息を吸い，キックの蹴り終わりに合わせて，流線型の姿勢を維持して大きく伸びること。

●背泳ぎの内容

クロールと同じように腕の動作による推進力が大きい。全身を上向き(仰向き)にしてまっすぐ伸ばして浮き，脚を左右交互に上下させ，腕は左右交互に水をかいて水面上を進行方向に戻し，呼吸をしながら泳ぐ。胸を張り，腰を伸ばすことで，身体を水平に保つことも忘れてはならない。

〈脚の動作の要点〉

① 左右の脚の幅は，親指を触れ合う程度にし，踵を10cm程度離す。あごを引き過ぎると臀部が沈んで腰が曲がった姿勢になりやすく，体が沈み腕の動作も窮屈になる。逆に，あごを出し過ぎると，脚が水面上に出てしまうので，自然な仰向け姿勢になるようにする。また，膝が曲がってしまい足踏み状態にならないよう注意したい。

② 上下動の幅は，30～40cm程度にする。

③ けり上げ動作は，始動の中心を股関節におき膝をしなやかにし，膝と足首に水をかけるようにして力強くけり上げる。

④ けり上げた後，下方に下ろす動作は，他方の脚のけり上げ動作の反動で，脚を伸ばして自然に下ろす。

〈腕の動作の要点〉

① 左右の腕は，一方の手先を水中に入れるのに合わせて，他の腕を水面上に抜き上げる。

② 手先は，頭の前方，肩の線上に小指側から入水させ，手のひらで水面下20～30cm程度まで水を押さえたら，肘を下方へ下げながら手のひらを後方に向ける。

③ 腕は，手のひらが水面近くを太ももに触れる程度までかき進め，最後は手のひらを下にして腰の下に押し込むようにする。

④ 腰の下へ水を押し込むと同時に同一側の肩を水面上にもち上げ，腕を伸ばして抜き上げて体側上を大きく回して進行方向へ戻す。

●背泳ぎの指導の要点

≪中学校≫

指導に際しては，背泳ぎの距離は，25～50m程度を目安とするが，生徒の体力や技能の程度などに応じて弾力的に扱うようにする。なお，進行方向が見えないことによっておこる不安や衝突事故の防止も大切である。

〈例示〉

〈第1学年及び第2学年〉

・両手を頭上で組んで，腰が「く」の字に曲がらないように背中を伸ばし，水平に浮いてキックをすること。
・水中では，肘が肩の横で60～90度程度曲がるようにしてかくこと。
・水面上の腕は，手と肘を高く伸ばした直線的な動きをすること。
・呼吸は，プルとキックの動作に合わせて行うこと。

〈第3学年〉

・水面上の腕は肘を伸ばし，肩を支点にして肩の延長線上に小指側からまっすぐ入水すること。
・一連のストロークで，肩をスムーズにローリングさせること。

≪高等学校≫

指導に際しては，呼吸がしやすい仰向けの姿勢で，顔を水面に出したまま泳ぐ背泳ぎの特性や魅力を深く味わえるよう，プルのリカバリー時には肘をよく伸ばし，キックを力強く打ち，腰を伸ばしたグライド姿勢を保ちながら推進力を出す動作に着目させ，学習に取り組ませることが大切である。

そのため，背泳ぎの距離は，50～100m程度を目安とするが，指導のねらい，生徒の技能・体力の程度などに応じて弾力的に扱うようにする。

〈例示〉

〈入学年次〉

・水面上の腕は肘を伸ばし，肩を支点にして肩の延長線上に小指側からまっすぐ入水すること。
・一連のストロークで，肩をスムーズにローリングさせること。

〈入学年次の次の年次以降〉

・入水した手は，肩のローリングによって手のひらをやや下側に向けて水を捉え，肘を曲げながらかくこと。
・かき終わりで肘を伸ばした後，力を抜き，肩のローリングを使ってリズムよくリカバリー動作を行うこと。
・水平姿勢を維持しながら泳ぐこと。
・キックは，脚全体をしなやかに使って蹴り上げ，脚全体を伸ばして蹴り下ろすこと。
・呼吸は，ストロークに合わせてリズムよく行うこと。

●バタフライの内容

この泳法は，身体の**うねり**(上下動)が大きいので，腰の力と上半身の強い筋力が必要である。バタフライは，全身をまっすぐ伸ばして水面に伏し浮き，体のうねりを加えて脚を左右同時に上下させ，腕は左右同時に水をかいて水面上を前方に戻し，顔を前に上げて呼吸しながら泳ぐ。

〈脚の動作の要点〉

① 左右の脚の幅は，親指が触れ合う程度にし，踵を10cm程度離す，上下動の幅は，20～40cm程度に動かす。

② けり下ろしの動作は，腰，膝を柔らかくして伸ばした両脚を，太ももから徐々に足先に力が加わるように力強く打ち，その反動で腰を水面に近づける。

③ けり終わった後，上方に戻す動作は，水面に近づけた腰を沈めながら伸ばし，その反動で脚を伸ばして戻す。**脚の動作**がうまくできない場合には，仲間と補助し合い，脚を伸ばして脱力し，腰を支えてもらったり，足先を持ってもらって腰を上下に動かし，身体のうねり(ウエーブ)の中から脚の動作ができるように練習する。

〈腕の動作の要点〉

① 手のひらを斜めに外向き(45度)にして頭の前方，肩幅に手先を入水する。入水後，腕を伸ばし，手のひらを平らにして水を押さえながら横に開き出し，腕を曲げ始める。

② 手のひらと前腕で水をかき，左右の手先は胸の下で接近させ，太ももに触れるまでかき進める。

③ 腕は，肘から水面上に抜き上げ，手首を脱力させ，手先が水面上を一直線に前方へ運ぶように戻す。肘を**上向き**にすることによって親指が下向きになり，水面近くをまっすぐ前方に戻しやすくなる。

●バタフライの指導の要点

≪中学校≫

指導に際しては，バタフライの距離は，25～50m程度を目安とするが，生徒の体力や技能の程度などに応じて弾力的に扱うようにする。

〈例示〉

〈第1学年及び第2学年〉

・気をつけの姿勢やビート板を用いて，ドルフィンキックをすること。
・両手を前方に伸ばした状態から，鍵穴(キーホール)の形を描くように水をかくこと。
・手の入水時とかき終わりのときに，それぞれキックをすること。
・プルのかき終わりと同時にキックを打つタイミングで，顔を水面上に出して呼吸をすること。

〈第3学年〉

・腕を前方に伸ばし，手のひらが胸の前を通るようなキーホールの形を描くようにして腰や太ももくらいまで大きくかく動き(ロングアームプル)で進むこと。
・手の入水時のキック，かき終わりのときのキック及び呼吸動作を一定のリズムで行うこと。

≪高等学校≫

指導に際しては，両腕を広げた迫力あるリカバリー動作で，左右同時のキックでダイナミックに泳ぐバタフライの特性や魅力を深く味わえるよう，プルのリカバリー時に腕を前方に伸ばし，腰を伸ばしたグライド姿勢を保ちながら推進力を出す動作に着目させ，学習に取り組ませることが大切である。

距離は，50～100m程度を目安とするが，指導のねらい，生徒の体力や技能の程度などに応じて弾力的に扱うようにする。

〈例示〉

〈入学年次〉

・腕を前方に伸ばし，手のひらが胸の前を通るようなキーホールの形を描くようにして腰や太ももくらいまで大きくかく動き(ロングアームプル)で進むこと。

・手の入水時のキック，かき終わりのときのキック及び呼吸動作を一定のリズムで行うこと。

〈入学年次の次の年次以降〉

・腕のリカバリーは，力を抜いて水面近くを横から前方に運ぶこと。

・体のうねり動作に合わせたしなやかなドルフィンキックをすること。

・ストローク動作に合わせて，低い位置で呼吸を保つこと。

●水泳の競技規則

① 自由形(クロール)，平泳ぎ，バタフライおよび個人メドレーは台上からのスタート，背泳ぎは水中からのスタートを行う。

② バタフライ，背泳ぎ，自由形のスタート，ターン後，壁から15mに達するまでに体の一部が浮上しなければならない。

〈競技中，失格となるもの〉

① スタートは1回目のフォルススタートで失格となる。

② 自分のコースから出たり(体の中心線がコースロープを越える)，他の競技者を故意に妨害した場合。

③ コースロープを引っ張ったり，プールの底に立つ，あるいはプールの底を歩いた場合(自由形競技またはメドレー競技の自由形種目に限り，プールの底に立つことは違反とはならない)。

④ スピードを高めたり，持久性を増すような器具や薬品を用いた場合。

⑤ プールサイドからコーチをしたり，ペースメーカーなどを使用したりした場合。

⑥ 競技中に，不正入水した場合(個人種目の場合は，出場予定レースの出場権を失う。リレー種目の場合は，リレーチームおよびメンバーが失格となる)。

⑦ ゴールイン後でも，レース中の全泳者がゴールする前に自分のコースから出た場合。

⑧ 平泳ぎ，バタフライのターン，ゴールタッチに違反した場合。

⑨ 背泳ぎで，ターンの一連の動作中を除き，仰向き姿勢をくずした場合。

⑩　平泳ぎの足の動作で，足の甲で水をけったり，上下に動かした場合。

⑪　バタフライの脚の動作で，けり下げやけり上げのとき，両脚がバラバラになった場合。

⑫　バタフライで，手のひらが水中に入った状態で返した場合。

⑬　リレーの引き継ぎで，前の泳者が壁につく前に継泳者がスタートした場合。

⑭　平泳ぎで，スタートおよび折り返し後の水面下での1かき1けりは許されるが，それ以外の競技中は，1かき1けりの一連の動作中に少なくとも1回は頭の一部が水面上に出なければならない。つまり，頭の一部が完全に水面より上に位置し，かつ空気に触れなくてはならない。頭頂部に水がかかることは認められない。

⑮　個人メドレーの泳法順は，**バタフライ→背泳ぎ→平泳ぎ→自由形**(自由形は前の3泳法以外の泳法を用いる)の順で泳ぐ。

⑯　メドレーリレーの泳法順は，**背泳ぎ→平泳ぎ→バタフライ→自由形**の順(自由形は前の3泳法以外の泳法を用いる)である。

▼各泳法の動きの例

種目	小学校5・6年生	中学校1・2年生	中学校3年生 高校入学年次	高校 入学年次の次の年次以降
クロール	・手を交互に前方に伸ばして水に入れ，かく ・リズミカルなばた足をする ・顔を横に上げて呼吸をする ・両手を揃えた姿勢で片手ずつ大きく水をかく ・ゆっくりと動かすばた足をする	・一定のリズムの強いキック ・肘を曲げ，S字やI字を描くようなプル ・プルとキック，ローリングの動作に合わせた呼吸動作	・リラックスして前方へ動かすリカバリー ・泳ぎの速さに応じた大きさの呼吸動作	・手を遠く前方に伸ばし，腕全体で水をとらえ，加速するようにかくプル ・流線型の姿勢を維持し，しなやかでリズミカルなキック ・肩のローリングを使った最小限の動きの呼吸動作
平泳ぎ	・円を描くように左右に開き水をかく ・足の裏や脚の内側で水を挟み出すかえる足をする ・水をかきながら，顔を前に上げて呼吸をする ・キックの後に顎を引いた伏し浮きの姿勢を保つ	・蹴り終わりで長く伸びるキック ・逆ハート型を描くようなプル ・かき終わりに合わせた呼吸 ・蹴り終わりに合わせたグライド	・逆ハート型を描くような強いプル ・かき終わりに合わせた呼吸 ・1回のストロークで大きく進むこと	・素早く手を前に戻すリカバリー ・抵抗の少ない足の引き付けからのキック ・顎を引いた呼吸 ・蹴り終わりに合わせて，流線型の姿勢を維持して大きく伸びること

背泳ぎ	・顔以外の部位が水中に入った姿勢を維持する ・姿勢を崩さず手や足をゆっくり動かす (安全確保につながる運動) ※学校の実態に応じて加えて背泳ぎを指導することができる	・両手を頭上で組んで，背中を伸ばし，水平に浮いてキック ・肘を肩の横で曲げたプル ・手と肘を高く伸ばした直線的なリカバリー ・プルとキックの動作に合わせた呼吸	・肘を伸ばし，肩の延長線上に小指側からのリカバリー ・肩のスムーズなローリング	・肩のローリングによって手のひらをやや下側に向けて水をとらえ，肘を曲げながらかくプル ・力を抜き肩のローリングを使ってリズムよく行うリカバリー ・水平姿勢を維持し，脚全体をしなやかに使ってけり上げ，脚全体を伸ばしてけり下ろすキック ・ストロークに合わせてリズムよく行う呼吸
バタフライ	・浮いてくる動きに合わせて両手を動かし，顔をあげて呼吸をした後，再び息を止めて浮いてくるまで姿勢を保つ (安全確保につながる運動)	・気をつけの姿勢やビート板を用いたドルフィンキック ・キーホールの形を描くようなプル ・手の入水時とかき終わりのときに行うキック ・プルのかき終わりとキックを打つタイミングで行う呼吸	・手のひらが胸の前を通るキーホールの形を描くロングアームプル ・手の入水時のキック，かき終わりのときのキック及び呼吸動作を一定のリズムで行うコンビネーション	・力を抜いて水面近くを横から前方に運ぶリカバリー ・うねり動作に合わせたしなやかなドルフィンキック ・ストローク動作に合わせた低い位置での呼吸

例題 1

水泳のクロールに関する記述として適切なものは，次の1～4のうちのどれか。

1　左右の脚の幅は，親指が触れ合う程度にし，踵を10cm程度離す。上下動の幅は，30～40cm程度に動かす。けり下ろし動作は，膝を柔らかくしなやかに伸ばした脚を，太ももから徐々に足先へ力が加わるように力強く打つようにする。けり終わった後，上方に戻す動作は，脚を伸ばして太ももから上げるようにする。

2　左右の腕は，一方の手先が水中に入る場合，他方の腕は肩の下までかき進める。手先を水中に入れる場合，頭の前方，肩の線上に小指側から入水させる。入水後，腕を伸ばし，手のひらを平らにして水を押さえ，水面下30cm程度まで押さえたら腕を曲げ，手のひらを後方に向けかき始める。

3　呼気は，水中で，鼻と口で行い，徐々に吐き出し始め，最後は力強く吐き出す。吸気は，体の中心を軸にして顔を前に上げ，口で行い，素早く，大きく吸い込む。一方の腕で，体の下をかく間に呼気し，水面上で抜き上げながら顔をだし，肩の横まで戻す間に吸気し，呼気から吸気までを連続してできるようにする。

4　水中からのスタートでは，まず片足を壁につけ，プールの底についているもう一方の足で体を支える。底についている足を移動し，両方の足を壁につけ，全身を沈め，両方の足で壁を蹴る。蹴り出し時の初速を生かせるよう，体を真っ直ぐにし，顔は進行方向に上げたまま，二の腕で頬をはさむようにして，抵抗の少ない姿勢を意識する。

解答　1

解説　2　手先を水中に入れる場合，手のひらを斜め外向き(45°程度)にし，頭の前方，肩の線上に入れる。頭の前方，肩の線上に小指側から入水させるのは，背泳ぎの場合である。　3　吸気は，体の中心を軸にして顔を横に上げ，口で行い，素早く，大きく吸い込む。顔を前に上げ，口で行い，素早く，大きく吸い込むのは，平泳ぎの吸気である。　4　スタートでは，顔は進行方向ではなく頭を下げて下を向き，二の腕で耳か耳の後ろを挟むようにして体を真っ直ぐにし，抵抗の少ない姿勢を意識し，ストリームラインをつくるのが正しい。

例題 2

種目別のルールについて，次のa～dのうち，正しいものはいくつあるか，以下の1～4のうちから1つ選べ。

a　自由形の泳法はクロールで，ターンやゴールのタッチは体の一部が壁にふれなければならない。

b　個人メドレーは，バタフライ→背泳ぎ→平泳ぎ→自由形の順で泳ぐ。

c　平泳ぎのターン及びゴールタッチは，両手が同時にかつ離れた状態でおこなわなければならない。タッチは，水中でおこなわなくてもよい。

d　背泳ぎはターンのときと，スタート及びターン後20mまでは水没してよいが，それ以外のときは体の一部が水面上に出ていなければならない。

1　1つ　　2　2つ　　3　3つ　　4　4つ

解答　2

解説　a　自由形はどんな泳法でもよい。　d　潜水泳法(バサロ泳法)は，スタート及びターンから15mまでと規定されている。

例題 3

体育分野の領域「水泳」について，次の各問いに答えよ。

(1) 平成29年3月告示の中学校学習指導要領　保健体育〔体育分野 第1学年及び第2学年〕 2　内容　D　水泳　(1)　には，「次の運動について，記録の向上や競争の楽しさや喜びを味わい，水泳の特性や成り立ち，技術の名称や行い方，その運動に関連して高まる体力などを理解するとともに，泳法を身に付けること。」と示されています。ここに示されている，「水泳の特性」とは，どのようなことか。簡潔に書け。

(2) 次のア～オのうち，2023年度公益財団法人日本水泳連盟競泳競技規則に示されている内容として正しいものはどれか。3つ選び，記号で答えよ。

ア　自由形競技またはメドレー競技の自由形に限り，プールの底に立つことは失格とならないが，歩くことは許されない。

イ　自由形では，スタート後，折り返し後に，体が完全に水没してもよい距離は20mである。

ウ　平泳ぎでは，スタート後，折り返し後に，最初の平泳ぎの蹴りの前にバタフライキックが2回許される。

エ　背泳ぎでは，ゴールタッチの際，泳者はあおむけの姿勢で壁に触れなければならない。

オ　バタフライでは，折り返し，ゴールタッチは，水面の上もしくは下で，両手が同時に，かつ離れた状態で行わなければならない。

解答 (1) 水泳は，陸上での運動と比較して，水の物理的特性である浮力，抵抗，水圧などの影響を受けながら，浮く，呼吸をする，進むという，それぞれの技術の組合せによって泳法が成立している運動であり，泳法を身に付け，続けて長く泳いだり，速く泳いだり，競い合ったりする楽しさや喜びを味わうことのできる運動であること。

(2) ア，エ，オ

解説 (1) 水泳系の学習の特徴は，「水の中で運動する」との点で，陸上における各種の運動と違うことを理解しておきたい。特に，以下に示した水の物理的特性(浮力・抵抗・水圧)について理解することが大切である。　浮力：主に，水中での身体バランスに関する運動に影響する。中でも，体を浮かせることや沈むことに関する力学的知識「重心・浮心(浮力の作用点)」の位置関係が重要となる。また，浮いたり沈んだりする際の無重量状態に近い感覚は，水中での楽しさが増すことにつながる。　抵抗：主に，水中で身体を進める力に関する運動に影響する。推進力を生み出すために必要な体の姿勢の維持，特に抵抗を少なくした流線型の姿勢について理解することが重要である。　水圧：主に，水中での呼吸に影響する。水圧が，呼吸に関する運動に大きな影響を与えていることを理解する必要がある。水中での呼吸は，僅かでも水圧の影響を受けるので，腹式呼吸法による正確な息継ぎを習得することが重要である。　(2)　イ　自由形では，水没してもよい距離は「20m」ではなく「15m」。これについては，バタフライ，背泳ぎも同様である。　ウ　平泳ぎでは，折り返し後に，最初の平泳ぎの蹴りの前にバタフライキックが「1回」許される。

例題 4

クロールにおいて，腕の動きは①～⑤のような順序になる。(　ア　)と(　イ　)に当てはまる言葉を書け。

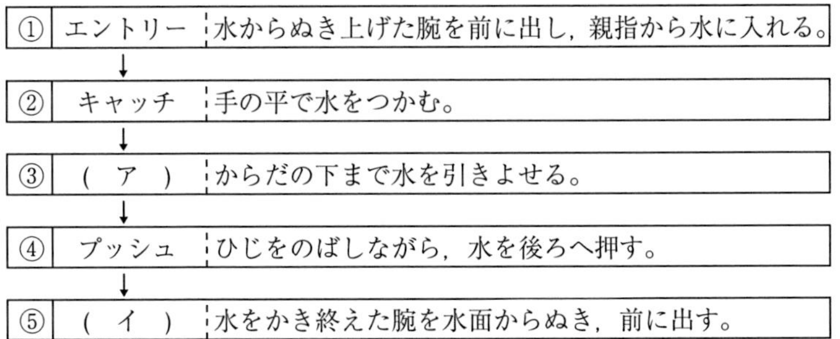

① エントリー 水からぬき上げた腕を前に出し，親指から水に入れる。
② キャッチ 手の平で水をつかむ。
③ (　ア　) からだの下まで水を引きよせる。
④ プッシュ ひじをのばしながら，水を後ろへ押す。
⑤ (　イ　) 水をかき終えた腕を水面からぬき，前に出す。

解答　ア　プル　　イ　リカバリー

例題 5

水泳について，次の問1～問3に答えよ。

問1 「平泳ぎ」において，足の甲でけっている(あおり足)生徒がいた。これを解決するための指導の要点を1つ書け。

問2 「クロール」において，「腕の動作」を一連の動作として，生徒に指導する時の指導の要点を書け。

問3 次の(1)～(4)の用語の説明として最も適切なものを下の(ア)～(カ)から1つずつ選び，その記号を書け。

(1) コンビネーション　(2) ストローク　(3) リカバリー

(4) ローリング

(ア) かき終えた手を前方に戻すこと

(イ) 手の動きや足の動きと呼吸動作を合わせた一連の動きのこと

(ウ) キックの蹴り終わりに合わせて伸びをとること

(エ) 水泳中の体の左右の揺れのこと

(オ) 手や腕で水をかくこと

(カ) 手のひらを胸の近くを通るようにする動きのこと

解答 問1 (例) ・足首を十分かえすことを意識させる。 ・足裏で水を斜め後方にけることを意識させる。 問2 (例) ひじを高くして，できるだけ前方へ伸ばし，S字を描くように肩幅の外側から胸下へと水をかく。胸下から太ももに触れるまで水をかく。 問3 (1) (イ) (2) (オ) (3) (ア) (4) (エ)

解説 水泳技能の指導法・泳法指導の要点については，「学校体育実技指導資料第4集　水泳指導の手引(三訂版)」(平成26年3月　文部科学省)に詳述されているので，本を入手して学習しておくとよい。この本から出題されることも多い。

例題 6

次の表は，水泳の背泳ぎの一連の動作を説明したものである。表中の(　①　)～(　③　)に当てはまる適当な語句を答えよ。

入水は(　①　)指から，または手のひら全体で行う。
↓
入水後，手のひらは下を向き手首を45度くらい下方に曲げて，深いところで水をキャッチする。
↓
深いキャッチから，(　②　)を曲げて上方へと手を動かす。
↓
手が腰の辺りまできたら，おしりの下へ向かって水を押し込む。
↓
リリースは(　③　)指から行うとよい。

解答　①　小　　②　ひじ　　③　親

解説　背泳ぎの推進力は，約70%がストローク，約30%がキックによって生まれている。ストロークでは，体側に沿って手のひらがS字を描いている。この動作はスカーリングと呼ばれ，小さな力で大きな推進力(揚力)を生み出している。

例題 7

次の図は，技術的に問題のある背泳ぎの一例である。問題点を2つあげ，それぞれ克服するための指導方法を書け。

解答 1つ目：(問題点)　・頭を上げすぎている。　・あごを引きすぎている。　・耳を水中に沈めていない。等　(指導方法)　・ビート板(用具)を使用しての姿勢づくり。　・陸上での動きづくり。等
2つ目：(問題点)　・背筋が伸びていない。　・胸が反れていない。等　(指導方法)　2人組での水中での姿勢づくり。等

解説 背泳ぎの指導のポイントは，背浮きができるようにすることである。おへそを出して体を反らせること，耳が水につかるくらい頭を反らすことが大事である。指導方法をいくつかあげてみる。　1. プールサイドやコースロープに頭をかけて上向きの姿勢をとり，バタ足をする。腰が沈みやすいので，おへそを出させる。　2. ビート板を背中に敷いて浮く。手足を動かすとすぐにバランスを崩してしまうので，手足の力は抜いて浮くようにさせる。　3. バディ(2人1組)を組み，1人が両手で相手の首を支え，水中を引っぱって歩く。

第 5 章

球技

保健体育科 球 技

ポイント

球技は，ゴール型，ネット型及びベースボール型で構成され，個人やチームの能力に応じた作戦を立て，集団対集団，個人対個人で勝敗を競うことに楽しさや喜びを味わうことのできる運動である。

中学校では，小学校までの学習を受けて，基本的な技能や仲間と連携した動きを発展させて，作戦に応じた技能で仲間と連携しゲームが展開できるようにすることが求められる。第1学年及び第2学年では，勝敗を競う楽しさや喜びを味わい，球技の特性や成り立ち，技術の名称や行い方，その運動に関連して高まる体力などを理解するとともに，基本的なボールや用具，バット操作と仲間と連携した動きで攻防を展開できるようにする。また，第3学年では作戦に応じた技能で仲間と連携し，ゲームを展開することを学習のねらいとし，勝敗を競う楽しさや喜びを味わい，体力の高め方や運動観察の方法などを理解するとともに，作戦に応じた技能で仲間と連携しゲームを展開することとしている。

高等学校では，中学校までの学習を踏まえて，勝敗を競ったりチームや自己の課題を解決したりするなどの多様な楽しさや喜びを味わい，「作戦や状況に応じた技能で仲間と連携しゲームを展開する」ことなどが求められる。入学年次では，勝敗を競う楽しさや喜びを味わい，体力の高め方や運動観察の方法などを理解するとともに，作戦に応じた技能で仲間と連携しゲームを展開することができるようにする。また，入学年次の次の年次以降では多様な楽しさや喜びを味わい，技術の名称や行い方などを理解するとともに，仲間と連携しゲームを展開すること，生涯にわたって運動を豊かに継続するための課題に取り組み，考えたことを他者に伝えること及び球技に主体的に取り組むとともに，公正，協力，責任，参画，共生などに意欲を育み，健康・安全を確保することができるようにすることとしている。

バスケットボール

●競技の概要

○1891年にアメリカの体育教師**J.ネイスミス**が考案。日本には1908年に**大森兵蔵**が紹介，1913年にF.H.ブラウンが広めたといわれる。

○プレイヤーは1チーム**5人**。相手のバスケットにボールを入れて得点を競うが，状況によって得点が異なることが大きな特徴の1つといえる(スリーポイントライン外からのシュートは3点，フリースローによるシュートは1点，その他は2点)。ボールの移動はドリブル，またはパスによる。

●フィールド等の名称

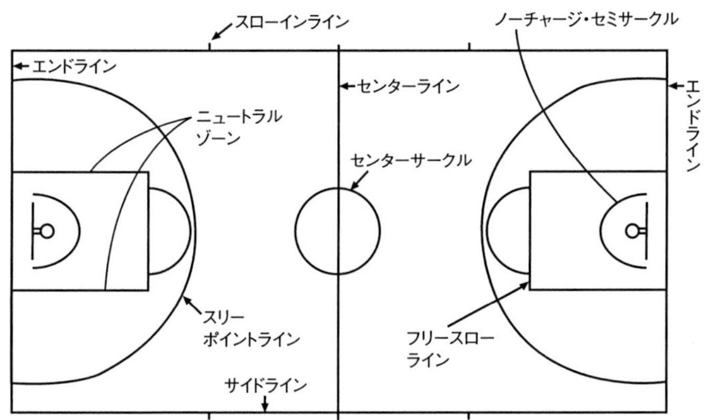

●パスの技術

パスにはチェストパス，アンダーハンドパス，オーバーヘッドパス，サイドハンドパスなどがある。

●プレイ上の注意点

○試合開始はジャンプボールによる。

○アウトオブバウンズは，ボールが境界線上や境界線の外の床，プレイヤー以外の人などに触れた場合になるため，空中にあるボールはアウトオブバウンズにはならない。

○ヘルドボール(ボールの取り合い)のとき，両チームが同時にボールをアウトオブバウンズにしたとき，両チームが同時にバイオレーションを行ったとき等は，オルタネイティング・ポゼッション・ルールにより行われる。

○プレイにおける時間制限ルールには4種類ある。

□**3秒ルール**…原則，相手陣内でボールをコントロールしているチームのプレイヤーは制限区域内に3秒を超えてとどまってはならない。

□**5秒ルール**…ボールを持っているプレイヤーが相手に1m以内の至近距離で防御され，パス，ショット，ドリブル，ころがすのいずれもしないで，5秒を超えて持ち続けてはいけない，など。

□**8秒ルール**…自陣からボールをコントロールしたチームは，8秒以内にボールを相手陣内に入れなければならない。

□**24秒ルール**…自陣からボールをコントロールしたチームは，24秒以内にショットしなければならない。

●罰則規定

○**バイオレーション**：体の接触による違反およびスポーツマンらしくない行為を除くすべての規則の違反のことで，バイオレーションがおこった場所に最も近いライン外から，相手チームボールでプレイが再開される。

【主なバイオレーション】

□3秒ルール，24秒ルール等の時間制限違反
□トラベリング，ダブルドリブル，故意に足などでボールを止める等，ボールの扱いに関する違反
□フリースローでフェイクを入れる等，フリースローの規定違反
□ジャンプボールでトスが最高点に到達する前にボールに触る等の違反

○**ファウル**：プレイ中の不当行為を指し，ファウルの種類によって罰則が異なる。なお，ファウルを**5回**行ったプレイヤーは失格となり，以

降のゲームに参加できなくなる。

▼主なファウル

パーソナルファウル (主に相手との接触による違反)	テクニカルファウル (主にスポーツマンらしくない違反)
·ブロッキング ·プッシング ·ホールディング ·ハンドチェッキング ·イリーガルユースオブハンズ ·チャージング	・目の前で手を振って視界を妨げる ・ショットをする相手に大声を出したり，手を叩いたりする ・ゴールしたボールを，わざとたたき出す ・審判に不服がある等をジェスチャーなどで示す ・ゲームの進行をわざと遅らせる

例題 1

次の図は，バスケットボールにおける審判の合図(シグナル)を示したものである。(1)～(5)の合図(シグナル)が示すものをあとのア～コから1つずつ選び，その記号を書け。

(1)

体の前方で腕をクルクル回す。

(2)

両手を腰にあてる動作をする。

(3)

手首あたりを切る・叩く動作をする。

(4)

人差し指で“T”の字をつくる。

(5)

(次の攻撃するバスケットを拳で指し示し、)手のひらを拳で叩く動作をする。

語群

ア　3秒バイオレーション　　イ　チャージング
ウ　テクニカルファウル　　エ　ダブルファウル
オ　メンバーチェンジ　　カ　ブロッキング
キ　トラベリング　　ク　イリーガルユースオブハンズ
ケ　プッシング　　コ　タイムアウト

解答 (1)　キ　(2)　カ　(3)　ク　(4)　コ　(5)　イ

解説 バスケットボールにおける審判の合図は複雑なので，正しく理解しておく必要がある。なお，3秒バイオレーション……腕を前に伸ばし，指を3本出す。　テクニカルファウル……両手でT型を示す。ダブルファウル……手を握ってあげ左右に振る。　メンバーチェンジ……腕の前で両手を交差させる。　プッシング……ファウルの合図をしてから押すまねをする，である。これらは実際の動作をイメージできるようにしておこう。

例題 2

バスケットボールについて，次の各問いに答えよ。

1　次の文章は，ルールについて，述べたものである。(　①　)～(　③　)に当てはまる数字を答えよ。

(1)　コート内でライブのボールをコントロールしたチームは，(　①　)秒以内にシュートしなければならない。

(2)　バックコート内でライブのボールをコントロールしたチームは，(　②　)秒以内にボールをフロントコート内に進めなければならない。

(3)　ボールを持っているプレイヤーは，相手に1m以内の距離で激しく防御されて，パス，シュート，ドリブルのいずれもしないで，(　③　)秒をこえてボールを持ち続けることはできない。

2　次の各問いに答えよ。

(1)　パーソナルファウルを3つ答えよ。

(2) 次のそれぞれのファウルに対する具体的な処置を答えよ。

① シュートの動作中でないプレイヤーへのファウル。

② スリーポイントエリアにおけるシュートの動作中のプレイヤーへのファウル。(シュートが失敗した場合)

3 次の図を見て，(①)～(③)に当てはまる適切な語句を答えよ。

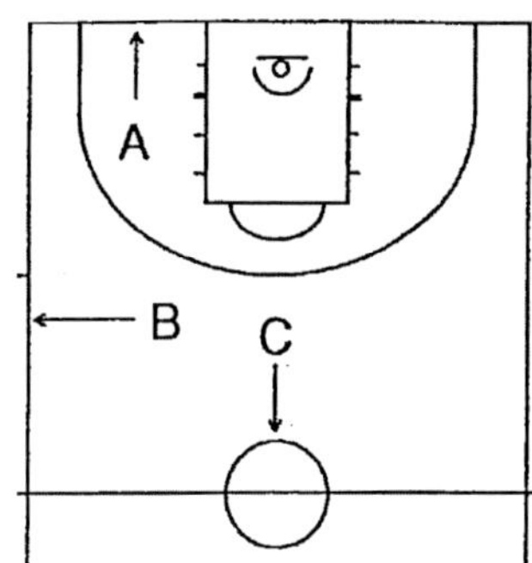

(1) コートは，Aの(①)ラインとBの(②)ラインの内側の範囲で，ラインは含まない。

(2) 第1ピリオドはCの(③)サークルでのジャンプボールで開始する。

4 次の図Ⅰと図Ⅱの説明を読み，それぞれのプレーの名称を答えよ。

○…攻撃側選手　▽…守備側選手　人の動き⟶　ボールの流れ---->

図Ⅰ

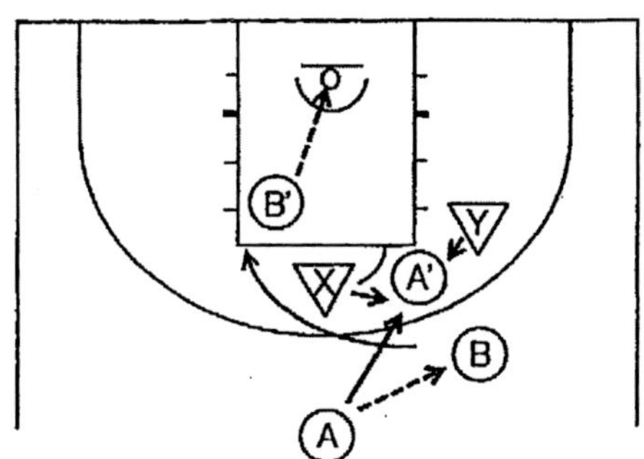

1　AはBにパスをする。

2　AはBの防御者Yの横に壁として立つ。

3　BはA'を壁として利用してドリブルで切り込みシュートする。

図Ⅱ

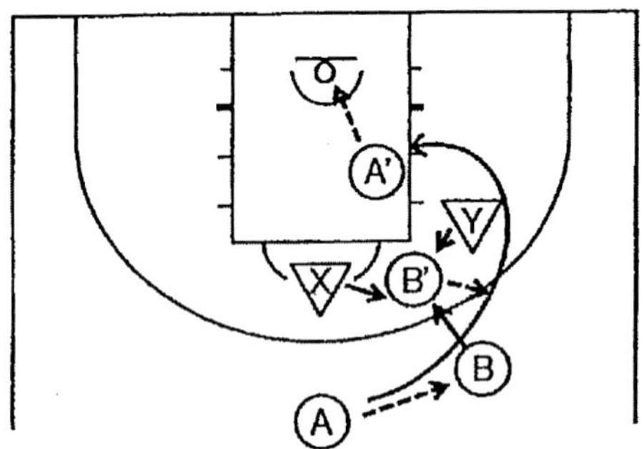

1　AはBにパスをする。

2　BはAの防御者Xに対して壁として立ち，Aにパスをする。

3　AはB'を壁として利用してドリブルで回り込みシュートする。

解答　1　①　24　　②　8　　③　5　　2　(1)　ホールディング，プッシング，チャージング，ブロッキング，イリーガルユースオブハンズ，イリーガルスクリーンなどから3つ　　(2)　①　ファウルの起こった場所に最も近いアウトからのスローイン　　②　3本のフリースローが与えられる　　3　①　エンド　　②　サイド　　③　センター　　4　図Ⅰ　インサイドスクリーン　　図Ⅱ　アウトサイドスクリーン

解説　1　5秒ルール，8秒ルール，24秒ルールの他にも，攻撃中に相手コートの制限区域内に3秒以上とどまることができない「3秒ルール」もある。秒数の混同に気をつけよう。　2　(1)　ファウルの種類には，「パーソナルファウル」(体の触れ合いによる違反)と「テクニカルファウル」(スポーツマンらしくない違反)がある。　(2)　パーソナルファウルへの罰則には，ショット中かショット以外か，ショットは成功か失敗かによって異なるので，しっかり確認しておくこと。また，パーソナルファウルの「アンスポーツマンライクファウル」や「ディ

スクォリファイングファウル」の場合は，ショットの動作中でなくとも2本のフリースローが与えられる。さらに，シューター側のスローインから再開される。　3　バスケットボールコートの名称はルールブック等で確認すること。　4　プレーの名称として「スクリーンプレー」以外にも，相手のゴールに向かって，ディフェンスの間をぬって切り込んで攻撃する「カットインプレイ」やボールを奪ってすぐに攻撃する「ファーストブレイク」，パスやドリブルをうまく組み合わせ，防御側のすきをつくって攻撃する「セットオフェンス」等がある。

サッカー

●競技の概要

○12世紀ごろから起源となるスポーツがあったといわれるが，正式な競技となったのは19世紀，国際的なサッカー組織(FIFA)が創立したのが1904年である。日本では1873年にイギリスのダグラス海佐が紹介し，全国に広がった。

○プレイヤーは1チーム11人。相手のゴールにボールを入れ，得点を競う。ボールの移動はドリブル，またはパスによる。原則，ゴールキーパー以外は手や腕でボールを扱うことができない。

●フィールド等の名称

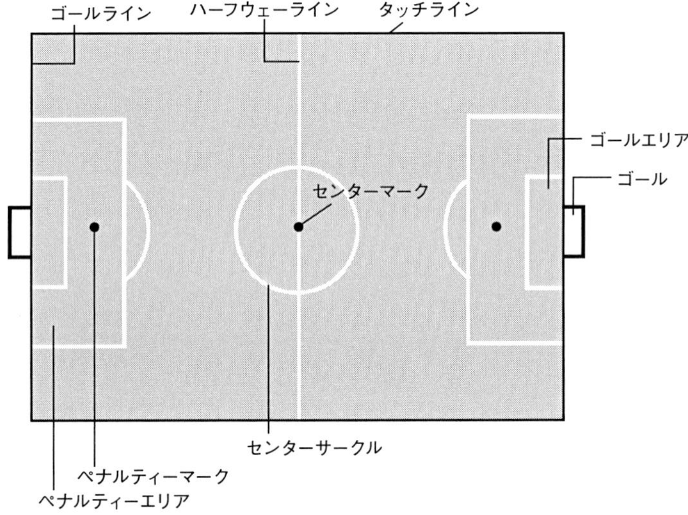

●パス，シュートの技術

主なキック(パス・シュート)にはインサイドキック，アウトサイドキック，インフロントキック，インステップキックがある。

○**インサイドキック**…足の内側のくるぶし付近でボールを蹴る。足がボールに当たる面積が最も大きいので，思ったところにボールを送ることができる。主にショートパスやシュートで利用される。

○**アウトサイドキック**…足の甲の外側で蹴る。実戦では利用されることは少なく，主にショートパスやフェイントで利用される。

○**インフロントキック**…足の親指の付け根で蹴る。カーブや高低をつけることも可能なので，攻撃のポイントになることが多い。主に中長距離のパスやシュートで利用される。

○**インステップキック**…足の甲で蹴る。足の力を最も伝えることができるキックで，基本的だが，難易度が高いといわれる。主にシュートで利用される。

●プレイ上の注意点

○試合開始は**キックオフ**による。

○試合時間は実際にプレイが行われた時間であり，競技者の交代，負傷者の搬出などによって浪費された時間は主審の判断で延長される(ロスタイム)。

○ボールの一部がサイドライン等を完全に越えていなければインプレイとなる。また，ボールがゴールラインを完全に越えていなければゴールは認められない。

○プレイ中，ゴールキーパーが手を使用できるのは自陣のゴールエリアとペナルティーエリアである。

○**オフサイド**は原則，相手チームで相手陣内の最後尾から2番目にいる人より相手陣内のゴールラインに近い位置にいる場合を指す。ただし，そのプレイヤーが味方の攻撃に寄与したと判断された場合のみ適用される(次ページ図参照)。

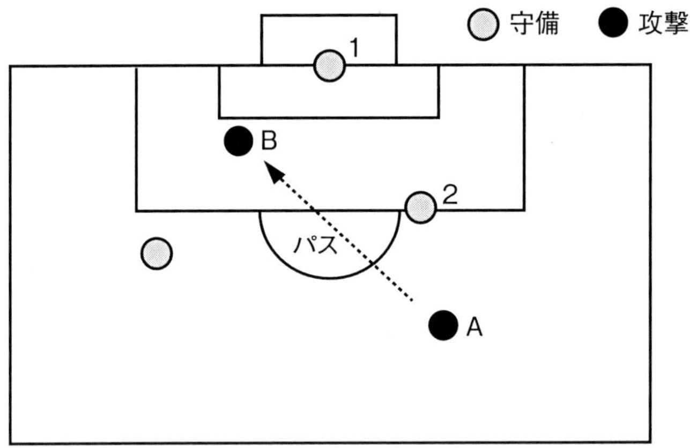

●罰則規定

規則違反行為が行われた場合，相手チームにフリーキック(ペナルティーキック)が与えられる。フリーキックには**直接フリーキック**と**間接フリーキック**があり，間接フリーキックが直接ゴールに入った場合，ゴールは認められず，相手側のゴールキックで再開する。

直接フリーキック(ペナルティーキック)になる場合	間接フリーキックになる場合
・キッキング ・ファウルチャージ ・トリッピング ・プッシング ・ホールディング，など	・オフサイド ・プレイせず，故意に相手の進路を妨害 ・ゴールキーパーがボールを手から離すのを妨げる ・その他危険なプレイ，など

また，規則違反の度合いに応じて，**主審から警告**(イエローカード)，**退場**(レッドカード)が出されることがある。

【警告(イエローカード)の対象となる主な反則】

・スポーツマンシップに反する行為を犯す(ラフプレイや審判を欺く行為など)
・言動によって審判に異議を示す
・くり返し競技違反を行う
・プレイを遅延させる行為を行う，など

【退場(レッドカード)の対象となる主な反則】

・著しく不正な行為を犯す(後方からのタックル，危険なプレイなど)
・相手プレイヤーなどにつばを吐く
・同じ試合で**警告を２回**受ける，など

例題 1

次の文は，サッカー競技の反則の名称とその説明である。適切でない組合せを①～⑤から選び，番号で答えよ。

① キッキング → 相手を蹴る，または蹴ろうとする。
② ジャンピングアッド → 相手にとびかかる。
③ ストライキング → 相手プレイヤーを脅かすタックル。
④ ファウルチャージ → 不用意に，無謀に，あるいは過剰な力で相手をチャージする。
⑤ プッシング → 相手を押す。

解答 ③

解説 ストライキングは，相手を打つ(殴る)，または打とう(殴ろう)とすることをいう。

例題 2

次の表は，サッカーのゲームにおける様相1(団子状態のゲーム)から様相5(つくったスペースを使うゲーム)にいたる変遷と各段階における様相の特徴を示している。次の様相への移行にあたり考えられる停滞の原因①～④に当てはまる適当なものを，以下のア～クから2つずつ選び，記号で答えよ。

ゲームの様相(特徴)	停滞の原因
様相1 (団子状態のゲーム) ・ボール周囲に密集 ・団子状で縦に移動 ・得点が見られない	①
様相2 (縦長のゲーム) ・相手ゴールへのでたらめなキック ・縦長に分散 ・点取り屋とそのマーカーが出現	②
様相3 (縦横に広がるゲーム) ・パスが長距離に ・横パスの出現 ・選手が縦横に分散	③
様相4 (空いているスペースを使うゲーム) ・偶発的にできた空いているスペースへの意図的なパスが出現	④
様相5 (つくったスペースを使うゲーム) ・オープンスペースの意図的な創造	

ア　面(方向)を変えるとめ方ができないので，攻撃方向を変化させることができないため。

イ　スペースをつくる者，スペースに入る者，ボールをパスする者の三者の共通理解が少ないため。

ウ　ゴールへの意識よりボールを触りたいという意識の方が強く，全員がボールに近寄り，むやみにドリブルしたり，でたらめに蹴ったりするだけのため。

エ　ボールを出す方(パサー)，ボールを受ける方(レシーバー)の両者にスペースの意識がないため。

オ　ボールコントロールが少し高まるので視野はやや拡大するが，前方中心にしか見られないため。

カ　ボールコントロールが未熟なので，視野がボール付近に集中し，前方が見えないため。

キ　自分が走ることによってスペースがつくれることの理解が薄いため。

ク　相手を突破する決定的なパス(相手と相手の間を通しディフェンスの裏に出すスルーパス)があまりないため。

解答　①　ウ，カ　②　ア，オ　③　エ，ク　④　イ，キ

解説　サッカーにはボールを持っているときの動き(on the ball：オンザボール)とボールを持っていないときの動き(off the ball：オフザボール)がある。攻撃時には，オフザボールの動きが勝敗を分けると言われ，サッカーのレベルが高くなるにつれて，いかに状況に適したポジショニングを取れるかというオフザボールの動きが非常に重要になる。中学校学習指導要領解説では，空間に走り込むなどの動き，空間を作りだすなどの動きを身につけることが大切であると示している。

例題 3

サッカーに関して，次の1～3に答えよ。

1　サッカー競技規則に示されている「スローインの進め方」を，簡潔に5つ書け。

2　ゴール前の空間をめぐる攻防についての学習課題を追究させるためには，どのような指導上の配慮や指導の工夫が大切か。簡潔に書け。

3　あとの図は，サッカーコートの半面で，3人対3人が攻防を行っている様子を模式的に示したものである。図中の生徒ア～ウが攻撃側で，生徒イがゴールに向かってドリブルをしている。また，生徒A～Cが守備側で，マンツーマンディフェンスをしようとしている。守備側の生徒Cのマークする位置について指導する場合，どのようなことに留

意するよう指導するか。簡潔に3つ書け。

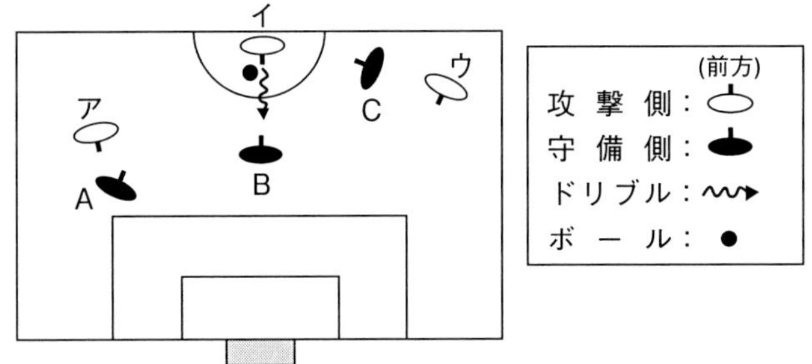

解答 1 ・フィールドに面する。 ・両足ともその一部をタッチライン上又はタッチラインの外のグラウンドにつける。 ・両手でボールを持つ。 ・頭の後方から頭上を通してボールを投げる。 ・ボールがフィールドを出た地点から投げる。 2 プレイヤーの人数，コートの広さ，用具，プレイ上の制限を工夫したゲームを取り入れ，ボール操作とボールを持たないときの動きに着目させ，学習に取り組ませる。 3 ・相手とゴールの中心を結んだ線上に位置すること。 ・ボールと相手が同時に見えるところに位置すること。 ・相手にボールがパスされたら，奪いに行けるところに位置すること。

例題 4

「サッカー競技規則2022/23」におけるオフサイドの記述A～Eについて，正しいものを○，誤っているものを×とした場合，正しい組合せはどれか。1～5から1つ選べ。

A オフサイドポジションにいることは，反則ではない。

B オフサイドポジションにいる競技者がゴールキックからボールを直接受けたとき，オフサイドの反則になる。

C オフサイドポジションにいる競技者がスローインからボールを直接受けたとき，オフサイドの反則にはならない。

D オフサイドポジションにいる競技者がコーナーキックからボールを直接受けたとき，オフサイドの反則にはならない。

E　オフサイドの反則があった場合，主審は，反則が起きたところから行われる直接フリーキックを与える。

	A	B	C	D	E
1	○	×	○	○	×
2	○	○	×	○	○
3	×	○	○	×	×
4	○	×	○	×	○
5	×	○	×	○	×

解答　1

解説　B, C, Dについて，オフサイドポジションにいる競技者であっても，ゴールキック，スローイン，コーナーキックからボールを直接受けた場合，オフサイドにならない。Eは，オフサイドの反則に対しては，間接フリーキックが与えられる。

バレーボール

●競技の概要

○1895年にアメリカのW.G.モーガンがテニスをヒントに考案したのが起源。日本では1908年に**大森兵蔵**が紹介し，全国に広まった。

○プレイヤーは1チーム**6人**または**9人**。相手コートにボールを落とす，相手がコート外にボールを落とす等により得点を競う。ゴール型球技と異なり，相手のミスによって得点することも可能なので，守備を強化することで試合に勝つといった戦略も選択できる。

●フィールド等の名称

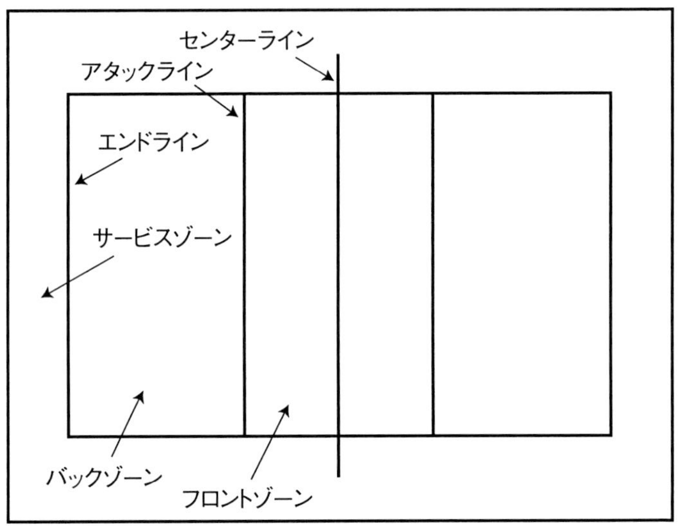

●パス，スパイク等の技術

○**パス**…オーバーハンドパスは主に，頭以上の高さにボールがある場合に使われるパスで，トスをあげるとき等に利用される。アンダーハンドパスは主に頭から下のボールを受ける場合に使われるパスで，スパイクのレシーブ等に利用される(次図参照)。

【オーバーハンドパス】　【アンダーハンドパス】

○**スパイク**…上がったボールと守備の状況を確認しながら，スパイクを行う。手首のスナップを利かせること，腕をしならせることが強いスパイクを打つ基本である。

○**ブロック**…スパイクのコースとタイミングを予測し，腕を少しかぶせるような形にして両脚で跳ぶ。

○**サービス**…サービスはオーバーハンドサービス，アンダーハンドサービス，フローターサービス，スパイクサービスがある。

●注意点

○競技開始は**サービス**による。サービスは主審の吹笛後，**8秒以内**に行わなければならない。

○ボールはネットにある2本のアンテナの間，かつネットの上を通さなければならない。ボールがアンテナに触れた場合，ネットの下を通った場合はアウトとなる。

○相手コートに返すまで，自陣のプレイヤーはボールに**3回**まで触れることができる(ブロックは回数に入れない)。ただし，同一の選手が**2回続けて触れることはできない**(ブロックの後のレシーブ等を除く)。

○ボールに触れるのは**体のどの部分であってもよい**。

○ローテーションは，自チームにサービスが回ってきた際，時計回りで行う。

○通常の選手以外にリベロをおくことができる。リベロは後衛の選手とは何度でも交代することができるが，リベロが出たり入ったりするときには通常1つのラリーが終わっていることが必要である。また，リベロはローテーションの対象にならず，**原則，サービスや攻撃に参加できない。**

○通常は**ラリーポイント制で25点先取**。ただし，24対24になった場合は2点差がつくまで続けられる。

●主な罰則規定

○**サービス関連**…サーバーがサービスゾーン外からサービスを行う，サービスのローテーションを誤る，審判の吹笛後8秒以内にサービスをしない(ディレイインサービス)

○**レシーブ関連**…同一チーム内にて4回以上連続でボールに触れる(フォアヒット)，ボールを持ったとみなされる行為を行う(ホールディング，キャッチボール，ヘルドボール)，同一人物が連続でボールに触れる(ダブルコンタクト，ドリブル)

○**その他**…プレイヤーがネットを越えてブロックを行う等(オーバーネット)，プレイヤーがネットに触れる(タッチネット)，プレイヤーが相手コート内に侵入する(パッシング・ザ・センターライン)など

なお，遅延行為，不作法な行為，侮辱的な行為等については軽重に応じて，警告(イエローカード)，ペナルティー(レッドカード)，退場・失格(イエローカード，レッドカードの2枚呈示)があり，相手チームにポイントを与える，ペナルティーエリア内の椅子に座らせる，会場からの退去などの罰則が与えられる。

例題 1

バレーボールについて，次の(1)～(3)に答えよ。

(1) バレーボールは，オープン・スキルとクローズド・スキルが混在している。それぞれの例を1つ書け。

(2) サービスの練習について，次の①，②に答えよ。

① サービスをねらって打つべき所を3つ書け。

② サービスの際にフットフォルトとなる場合を2つ書け。

(3) リベロプレイヤーに関する特別のルール・規制について，3つ書け。

解答 (1) オープン・スキル……ボールのパス　クローズド・スキル……サービス　(2) ① ・エンドラインぎりぎり　・相手チームの選手の中で最も弱そうな所　・エースアタッカーをねらう　② ・エンドラインを踏んだり踏み越えたりしたとき　・サイドラインの仮想延長線を踏み越したとき　(3) ・コート，フリーゾーンどの位置からも，ネット上端より完全に高い位置にあるボールにアタック・ヒットできない。　・リベロはサーブを打つことができない。　・交代回数は無制限だがリベロがコート外に出る時は，交代時に入れ代ったプレイヤーのみとの交代となる。

解説 (1) オープン・スキルとは，状況に最もふさわしいプレイを選択する的確な判断のこと。球技や格闘技のように相手が常に変化するような状況下で発揮される技能のことを指す。クローズド・スキルとは，自分の思い通りにプレイできる正確な技術。体操やゴルフなどのように外的要因に左右されない状況下で発揮される技能のことである。なお，バレーボールやテニスなどのようにオープン・スキルとクローズド・スキルが混在している競技はあり，ラリーやレシーブ，パスなどはオープン・スキルにあたり，サーブ(サービス)はクローズド・スキルにあたる。　(3) バレーボールにおけるリベロ(守備専門の選手)制は，1998年に国際ルールとして正式に採用となった。リベロ制の導入は，背が低くても守備に卓越した能力のある選手に活躍の機会を与えた。また，粘り強く，見ていて面白いプレイが多く見られるようになった。戦略的には，センタープレイヤーが後衛に行ったとき交代することが多い。

例題 2

あとの文章は，「バレーボール」に関するものである。文中の(①)，(②)に当てはまる語句の組み合わせとして，最も適当なものを，あとの

1〜6から1つ選べ。

トスアップ後，最も早いタイミングで打つスパイクをAクイックといい，コンビネーション攻撃ではなくてはならない攻撃である。一方バックトスで，Aクイックの反対側で打つのが（　①　）クイックである。

身体のすべての回転運動を使って，ボールにスピードと回転を加えるダイナミックなサーブを（　②　）という。

1　①　B　　②　フローターサーブ
2　①　B　　②　ドライブサーブ
3　①　B　　②　ジャンピングサーブ
4　①　C　　②　フローターサーブ
5　①　C　　②　ドライブサーブ
6　①　C　　②　ジャンピングサーブ

解答　5

解説　①　クイック：セッターは，トスを上げる前のパスがまだ空中にあるときに，相手ブロッカーの状況を把握することができれば，どのサイドから攻めればよいのかが判断できる。その場合，センターブロッカーがどちらによっているかが判断の基準となる。また，相手ブロッカーのタイミングを少しでも狂わせるためにも，ぎりぎりまで相手にトスの方向を読まれない工夫が必要である。クイックはセッターの正面方向と後方，セッターからの距離に応じて，AからDに分類される。　②　ドライブサーブは足先をエンドラインと平行にする。重心は後ろ足にかけ，トスは1mくらいの高さに上げる。トスを上げたら後ろ足を十分に曲げ，打つときは重心を後ろから前に移動させる。肩を中心として大きくスイングし，ボールを打つ瞬間に手首のスナップをきかせ，そのまま上体をかぶせる。

例題 3

次の文中の空欄（　①　）〜（　⑥　）に入る最も適切な語句・数字を答えよ。

バレーボール（6人制）のネットの高さは一般男子が（　①　）cmで，一般女子が(　②　)cmである。コートの広さはどちらも(　③　)m×(　④　)mである。バレーボールがオリンピックの正式競技になったのは西暦(　⑤　)年に(　⑥　)で開催された第18回大会からである。

解答　①　243　②　224　③　18　④　9　⑤　1964
⑥　東京

解説　オリンピックの正式種目になったのは1964年第18回大会の東京オリンピックからであり，この大会で日本女子バレーボールチームは金メダルを獲得している。6人制の場合，ネットの高さは一般男子が243cm，一般女子が224cm，コートの大きさはサイドライン18m，エンドライン9mで行われる。

例題 4

次は，「バレーボール6人制競技規則」のリベロ・プレイヤーについての説明である。誤っているものを(1)～(4)の中から1つ選べ。

(1)　両チームは，12人の競技者のリストの中から専門的な守備のためのリベロ・プレイヤーを2人登録する権利を持っている。

(2)　リベロ・プレイヤーは，他のプレイヤーと色の異なったユニフォームを着用する。

(3)　リベロ・プレイヤーが，フロント・ゾーン内で指を用いたオーバー・ハンド・パスであげたボールを，他の競技者がネット上端より高い位置でのアタック・ヒットを完了することはできない。

(4)　リベロ・プレイヤーは，コートのどの位置にいる競技者とでも交代することが許される。

解答　(4)

解説　リベロ・プレイヤーは，正規の交代回数(1セットにつき最大6回)以外に，バックの選手の誰とでも何度でも交代できる。リベロ選手はバックの選手としてのみプレイできるが，サーブを打つことはできない。

例題 5

次の図はバレーボールにおける審判の動作を示したものである。①~③はそれぞれ何を示したものか，答えよ。

①

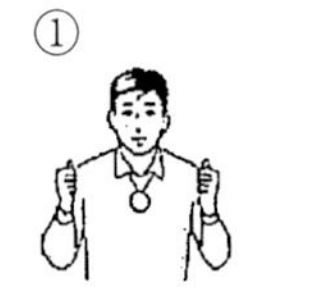

②

③

解答 ① ダブルファウル（ノーカウント） ② キャッチ ③ ダブルコンタクト

解説 ① 親指を立て両腕を上げる。 ② 片手をゆっくり上げる。 ③ 片手で2を示す。

例題 6

バレーボールについて次の各問いに答えよ。

(1) バレーボールを考案したアメリカのYMCA体育指導者名を記せ。

(2) (1)の体育指導者がバレーボールを考案する際に参考にした競技は，テニスと何か記せ。

(3) 1913年に来日し，日本に初めてバレーボールを紹介したとされる人物は誰か記せ。

(4) 1964年の東京オリンピックに向けて日本女子チームが生み出した，体の前後左右に飛んできたボールを前方回転や横転などの動作を入れてボールをひろう技術を何というか記せ。

(5) おとりのアタッカーがジャンプし，相手のブロッカーを引きつけ，実際にはワンポイントずらして上がったトスを，後方からもう1人のプレイヤーがジャンプしてスパイクする，日本で生まれた戦術を何というか記せ。

解答 (1) ウィリアム・G・モーガン (2) バスケットボール (3) F・H・ブラウン (4) 回転レシーブ (5) 時間差攻撃

卓球

●競技の概要

○1898年にイギリスのJ.ギブが考案したのが起源。日本では1902年に**坪井玄道**が紹介し，全国に広まった。

○プレイヤーは1～2人。相手がボールを打ち返せない，またはネットに引っかけるといったミス，もしくは反則等で得点し，勝敗を競う。

●コート等の名称

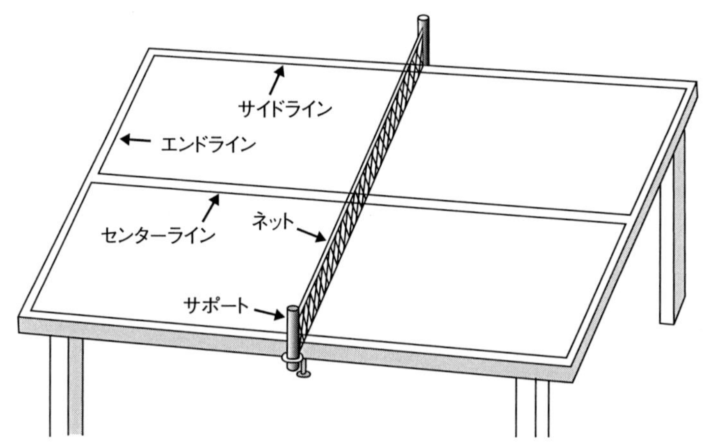

●サービス，スイング等の技術

○**サービス**…下回転サービス，カットサービス，ドライブ性ロングサービス，横回転サービスなどがある。

○**スイング**…フォアハンド，ドライブ，ツッツキ，カットなどがある。フォアハンド，ドライブは攻撃的，カット，ツッツキは守備的と分類されることもある。

●ラケット，ラバー

○**ラケット**

□**日本式角型(ペンホルダー)**…鉛筆やペンを持つ握り方をするので，

そのような名称になったといわれる。通常，片面のみにラバーを貼る。

□**中国式丸型**…握り方はペンホルダーと同様。ただし，両面にラバーを貼ることが多い。

□**シェーク型**…人と握手するような握り方をすることから，その名称になったといわれる。通常，両面にラバーを貼る。

【日本式丸型】

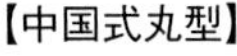

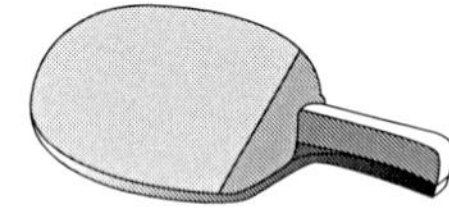

○ラバー

□**表ソフトラバー**…打球面に突起物があるラバーを指す。球のスピードやコントロールが効きやすい。

表ソフトラバー

□**裏ソフトラバー**…打球面に突起物がないラバーを指す。球の回転や変化が効きやすく，一般のラケットに使用されている。

裏ソフトラバー

●注意点

○競技開始は**サービス**による。サービスはほぼ垂直に16cm以上投げ上げる。ボールがネットに触れて相手コートに入った場合は，サービスのやり直しとなる(レット)。

○リターンは相手コートに入れば，原則どのようなルートで入ってもよい。

●ダブルスの主なルール

○サービスは自チームの右のハーフコートにバウンドさせた後，相手チームの右のハーフコートにバウンドさせなければならない。

○打球は交互に行わなければならない。
○サービス，レシーブの順序に誤りがあったときは，正しい順序に戻して再開する。ただし，中断時までの得点は有効となる。

●促進ルール

○ゲームが10分以上経過しても終了しない場合，または双方の競技者から要求があった場合は**促進ルール**が採用される。
○促進ルールではサービスは1本交代(通常は2本交代)。レシーバーが13回リターンを行った場合はレシーバーのポイントになる。

●相手のポイントとなる主な場合

○サービスがフォールトとなった場合
○リターンができなかった場合(アウト・ネットの場合を含む)
○故意にボールを続けて2回以上打った場合
○自分のコートでボールが2回バウンドした場合
○コートを動かした場合
○ラケットを握っていないほうの手をコートに触れ，打球した場合
○ラケットや衣服がネットに触れた場合

例題 1

次の文章は，「卓球」について述べたものである。問1～問7に答えよ。

卓球は，卓球台の上に備え付けられたネットをはさんでラケットでボールを打ち合い，得点を競う競技であり，A相手の打球を読みながら対応し，勝敗を争うところに楽しさがある。ラケットの種類やB握り方(グリップ)にはいくつかあり，自分にあったラケットと握り方(グリップ)を選ぶことが大切である。ゲームはサーバーのCサービスによって開始され，交互にリターンを繰り返し，相手側の失敗，又は反則によってポイントとなる。

問1　A――――について指導する際，打球のどのような要素に着目させる必要があるか，3つ書け。

問2　B――――について，次のア，イの図で示される握り方(グリップ)の名称を書け。

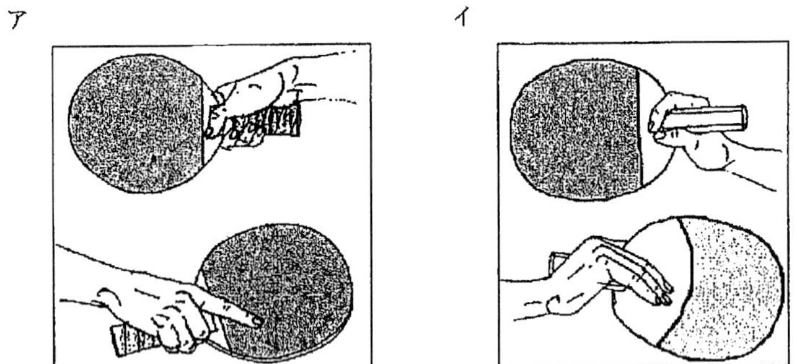

問3　次の文章はC――――のルールについて述べたものである。文中の[　a　]に当てはまる数字を書け。

サービスは，手のひらにボールをのせ，垂直に[　a　]cm以上投げ上げ，ボールが落下してくるところを打球しなければならない。

問4　C――――について，次のア～エの図を，ダブルスのサービスとレシーブの順番として正しくなるように並べよ。ただし，アが最初になるものとする。

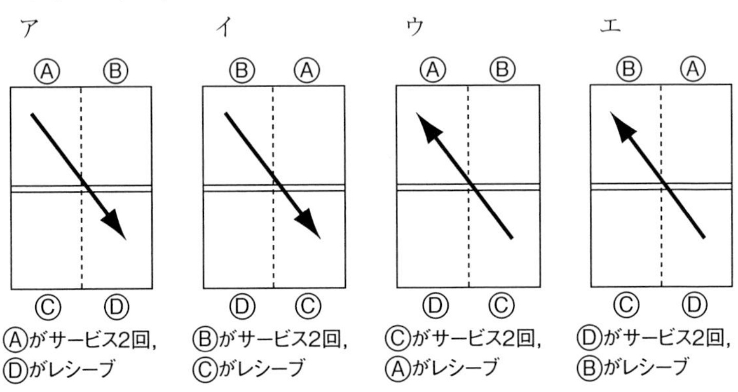

問5　あとの図中のア～カは，C――――におけるラケットとボールの真上から見た位置を表したものである。シングルスにおいて，反則となるものをすべて選べ。ただし，すべてコート面より高い位置でボール

を打つものとする。

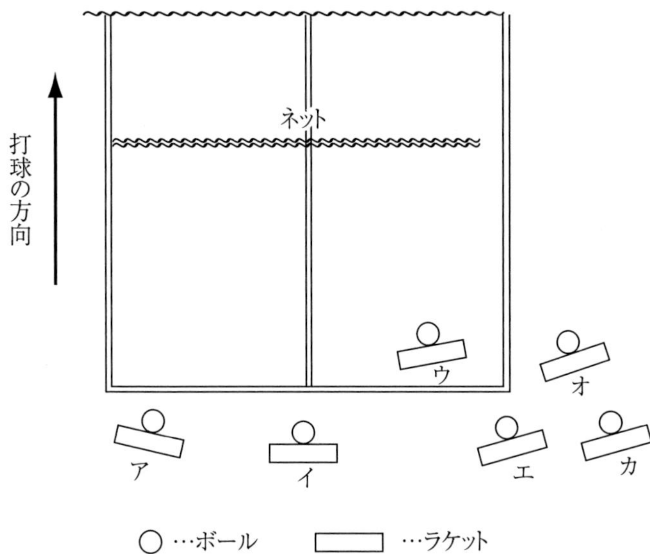

問6　フォアハンドのドライブを指導する際のポイントについて，ラケットの向き，打点，スイングの観点からそれぞれ1つ書け。

問7　初心者に対する指導方法として，適当なものをア～オから選べ。

ア　ボールに印をつけ，ボールへの力の与え方を中心に指導する。

イ　できるだけバックハンドでボールを打つように指導する。

ウ　ボールを真上に打つ練習や壁打ちなどでボールに慣れさせる指導をする。

エ　ダブルスでの移動を中心とした練習をするように指導する。

オ　変化球サービスなど，得意技を身に付けるように指導する。

解答　問1　回転，スピード，コース　　問2　ア　シェークハンド　イ　ペンホルダー　　問3　16　　問4　ア→エ→イ→ウ　問5　ウ，オ　　問6　ラケットの向き：インパクト時のラケット面は床面に対して垂直またはやや下向きにする。　打点：利き手側の肩の横より前方で打球する。　スイング：バックスイングは腰の高さに早めにとり，顔の前あたりまでフォロスルーをとり振り抜く。
問7　ア，ウ

解説　問1　卓球は3～4mの近距離でボールを打ち合うため，瞬時に相手打球の回転，スピードおよびコースへの的確な対応が要求される。特にボールの回転に対する対応の仕方が焦点となる。

問2　ア(シェークハンド)：親指と人差し指でブレードをはさみ，小指と薬指でしっかりと握って安定させる。握りしめてしまうと操作性が悪くなる。　イ(ペンホルダー)：人差し指が親指よりも深くグリップにかかるように握る。裏面を支える3本の指はそろえて軽く曲げておく。　問3　サービスはオープンハンドで出し，サーバーはトスから打球の瞬間まで，体の一部またはユニフォーム等でボールを隠してはならない。　問4　サービスは，サーバーのライトハーフコートにボールを1バウンドさせ，ネットに触れないようにレシーバーのライトハーフコートに入れる。サービスは2本ずつ交替して打ち，直前のレシーバーがサーバーに，直前のサーバーのパートナーがレシーバーとなる。エンドはゲーム毎に交替する。　問5　サービスの打球の瞬間の位置は，エンドラインの後方またはその仮想延長線の後方であり，コート面より高い位置であること。 問6　スタンスは肩幅よりやや広く取り，前足に体重をかけながら打球する。

問7　ア：自分が打ったボールや相手が打ったボールの回転を確認できるので，打球時の回転のかけ方を意識しながら様々な打法を習得することができる。　ウ：打球時のラケットの角度や打つ強さに注意し一定の高さに打ち上げたり，一定の場所を狙うことで打球感を身につける。

例題 2

卓球のシングルスの競技において，サービスに関するルールを3つ答えよ。

解答　・ボールをあげる方の手は平ら　(オープンハンド)　・ボールはほぼ垂直に16cm以上投げ上げボールが頂点に達した後で打つ

・自分のコートにバウンドさせた後相手コートへ　・ネットインはノーカウントでやり直し　などから3つ

解説 サーバーはフリーハンドの手のひらを開き平らにし，その上に摑むことなく自由に転がる状態でボールをのせ，静止させる。この状態からサービスは開始される。次にサーバーは，ボールに回転を与えることなく，ボールがフリーハンドの手のひらから離れたあと，打球される前になにものにも触れずに落下するように，16cm以上ボールをほぼ垂直に投げ上げなければならない。サーバーは，ボールが落下する途中を打つものとし，そのボールが最初に自陣コートに触れ，次いでネットアセンブリを越えるかまたは迂回したあと，レシーバーのコートに触れるように打球する(ダブルス競技では，そのボールが最初にサーバーのライト・ハーフコートに触れ，続いてレシーバーのライト・ハーフコートに触れなければならない。)。サービスが開始されてから，ボールが打たれるまでの間，ボールは常にプレイングサーフェイスよりも高い位置でかつサーバー側のエンドラインの後方にならなければならない。またその間，サーバー(またはダブルスのパートナー)の体の一部または着用している物でボールをレシーバーから隠してはならない。日本卓球ルールブックを参照のこと。

例題 3

卓球について，次の問いに答えよ。

1　卓球の単元の初期の段階において，授業の導入段階でストレッチングの他に，卓球の用具を用いた「体ほぐしの運動」として，どのような運動が考えられるか，運動例を示し，そのねらいを記せ。(図を使って説明してもよい。)

2　授業において，公式ルールに従いダブルスのゲームを行うにあたり，第1ゲームを図中に示す条件で開始した。以下の各問いに答えよ。

《条件》　・最初にサービスを行うペア(組)をA(Xさん・Yさん)，レシーブを行うペア(組)をB(Cさん・Dさん)とする。	
第1ゲーム開始をする場面	第1ゲームの得点が3対3となり，その次のサービスを行う場面
A Xさん　　Yさん 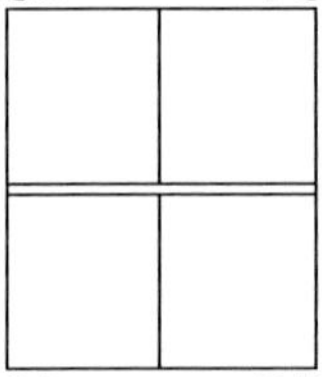 Cさん　　Dさん B	A (　①　)　(　②　) 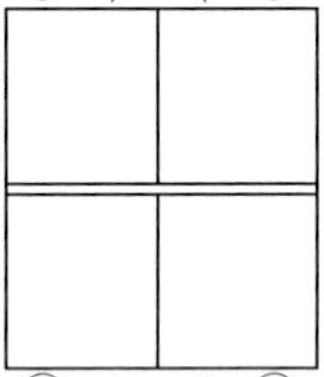 (　③　)　(　④　) B

(1)　第1ゲームの得点が3対3となり，その次のサービスを行う場面での(　①　)～(　④　)に入るプレイヤーをX，Y，C，Dの記号で答えよ。

(2)　第1ゲームを開始する場面と，第1ゲームの得点が3対3となり，その次のサービスを行う場面において，それぞれ，どのサーバーから，どのレシーバーにサービスを行うのか，その方向を上の図中に矢印で示せ。

解答　1　(運動例)　ネットの代わりにタオルを置き，リラックスして2人組でラケットを用いてボールを打ち合う。 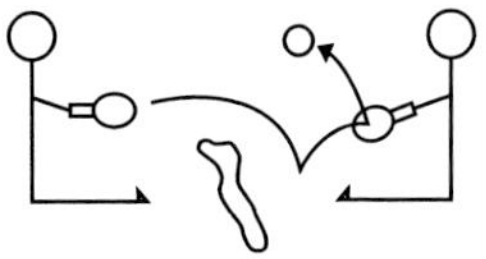
(ねらい)　回数を声を出して数えたり，お互いに声をかけながら交流を図ることで，楽しく運動ができるようにする。　2　(1)　①　X　　②　Y　　③　D　　④　C

(2) (第1ゲームを開始する場面)　　(第1ゲームの得点が3対3となり，その次にサービスを行う場面)

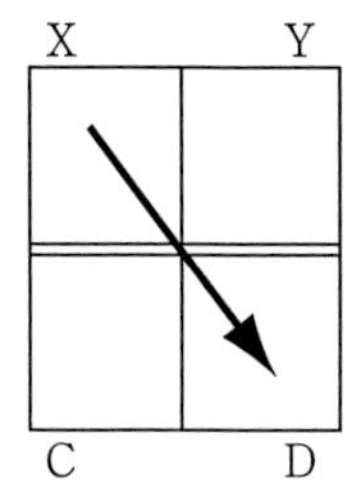

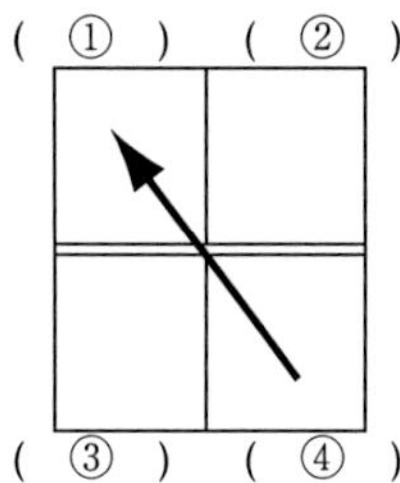

解説 卓球のダブルスのサービスとレシーブの順序は，次の図のような順序で行う。ルールブックで確かめておこう。

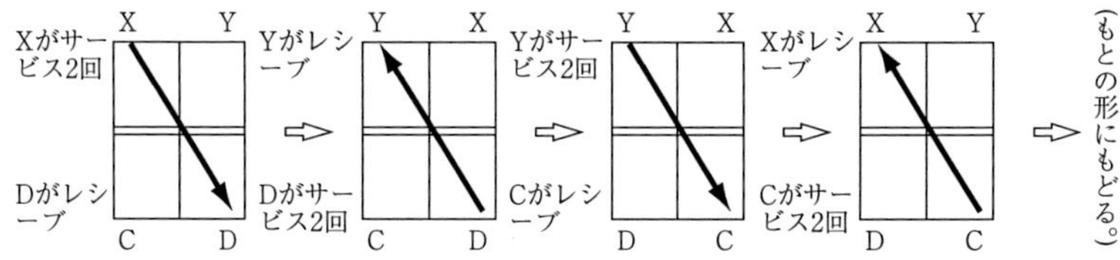

例題 4

次の文章は，卓球における運動技能の上達段階について説明したものである。(①)，(②)に入る語句の正しい組み合わせを以下の(1)～(4)の中から1つ選べ。

運動技能は，一般的に3つの段階をへて上達していく。

試行錯誤の段階では，なかなかうまくいかずラケットの向きや高さがわからないが，(①)の段階では，(②)。また，自動化の段階では，意識しなくても状況に応じてどのように動き，どのようにラケットを出せばよいか瞬時に判断でき，ゲームの状況に意識を向けることができる。

(1) ① 無意識な調節　② 飛んでくるボールに対して無意識にラケットが出せる

(2) ① 意図的な調節　② どこに注意すればよいかわかるようになる

(3) ① 無意識な調節 ② 意識しなくてもたまにうまくできるようになる

(4) ① 意識的な調節 ② 意識すればたまにうまくできるようになる

解答 (2)

解説 運動技能の上達過程は，一般的に次の3段階である。

[初期] 試行錯誤の段階…どのように動いたらよいかがわからない段階で，運動感覚と動いた結果としての技能が合っていない状態。

[中期] 意図的な調節の段階…どのように動いたらよいか計画的に行う段階で，運動感覚と技能が身についていく状態。

[後期] 自動化の段階…どのように動いたらよいかがわかった段階で，運動感覚と技能が身について自動的に動けるようになった状態。

テニス

●競技の概要

○近代テニスは1873年にイギリスの**ウイングフィールド**が考案したといわれ，日本には1878年にアメリカの**リーランド**が紹介し，全国に広まった。

○プレイヤーは**1～2人**。相手がボールを打ち返せない，またはネットに引っかけるといったミス，もしくは反則等で得点し，勝敗を競う。

●フィールド等の名称

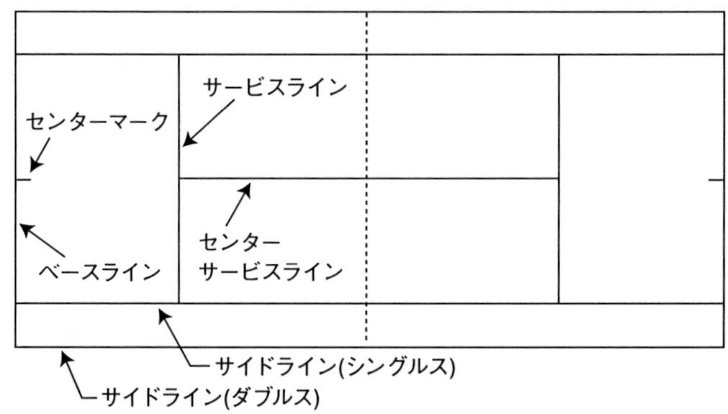

●プレイ上の注意点

○競技開始は**サービス**による。サービスはトスを上げ，ボールが地面に落ちる前に打つ。

○サービスは所定の位置に入ることが要求されており，入らない場合はフォールトとなる。フォールトを2回続けるとダブルフォールトとなり，相手側にポイントが入る。また，サービスのボールがネット等に触れてから，所定の位置に入った場合等は，打ち直しとなる(レット)。

○レシーブはボールが自陣で1バウンド，またはノーバウンドの球を打つ。ただし，サービスリターンは1バウンドしたボールに限る。

○ライン上に落ちたボールはインプレイとなる。

○ボールがネットの外を回っても，相手陣内に正しく入れば有効打となる。

○競技は1ゲーム，4ポイント先取であり3対3(40－40，デュース)となった場合は，2ポイント差がつくまで続行する。

●相手のポイントとなる主な場合

○サービスがダブルフォールトとなった場合

○リターンができなかった場合(アウト・ネットの場合を含む)

○ボールを続けて2回打った場合

○自分のコートでボールが2回バウンドした場合

○ラケットや衣服などがネットに触れた場合

例題 1

次のテニスのゲームについて述べた文の[　ア　]～[　ウ　]に当てはまる語や数字を答えよ。

テニスのゲームは，先に[　ア　]ポイントを取ったほうが「ゲーム」を取る。3対3になったときは[　イ　]となり，その後2ポイント続けて取らなければならない。奇数ゲームが終了したときにコートチェンジをする。先に[　ウ　]ゲームを取ったほうが「セット」を得る。5対5になったときは，その後2ゲーム差をつけたほうが得る。1セットマッチではセットを取れば終了し，3セットマッチでは2セット取れば終了となり，その試合の勝者となる。

解答　ア　4　　イ　デュース　　ウ　6

例題 2

次のア～オの各文は，テニスについて述べたものである。正しいものを○，誤っているものを×としたとき，正しい組み合わせはどれか。あとの①～⑤から1つ選べ。

ア　コンチネンタルグリップは，当てて返すだけのグラウンドストロークやスライス，ボレー，サービス，スマッシュに適した握りである。

イ　第1ゲームの前にトスを行い，トスに勝った者が，必ず最初のサーバーとなり，ゲームを開始する。

ウ　各ゲームの最初のポイントでは，サービスを左コートの後方からとし，以後は左右交互に行う。

エ　ダブルスの場合，各セットの第1ゲーム，第2ゲームはそれぞれの組のどちらのプレイヤーがサーバーになってもよい。

オ　各セットの奇数目のゲームが終了する毎にコートサイドを交代する。

	ア	イ	ウ	エ	オ
①	×	○	○	×	×
②	×	○	×	○	×
③	○	×	×	×	○
④	×	×	○	○	○
⑤	○	×	×	○	○

解答　⑤

解説　ア，ウエスタングリップ…置いてあるラケットを上から握る持ち方。回転量の多いトップスピンボールを打つことに適している。イースタングリップ…手をガット面に当ててそのままずらしてきてグリップを握る持ち方。コンチネンタルグリップ…ウエスタングリップとイースタングリップの中間のグリップで，当てて返すだけのグランドストロークやスライス，ボレー，サービス，スマッシュなどに適している。　イ，トスに勝った者はサービスかサイドの選択ができる。　ウ，左コート後方ではなく，右コート後方が正しい。

バドミントン

●競技の概要

○バドミントンは1899年イギリスにて統一ルールで開催された。日本では大正時代に伝えられ，全国に広まった。

○プレイヤーは１～２人。球技といっても，シャトルといわれる羽根を使って行われるのが特徴。相手がシャトルを打ち返せない，またはネットに引っかけるといったミス，もしくは反則等で得点し，勝敗を競う。

●フィールド等の名称

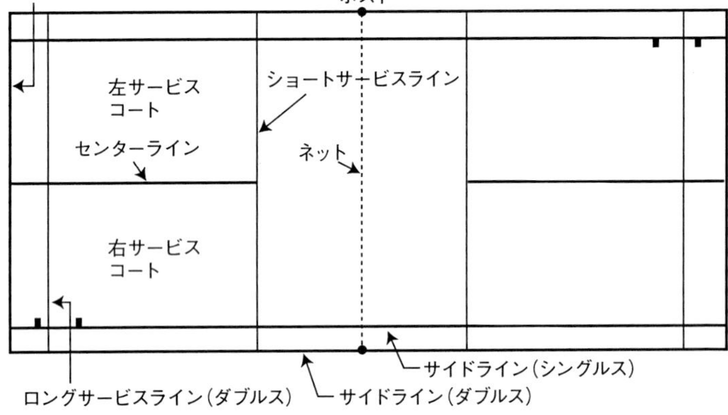

【注意】

・バドミントンは**屋内競技**であり，天然光線や風の侵入を防ぐ必要がある。

・コート中央の明るさは1,200ルクス以上，天井の高さは12m以上。

●フライトの種類

クリアー……相手コート深くに飛ぶ打球。

ドロップ……相手コート前方に打球の勢いを極力ぬいて落とす打球。

スマッシュ……高い位置からオーバーヘッドストロークで力一杯たたきこむパワーとスピードのある打球。

ジャンピングスマッシュ……ジャンプして打つスマッシュ。打点が高くなるため，さらに角度をつけて打つことが可能になる。

ドライブ……ネットすれすれに床面と平行に打つ打球。

プッシュ……ネット近くに浮いてきたシャトルをバックスイングなしで押すようにして打つ打球。

ネットショット(ヘアピン)……ネットフライトともいう一番小さな打球。ネット際に落とされた相手の打球をネットすれすれにはわせるように打つ。

●注意点

○競技開始は**サービス**による。サービスは斜め向かい側のサービスコート内に入れなければならない。また，サービスコートの広さはシングルス，ダブルスで異なることに注意(縦はショートサービスラインとロングサービスラインの間，横はサイドラインとセンターラインの間)。

○サービスはサービスコート内から打つがラインを踏んではならない。また，サービスを打つ場合，サーバーのラケットで打たれる瞬間にシャトル全体がコート面から1.15m以下になければならない。

○原則，21点先取の3セットマッチ。20対20になった場合は，以降2点差がつくか30点目を得点するまで試合を続行する。

●ダブルスの注意点

○サービス側が得点をとった場合は同一のサーバーがサービスコートの左右を替えて，サービスを行う。

○レシーブ側が得点をとった場合は，自チームの得点が偶数の場合は右側のプレイヤーが，奇数の場合は左側のプレイヤーがサービスを行う。

●相手のポイントとなる主な場合

○サービスがフォルトとなった場合

○リターンができなかった場合(アウト・ネットの場合を含む)

○シャトルが体や衣服にあたる(タッチザボディ)

○ラケットの一部がネットを越えた場合(オーバーザネット)。ただし，ネット下で越えた場合は反則にならない場合もある

○プレイヤーのラケット，体，衣服がネットなどに触れる(タッチザネット)

○同一のプレイヤーが2回連続でシャトルを打つ(ドリブル)

○同じチームのプレイヤーが続けてシャトルを打つ(ダブルタッチ)

例題 1

次の文章は，バドミントンについて述べたものである。[a]，[b]に入る最も適当なものを，それぞれの語群のうちから1つずつ選べ。

ア　次の図は，バドミントンコートについて示したものである。ダブルスのゲームで，Aのポジションからサービスする時，サービスコートを示すエリアは[a]である。

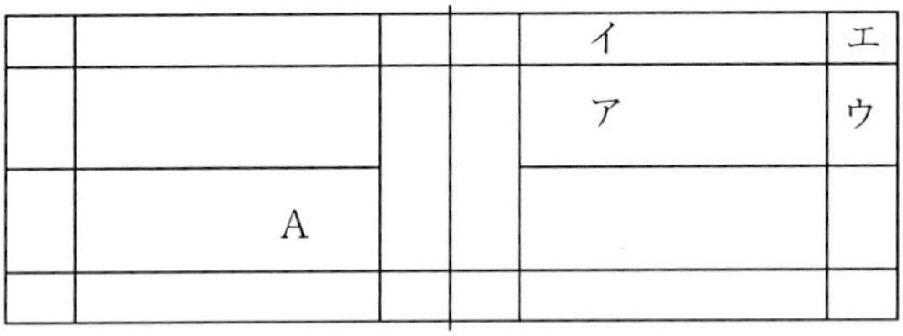

イ　エ
ア　ウ
A

[a]の語群

①　ア　　②　ア・イ　　③　ア・ウ　　④　ア・イ・ウ・エ

イ　シャトルのフライトの種類で，ドライブの説明文として正しいのは[b]である。

[b]の語群

①　相手コートへ高く，また奥深くに飛び垂直に落下するようなフライト。

②　ネットを越えてすぐに落下するようなフライト。

③　ネット際からネットすれすれを越えて真下に落とすようなフライト。

④　ネットすれすれに床面と平行に飛ぶようなフライト。

解答 a ② b ④

解説 イのフライトの種類，①はクリアー，②はドロップ，③はネットショット(ヘアピン)，④はドライブである。

例題 2

第3学年の競技「バドミントン」の学習について，次の表のような単元計画を作成した。以下の(1)～(4)の問いに答えよ。

<表>単元計画

過程		つかむ	追究する				まとめる
学習活動	時間(分)	1時間目	2時間目	3時間目	4時間目	5時間目	6・7時間目
		あいさつ 健康観察 準備運動 補助運動 めあての確認					
	10 20 30 40	1 オリエンテーション ・種目の特性 ・授業の確認等 2 ラケットの持ち方を確認する 3 単元の見通しをもつ	1 サービスの練習 ・ロングハイサービス ・ショートサービス 2 A サービスゲーム	1 ストロークの練習① ・アンダーハンドストローク（フォアハンド・バックハンド） 2 B 定位置に戻るステップ練習 3 ラリー練習	1 ストロークの練習② ・C オーバーヘッドストローク（クリア・スマッシュ・ドロップ） 2 ラリーゲーム	1 ストロークの練習③ ・オーバーヘッドストローク（クリア・スマッシュ・ドロップ） 2 ヘアピンの練習 3 D シングルスゲーム	1 ダブルスゲーム ・単元のまとめ
	50	学習のまとめ 振り返り 片付け					

(1) 下線部Aにおいて，授業の前半で練習したサービスの定着を図るため，サービスゲームを行うこととした。図のXからサービスを打つこととして，生徒が楽しみながらサービスの打ち方を身に付けられるゲームの設定について，具体的に書け。

なお，ラケットとシャトル以外の用具も使ってよいこととする。

<図>

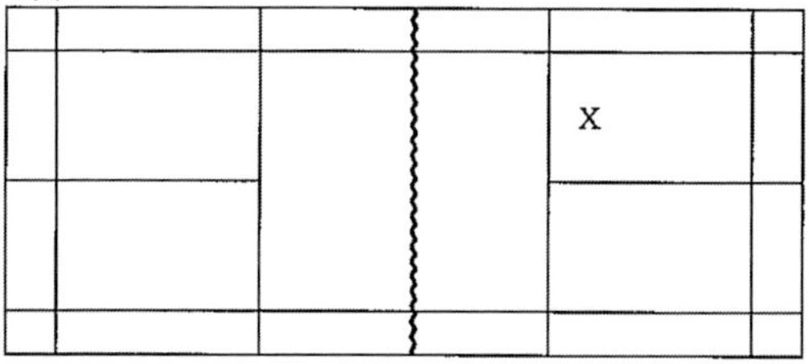

X

(2) 下線部Bにおいて，定位置に戻るステップ練習を行ったところ，生徒から，「何のために定位置に戻るのですか」という質問が出たので，質問に解答したい。定位置に戻る理由について，簡潔に答えよ。

(3) 下線部Cにおいて，クリアとスマッシュを打ち分ける練習を行ったところ，スマッシュの打てない生徒がいた。二人組でICT機器を活用し，フォームとラケットの面の角度を分析して，その課題を解決させたい。

フォームとラケットの面を撮影する際，どの方向から撮影するとよいか，書け。また，撮影した映像を確認しながらアドバイスする際のポイントを，具体的に書け。

(4) 下線部Dのゲームにおいて。相手にスマッシュを打ち込まれ，失点する生徒がいたので，相手にスマッシュを打たせないような位置に返球するアドバイスをしたい。返球のアドバイスを，具体的に書け。

解答 (1) サービスコートにフラフープを4つ置き，2種類のサービスを交互に計10回行い，何個入れられたかを競うゲーム。など　(2) 相手の攻撃に対して，空いた場所を作らないようにし，次の攻撃に備えるため。など　(3) 撮影の方向…打っている生徒の真横から。など　ポイント…体の前でシャトルを打つようにし，ラケットの面が斜め下に向いている。など　(4) ドロップなどを使い，相手に腰より低い位置で打たせるような場所にシャトルを打とう。など

解説 (1) シングルコートの，ロングハイサービスで狙うポイントは，コートの端(最も長い距離)とセンター側(相手が右利きならバック側)の一番奥にする。ショートサーブも同様にショートサービスラインに隣接する左右両側にする。ショートサービスでは，ネットを越すときに高くなりすぎないように，紐を張ってもよい。　(2) バドミントンは，シャトルを打つ場所を工夫して相手にコート内に空いたスペースをつくらせそこを攻めてポイントをとるゲーム。守備は，自分が優位に攻めていて，相手の返球を予測できる時を除いて，取れない場所をつくらないようにする必要がある。そこで，どこにシャトルをコントロールされても同じようにコートをカバーできる定位置に戻っておく必要がある。　(3) 出来れば，頭が邪魔にならない

ようフォアハンド側から撮影したい。スマッシュの打点は，腰から頭を結ぶ線よりも前で打つ必要があるが，打点が下がりすぎないように注意したい。 (4) スマッシュを打ち込まれないようにするためには，低い打点で取らせるか，ハイクリアーでコートの奥から打たせる方法がある。コート奥からなら，スマッシュを打ち込まれても，返球できる可能性は十分高い。またプッシュで返球し相手にスマッシュを打つのに必要な準備をさせない方法もある。

例題 3

バドミントンで，サービスが失敗(フォルト)となる事例を5つ書け。

解答 ・サービスを空振りしたとき　・シャトルの最初の接触点が，シャトルのコルク(台)でなかったとき　・打つときにラインを踏んだり，越えたりしたとき　・打つときに足が移動したり，上がったとき　・シャトルがネットにかかったり，のったり，ネットを超えたあとネットにかかったりしたとき　・打つときにウエストより高い位置で打ったとき　など

解説 その他，一度サービスの構えに入ってから，相手をまどわす行為をしたり，わざとサービスを遅らせたとき，パートナーがサーバーやレシーバーを相手から見せないように構えたとき等があげられる。

例題 4

次はバドミントンのダブルスのゲームの進め方についての説明である。誤っているものを(1)～(4)の中から1つ選べ。

(1) トスで最初にサービスするサイドが決定したら，そのサイドの右側からサーバーが対角線との相手方サービスコートのプレイヤーにサービスをしてゲームを開始する。

(2) サービングサイドのスコアが，奇数のとき，サーバーは左サービスコートでサービスする。

(3) サービングサイドのプレイヤーは，得点するまで，それぞれのサー

ビスコートを替えてはならない。

(4) サービスの順序は，ゲームの最初のサーバー → 最初のレシーバー → 最初のサーバーのパートナー → 最初のレシーバーのパートナー → 最初のサーバー である。

解答 (4)

解説 バドミントンは，全種目21点3ゲームで2ゲーム先取のラリーポイント方式(サーブ権に拘わらずラリーに勝った方にポイントが入るルール)である。したがって，単複ともにラリーに勝った方が次のサービスを行う。ダブルスのサービスは次のように進められる。

＜ダブルスのゲームの進め方・サービスについて＞

・サービス側がラリーに勝った場合，同一サーバーが左右を変えてサービスを行う。

・レシーバーがラリーに勝った場合は，レシーバー側が次のサービスを行うが，自分たちの得点が偶数なら右から，奇数なら左から，その位置(その直前のラリーのサービスを受けた位置)にいるプレイヤーがサービスを行う。

・セカンドサービスは無し。

・見方を変えると，サービスで得点した場合は左右を交替し，サービスが戻ってきた時には前回と異なるプレイヤーがサービスを行うことになる。

ソフトボール

●競技の概要

○ソフトボールは1887年アメリカ・シカゴで発祥，日本では1921年に**大谷武一**によって伝えられ全国に広がり，現在，競技人口は1000万人以上といわれている。

○プレイヤーは1チーム9～11人。他のスポーツより運動量が少なく，運動範囲も狭いので老若男女ができる競技である。

●フィールド等の名称

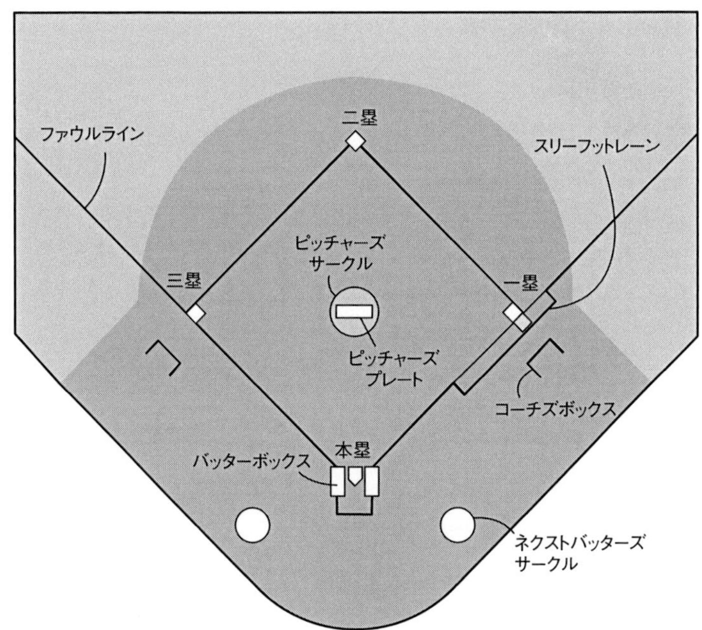

打者(走者)が守備者と衝突することを防止する目的で，1塁はダブルベース(通常の1塁ベースのとなりにオレンジ色のベースを置くことで，セーフティベースとも言う)となっている。

●競技における注意点

○競技開始は**主審の宣告**による。攻撃と守備に分かれ，守備側が3アウトを取った時点で攻撃と守備を交代する。1チームが攻撃と守備を1回ずつ行ったとき，1イニングとする。

○原則は7イニングだが，7イニング終了時点で同点の場合は**促進ルール(タイブレークシステム)**にて行う。タイブレークは，無死2塁の状況から攻撃を開始する(2塁走者は前イニングの最後の打者)。

○選手の交代は交代した選手の打順を引き継ぐ。なお，スターティングプレーヤーは，交代で退いた選手が再出場してもかまわない(リエントリールール)。ただし，この場合も，打順は交代した選手の打順を引き継ぐ。

●ピッチングの技術

○腰が1塁と3塁をつなぐ線上にあり，両足または軸足でピッチャープレートを踏んでいなければならない。

○投球方法はウインドミル投法(腕を1回転させて投球する方法)，エイトフィギュア(数字の8を描くように腕を振って投げる方法)，スリングショット(腕を回転させず素早く振って投げる方法)がある。

●バッティングの技術

○ストライクゾーンは打者が自然な打撃姿勢をとっているとき，打者のみぞおちからひざの皿の底部までにホームプレートの空間をさす。(右図参照)。

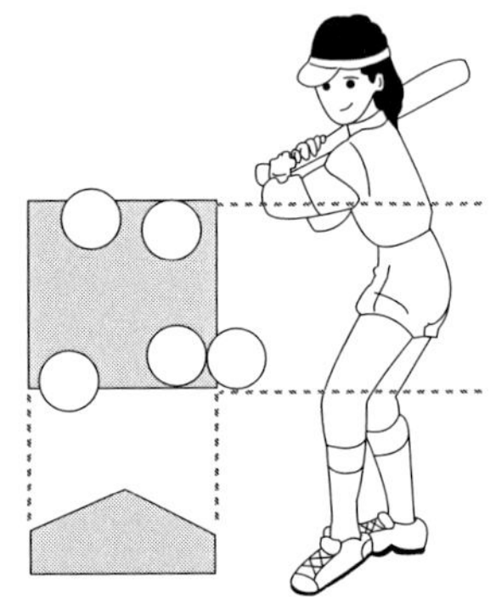

○バッターズボックスから足を全部出す，または足がホームプレートに触れている場合は，アウトとなる。

○主審がプレイボールを宣告した後で10秒以内に打撃姿勢を取らなければならない。

●フェアとファウルの判定(●…ボールが落下した地点　◎…ボールが止まった地点)

【フェア】

□打球が内野に止まったとき(図1)

□バウンドしながらＡまたはＢ点の内側を転がったとき(図2)

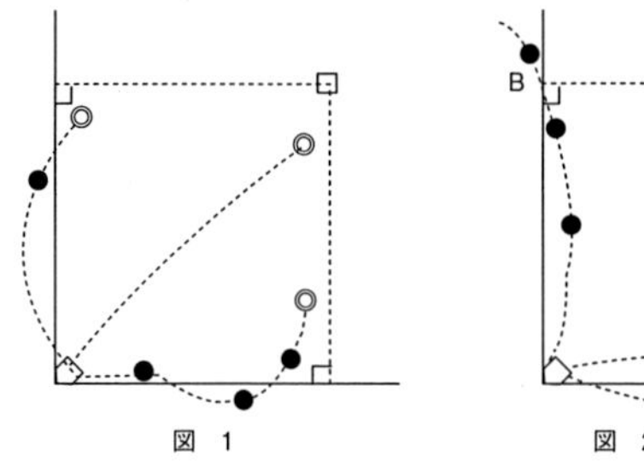
図 1

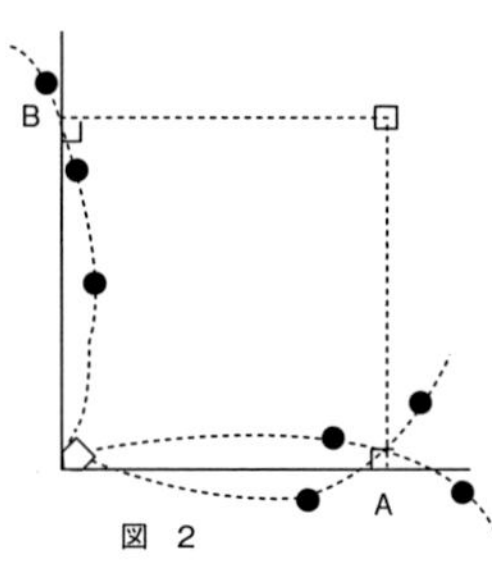

図 2

□ベース(白色ベース)に触れたとき(図3)

□最初に落下した地点が塁間線上，または外野のフェア地域であったとき(図4)

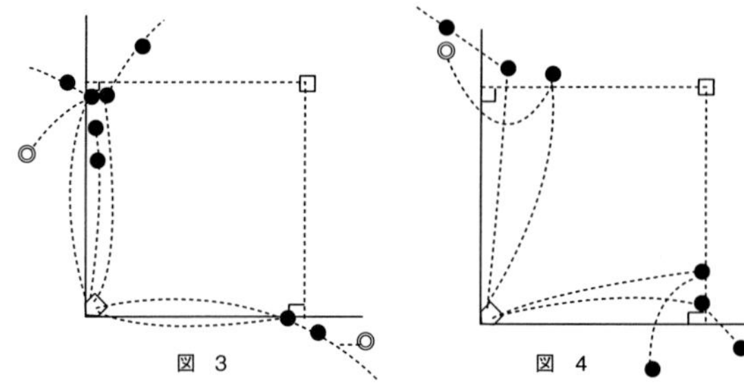
図 3　図 4

□審判(U)またはプレイヤー(P)が最初にボールに触れたのがフェア地域内であったとき(図5，6，×は空中でボールが触れたことを表す。)

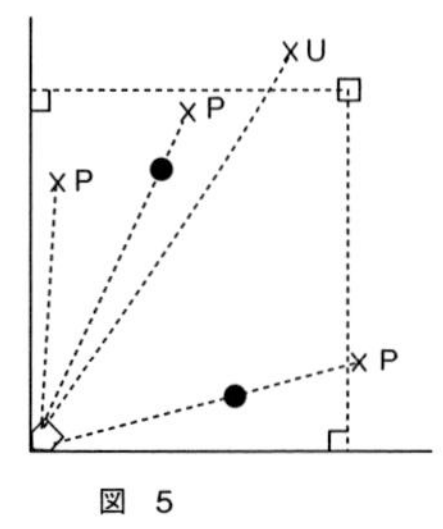

図 5

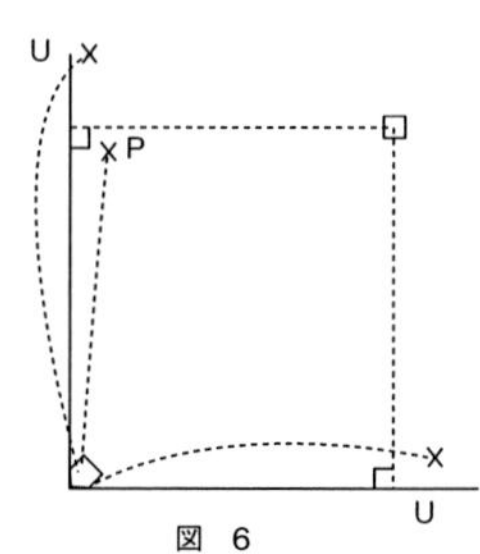

図 6

【ファウル】

□打球が本塁と１塁(3塁)の間のファウル地域で止まったとき(図1)

□バウンドしながらＡまたはＢの外側を転がった場合(図2)

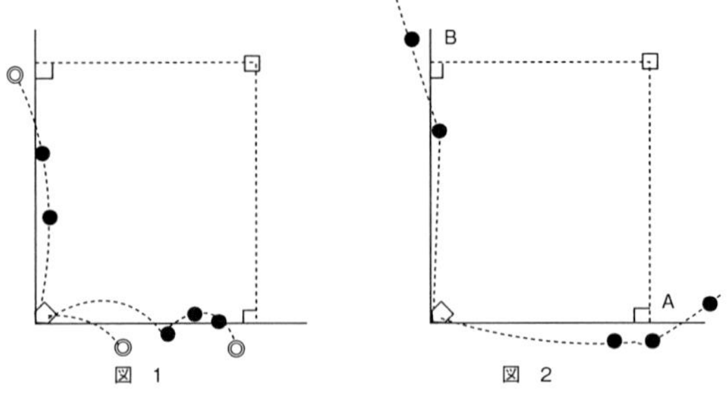

図　1　　図　2

□打球が最初に落下したのが外野のファウル地域であったとき(図3)

□ピッチャープレートに直接あたった打球が本塁と１塁(3塁)の間のファウル地域で止まったとき(図4)

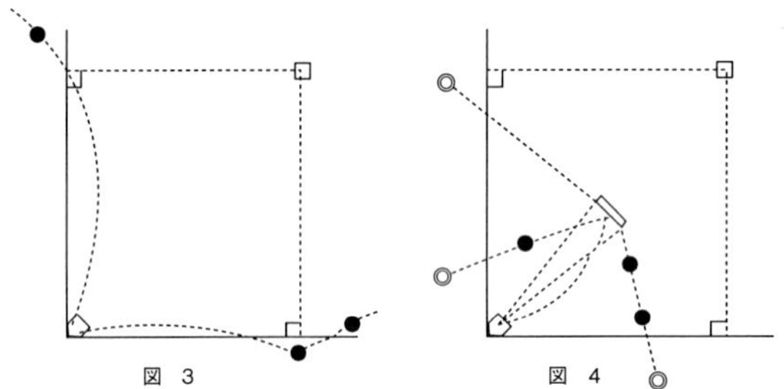

図　3　　図　4

□審判またはプレイヤーが最初にボールに触れたのがファウル地域内であったとき(図5，6)

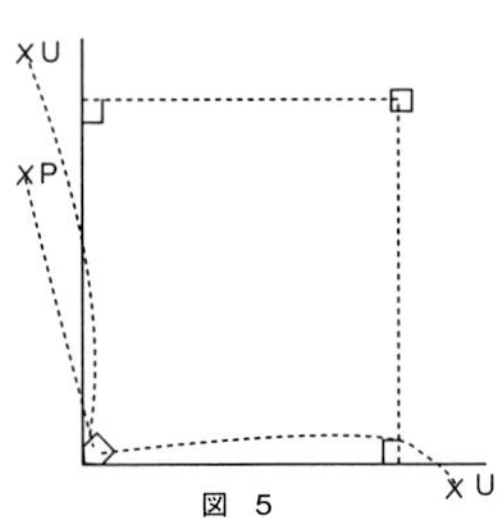

図　5

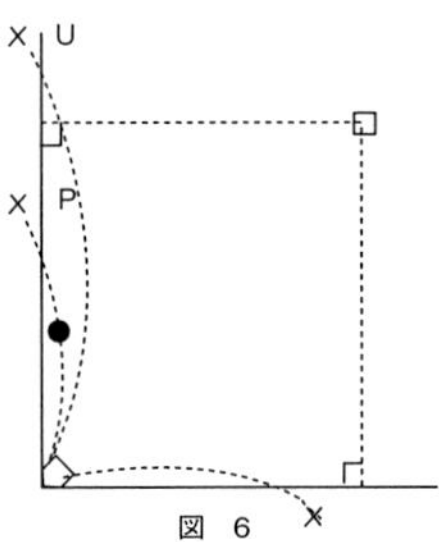

図　6

例題 1

ソフトボールについて次の各問いに答えよ。

(1) 次の文章は，ソフトボールの技能の内容である。下線部について説明せよ。

集団的技能としては，バントエンドラン，ヒットエンドラン，ダブルプレー等での自己の役割を理解し，ゲームで生かせるようにする。

(2) 離塁アウトについて説明せよ。

(3) タイブレークについて説明せよ。

(4) ソフトボールのベース(ホームプレート及びダブルベース含む)の正確な位置を図に示せ。

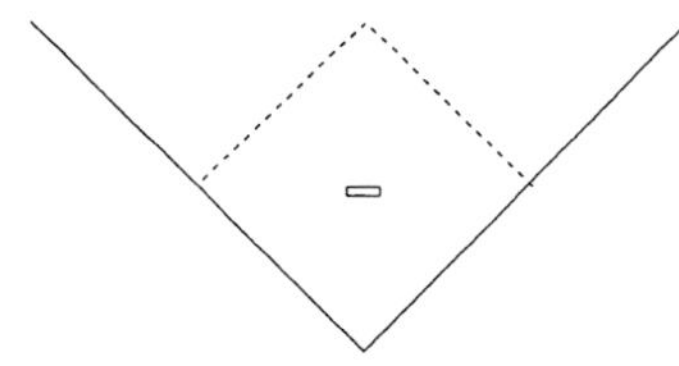

解答 (1) 走者は次の塁に向かってスタートし，打者はどんなボールでも打ち，走者を進塁させる。　(2) 投手の手から投球のためのボールが離れる前に走者が塁を離れた場合，走者がアウトになる。

(3) 7回終了時で同点の場合に延長8回から，無死走者二塁で試合再開すること。

(4)

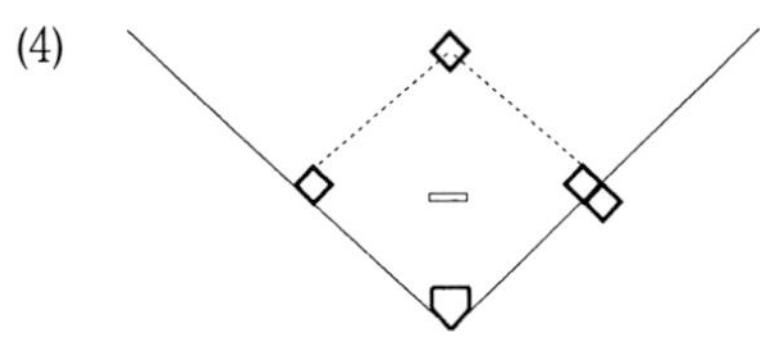

解説 (1) 下線の言葉を観点として解答する。　打球は必ずゴロを転がす。打者は必ず一塁に走る。　ランナーは前イニングスの最終打者となる。　(4) 2塁ベースは，1・2塁と2・3塁を結ぶ線の交点をベースの中心とする。1塁ベースはダブルベースを用いて，オレンジベース

がファールエリアになるように設置する。

例題 2

ソフトボールについて，次の(1)～(3)の問いに答えよ。

(1) 次の文章は，ソフトボールのあるプレイについて説明したものである。そのプレイの名称を書け。

① 3塁走者が投球と同時にスタートし，バッターがバントをするプレイ

② 1塁走者が2塁を目指してスタートし，バッターが走者の背後にヒッティングするプレイ

(2) 構えから腕を風車のように素早く1回転させ，足を大きく前にステップして前方に離す投法の名称を書け。

(3) 1塁走者が2塁に盗塁したが，キャッチャーが2塁に送球したので，塁間のラインより4フィート離れて走り野手にタッチされるのを避けて2塁に着いた。このプレイはアウトかセーフかを書け。

解答 (1) ① スクイズ　② ヒットエンドラン　(2) ウインドミル投法　(3) アウト

解説 (3) 走者が野手が持っている球によって触球されるのを避けるために，進塁・帰塁の別なく塁間を結ぶ直線から0.91m(3フィート)以上離れて走ったときにはアウトになる。

例題 3

次は，ソフトボールについての説明である。誤っているものを(1)～(4)の中から1つ選べ。

(1) 7回終了時に同点の場合は延長戦ができる。延長戦は8回より「タイブレーク」となり，無死ランナー2塁で試合を継続し，勝敗が決まるまで行う。

(2) 試合開始時に打順表に名前が記されているプレイヤーは，交代して一度ベンチに退いても，どのプレイヤーとでも交代し再出場できる。

これを「リエントリー」という。

(3) ストライクゾーンとは，打者が打撃姿勢をとっているときのみぞおちとひざの皿の底部の間の，ホームプレートの空間をさす。

(4) 打球が内野に打たれるか，振り逃げで走る場合に，打者走者が最初に一塁ベース(ダブルベース)を走り抜けるときは，オレンジベースに触塁する。

解答 (2)

解説 先発メンバーは，ゲームから退いても一度にかぎり，再び選手として出場できる(リエントリールール)。この場合，どの守備位置についてもよいが，自分のもとの打順を受け継いだ選手との交代を条件とする。

例題 4

次は，ソフトボールのルールについて述べたものである。誤っているものを(1)～(4)の中から1つ選べ。

(1) 投手は，投球動作をおこすまで，2秒以上5秒以内，体全体を完全に停止する。

(2) 打者は，ボールを打つとき，バッターボックスから両足か片足全部を踏み出してはいけない。

(3) 走者は，投手の手から投球のためのボールが離れる前に塁を離れてもよい。

(4) 打者走者は，一塁へ向かう途中でタッチを避けるために後ずさりするとアウトになる。

解答 (3)

解説 投球のボールが投手の手から離れたときより。離塁が早いとアウトである。

第6章

武道

保健体育科 武 道

ポイント

武道は，武技，武術などから発生した我が国固有の文化であり，相手の動きに応じて，基本動作や基本となる技を身に付け，相手を攻撃したり相手の技を防御したりすることによって，勝敗を競い合い互いに高め合う楽しさや喜びを味わうことのできる運動である。

武道は，中学校で初めて学習する内容であるため，基本動作と基本となる技を確実に身に付け，それらを用いて，相手の動きの変化に対応した攻防を展開することができるようにすることが求められる。

したがって，中学校第１学年及び第２学年では，技ができる楽しさや喜びを味わい，武道の特性や成り立ち，技の名称や行い方，その運動に関連して高まる体力などを理解するとともに，基本動作や基本となる技を用いて簡易な攻防を展開することができるようにすること。そして，第３学年では技を高め勝敗を競う楽しさや喜びを味わい，伝統的な考え方，技の名称や見取り稽古の仕方，体力の高め方などを理解するとともに，基本動作や基本となる技を用いて攻防を展開できるようにすることを学習のねらいとしている。

高等学校では，中学校までの学習を踏まえて，勝敗を競ったり自己や仲間の課題を解決したりするなどの多様な楽しさや喜びを味わい，「得意技などを用いた攻防を展開することができるようにする」ことなどが求められる。したがって，入学年次では，技を高め勝敗を競う楽しさや喜びを味わい，伝統的な考え方，技の名称や見取り稽古の仕方，体力の高め方などを理解するとともに，基本動作や基本となる技を用いて攻防を展開することができるようにする。また，入学年次の次の年次以降では多様な楽しさや喜びを味わい，技の名称や行い方を理解するとともに，攻防を展開すること，生涯にわたって運動を豊かに継続するための課題に取り組み，考えたことを他者に伝えること及び武道に主体的に取り組むとともに，伝統的な行動の仕方，責任，共生などの意欲を育み健康・安全を確保することができるようにすることを学習のねらいとしている。

柔道

●柔道の技能・用語

柔道の技能には，基本動作と対人的技能がある。基本動作には，姿勢と組み方，進退動作，崩しと体さばき，**受け身**などがある。対人的技能には，投げ技と固め技とがある。投げ技の内容には，手技として「体落とし」，「**背負い投げ**」，腰技として「払い腰」，「大腰」，「**釣り込み腰**」，「跳ね腰」，足技として「膝車」，「支え釣り込み足」，「大外刈り」，「大内刈り」，「小内刈り」，「出足払い」，「送り足払い」，「内股」，捨て身技として「ともえ投げ」などがある。

固め技の内容には，抑え技として「けさ固め」，「**崩れけさ固め**」，「縦四方固め」，絞め技として「三角絞め」，「送り襟絞め」，関節技として「腕がらみ」，「腕ひしぎ十字固め」などがある。

そして，技の連絡変化(連絡変化技)として「投げ技から投げ技」，「投げ技から固め技」，「固め技から固め技」などがある。また，対人的技能の練習に関連して「形」の取扱いを工夫することも効果的である。

なお，中学校・高等学校で学習する技は捨て身技以外の投げ技，抑え技が中心であり，絞め技や関節技は安全上の観点から取り扱わないこととしている。

●柔道の練習法

□**かかり練習(打ち込み練習)**　正確な技のかけ方の練習で，同じ技を繰り返し練習し，崩し・体さばき・かけ方・力の用い方などを身に付ける練習法。

□**約束練習**　動きながら正確に技をかける練習で，かかり練習で習得した個々の技をさらに上達させるため，**技や移動条件**をお互いに約束して練習する方法。

□**自由練習(乱取り)**　かかり練習や約束練習で身に付けたものを**総合的**に練習する方法。

●柔道の禁止事項

【軽微な違反】

・立ち姿勢のとき極端な防御姿勢をとること。
・相手の柔道衣の袖口または下穿の裾口に指をさし入れたりして，相手の袖をねじり絞って持つこと。
・相手の顔面に直接手や足をかけること。
・攻撃しているような印象を与えるが，明らかに相手を投げる意志のない攻撃を行う(偽装的攻撃)。
・「標準的な」組み方以外の組み方で直ちに攻撃しないこと。
・相手に攻撃させないことを目的に故意に組み合わないこと。
・組み手を両手で切ること。

【重大な違反】

・内股・跳ね腰・払い腰などの技をかけながら，体を前方に深く曲げ，頭から突っ込むこと。
・河津がけで投げること。
・払い腰をかけられたとき，相手の支えている足(脚)内側から刈り，または払うこと。
・頸や頸椎・脊髄などに危害を及ぼしたり，柔道精神に反するような動作をする。

●柔道の指導の要点

≪中学校≫

指導に際しては，「崩し」から相手の不安定な体勢を捉えて技をかけやすい状態をつくる「体さばき」,「技のかけ」をまとまった技能として捉え，対人的な技能として一体的に扱うようにする。特に，「受け身」は，投げられた際に安全に身を処するために，崩し，体さばきと関連させてできるようにし，相手の投げ技と結び付けてあらゆる場面に対応して受け身がとれるようにすることが大切である。以下は，学習指導要領解説に掲載されている中学校第1学年，第2学年の例示である。

○基本動作

・姿勢と組み方では，相手の動きに応じやすい自然体で組むこと。

・崩しでは，相手の動きに応じて相手の体勢を不安定にし，技をかけやすい状態をつくること。
・進退動作では，相手の動きに応じたすり足，歩み足及び継ぎ足で，体の移動をすること。

○受け身

・横受け身では，体を横に向け下側の脚を前方に，上側の脚を後方にして，両脚と一方の腕全体で畳を強くたたくこと。
・後ろ受け身では，あごを引き，頭をあげ，両方の腕全体で畳を強くたたくこと。
・前回り受け身では，前方へ体を回転させ，背中側面が畳に着く瞬間に，片方の腕と両脚で畳を強くたたくこと。

○投げ技

・取は膝車をかけて投げ，受は受け身をとること。
・取は支え釣り込み足をかけて投げ，受は受け身をとること。
・取は体落としをかけて投げ，受は受け身をとること。
・取は大腰をかけて投げ，受は受け身をとること。
・取は大外刈りをかけて投げ，受は受け身をとること。

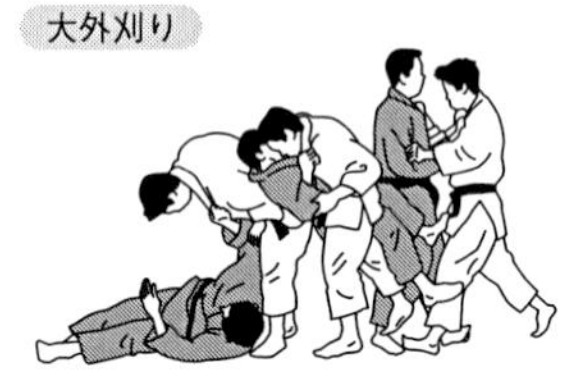

○固め技

・取は，「抑え込みの条件」を満たして相手を抑えること。
・取はけさ固めや横四方固めで相手を抑えること。
・受はけさ固めや横四方固めで抑えられた状態から，相手を体側や頭方向に返すこと。

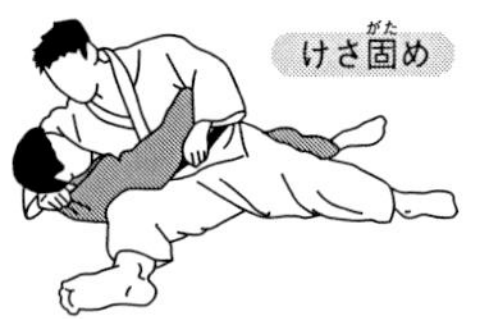

≪高等学校≫

入学年次では,「相手の動きの変化に応じた基本動作や基本となる技,連絡技を用いて,相手を崩して投げたり,抑えたりするなどの攻防をすること」を,入学年次の次の年次以降では,「相手の動きの変化に応じた基本動作から,得意技や連絡技・変化技を用いて,素早く相手を崩して投げたり,抑えたり,返したりするなどの攻防をすること」を学習のねらいとする。ここでは,指導例として学習指導要領における基本動作の例示の一部を示す。入学年次と入学年次の次の年次以降ではどのように異なるか,比較しておくとよい。

〈例示〉

[入学年次]

○基本動作

・姿勢と組み方では,相手の動きの変化に応じやすい自然体で組むこと。

・崩しでは,相手の動きの変化に応じて相手の体勢を不安定にし,技をかけやすい状態をつくること。

・進退動作では,相手の動きの変化に応じたすり足,歩み足,継ぎ足で,体の移動をすること。

・受け身では,相手の投げ技に応じて横受け身,後ろ受け身,前回り受け身をとること。

[入学年次の次の年次以降]

○基本動作

・姿勢と組み方では,相手の体格や姿勢,かける技などに対応して,素早く自然体で組むこと。

・崩しと体さばきでは,自分の姿勢の安定を保ちながら相手の体勢を不安定にし,素早く技をかけやすい状態をつくること。

・進退動作では,自分の姿勢の安定を保ちながら素早く体の移動をすること。

・受け身では,相手の投げ技に応じて安定した受け身をとること。

なお,固め技には,抑え技,絞め技,関節技があるが,生徒の心身の発達の段階から高等学校では中学校に引き続き抑え技を扱うこととする。

柔道の主な技の例

技		中学校 1・2年	中学校３年 高校入学年次	高校 入学年次の次の年次以降
投げ技	支え技系	膝車	→	→
		支え釣り込み足	→	→
	まわし技系	体落し	→	→
		大腰	→	→
			釣り込み腰	→
			背負い投げ	→
				払い腰
				内股
	刈り技系	大外刈り	→	→
			小内刈り	→
			大内刈り	→
	払い技系			出足払い
				送り足払い
固め技（抑え技）	けさ固め系	けさ固め	→	→
	四方固め系	横四方固め	→	→
			上四方固め	→
				縦四方固め
	肩固め系			肩固め
技の連絡	投げ技の連絡		大内刈り⇒大外刈り	→
			釣り込み腰⇒大内刈り	→
			大内刈り⇒背負い投げ	→
	固め技の連絡		けさ固め⇒横四方固め	→
			横四方固め⇒上四方固め	→
	投げ技から固め技への連絡			内股⇒けさ固め
技の変化	投げ技の連絡			相手の技をそのまま切り返す
				相手の技を利用して自分の技で投げる
	固め技の連絡			相手の固め技を返して抑える

※表中の「→」は既習技を示している。

例題 1

次の柔道における技の説明文について，その技の名称と指導上の留意点を記せ。

(1) 右組の場合，「取」は，「受」を右後ろ隅に崩し，左足を軸に右足の土踏まずやかかとの部分を，「受」の右足かかと部分に当て刈り投げる。

(2) 「取」は「受」の頭の方に位置し，「受」の上体の上にふせて身体を乗せる。両腕を「受」の肩先外側より入れて両横帯を握り腕を制し，両腕を大きく開き胸で「受」の頭，胸を圧して抑える。

解答 (1) 技の名称：小内刈り　指導上の留意点：受を後ろ隅に崩し，足で受の足を内側後方から刈る。腕の使いかたは，右手は上から押し，左手は引き落とすようにする。 (2) 技の名称：上四方固め　指導上の留意点：両手を引き絞り，脇を締める，両脚は左右に大きく開きバランスを保ちながら相手の動きに応じられるようにする。

解説 (1) ・受の体重がかかとに乗る瞬間に刈る。 ・軸足(取の左足)のつま先を外に向ける。 ・刈るとき，腰がひけないようにする。
(2) 相手の上体を圧して制する。

例題 2

柔道について，次の(1)，(2)に答えよ。

(1) 横四方固めを取り扱う授業において，本時の評価規準のおおむね満足できる状況を「提供された攻防の仕方から，自己に適した攻防の仕方を選んでいる。」とした。A<u>この評価規準の観点</u>と，その際，B<u>受けの生徒へ提供する攻防の仕方(逃げ方)</u>を書け。また，C<u>生徒の関心・意欲を高めながら，この攻防の仕方が習得できる活動とその留意点</u>を具体的に書け。

(2) 次の文章は，固め技についての説明文である。(　①　)～(　③　)にあてはまる語句をあとのア～カから選び，その記号を書け。

固め技では，固め技の姿勢や(　①　)を用いながら，固め技の基本となる技や簡単な技の入り方や切り返し方ができるようにすることが大切である。

なお，固め技には(　②　)，(　③　)，関節技があるが，生徒の心身の発達の段階から高等学校及び中学校では(　②　)のみを扱うこととする。

ア　柔道着の特性　　イ　絞め技　　ウ　足技
エ　体さばき　　　　オ　首技　　　カ　抑込技

解答 (1) A　思考・判断　B　相手を体側や，頭方向に返すことによって逃げる。　C　活動…受けと取りを決め，時間を25秒とし，返したら受けの勝ち，返さなければ取りの勝ちのルールでミニゲームを行う。　留意点…次の試合は前の試合の勝った者同士，負けた者同士とし，5回行う。　(2) ①　エ　②　カ　③　イ

解説 (1) 横四方固めは，取は受の右体側につき，右腕を受の股の間から入れて，その下ばき又は帯を握る。左腕を受の首の下から入れて，その左横襟を深く握る。取は右膝を曲げて受の右腰に当て，左脚はつま先を立てて左後方に伸ばす。胸を張るようにして受の胸部を圧して抑える。取は，受の首と脚を制しながら抑える。受は，体を横にかわす動作を使って取に近づき，脚をからめて応じる。つまり，受は横四方固めで抑えられた状態から，相手を体制や頭方向に返すとよい。　(2) 中学校学習指導要領解説保健体育編(平成29年7月)第2章　第2節〔体育分野〕2　Fにおいて固め技とともに「基本となる技」とされている投げ技についても押さえておくこと。また，柔道についての出題では，受傷の防止に関するものが頻出であるので，加速損傷やセカンドインパクトシンドロームなどのキーワードを中心に確認しておくとよい。

例題 3

体育分野の領域「武道」の「柔道」について，次の1～3に答えよ。

1　上の図は，「柔道」のある投げ技を行っている様子を示したものである。この投げ技に関して，次の(1)・(2)に答えよ。

(1)　この投げ技を何といいますか。その名称を書け。

(2)　この投げ技の一連の動きの中で，③から⑤の動きについて，簡潔に説明せよ。

2　この投げ技を習得させる授業を展開しているとき，④の場面において「取」の上体が崩れ，後ろに倒れながら無理やり技をかけてしまい，「受」の受け身がとれず，肩から落ちた生徒がいました。このように上体が崩れた「取」の生徒に対して，どのようなことに留意するよう指導するか。簡潔に1つ書け。

3　柔道の授業において，けがや事故につながらないよう施設の状況に応じて安全対策を行う場合，どのような点を確認することが必要か。簡潔に2つ書け。

解答　1 (1)　支え釣り込み足　　(2)　取は受を右前隅に崩し，受の右足首を左足裏で支え，引き手，釣り手で釣り上げるようにして，腰の回転を効かせて受の前方に投げる。　2　・上体が崩れた場合は，技をかけないで自ら後ろ受け身をとるようにすること。　・右足前さばきをしっかりした上で，技をかけるようにすること。(以上から1つ)　3　・畳が破れていたり，穴があいていないこと。　・畳に隙間や段差がないこと。　・釘やささくれ，鋲などの危険物がないこと。　・武道場がなく体育館で授業を展開する場合は，弾力性のある適度に柔らかい畳を使用したり，安全な枠を設置したりするなど畳のず

れを防ぐ措置がとられていること。(以上から2つ)

解説 1 柔道の投げ技は，大きく分けて「支え技系」「刈り技系」「まわし技系」の3つの系統に分けられる。本問で出題された「支え釣り込み足」は，その中の「支え技系」に分類される。柔道を指導する際，系統別にまとめて扱うとされているので，系統別に技の名称とその技の動きを確認しておくこと。また，足裏を相手の膝にあてて投げる「ひざ車」と間違えやすいので注意したい。 3 学習指導要領解説において，健康・安全を確保するとは「禁じ技を用いないことはもとより，相手の技能の程度や体力に応じて力を加減すること，用具や練習及び試合の場所の安全に留意すること，施設の広さなどの状況に応じて安全対策を講じること，自己の体調や技能の程度に応じた技術的な課題を選んで段階的に挑戦することなどを通して，健康を維持したり自己や仲間の安全を保持したりする」ことを示している。特に柔道の安全確保については「柔道の授業の安全な実施に向けて」(文部科学省)を参照したい。

剣道

●剣道の技能・用語

剣道の技能には，基本動作と対人的技能とがあり，基本動作としては，構えと体さばき(自然体・中段の構え・足さばき)，打突の仕方と受け方［正面・左右面・胴(右)・小手(右)］，素振りがある。

対人的技能には，しかけ技と**応じ技**とがある。しかけ技の内容には，二・三段の技として「小手－面」，「面－面」，「小手－胴」，「面－胴」，「突き－面」などと「小手－面－胴」など，払い技として，「払い面」，「**払い胴**」，「払い小手」など，出ばな技として，「出ばな面」，「出ばな小手」など，引き技として，「引き小手」，「**引き面**」，「引き胴」などがある。応じ技の内容には，抜き技として，「面抜き胴」，「小手抜き面」など，すり上げ技として，「面すり上げ面」，「小手すり上げ面」など，返し技として，「面返し胴」，「面返し面」など，打ち落とし技として**胴打ち落とし面**などがある。

基本動作や対人的技能との関連で，「形」の取扱いを工夫することも大切である。

また，生徒の心身の発達段階から，学習指導要領解説では中学校・高等学校では「**突き技**」を扱わないこととしている。

●剣道の用語

□**有効打突**……充実した気勢，適正な姿勢をもって，竹刀の打突部(刃部の全長の3分の1前で，弦の反対側の部分)で相手の打突部位(面，小手，胴，突き)を刃筋正しく打突し，残心あるもの。

□**残心**……満身の気力を込めて打突したあと，相手の次の動きや打突に対して直ちに**応ずること**ができるような油断のない心構え，身構えをいう。

□**充実した気勢**……相手に対して，**恐れたり**，迷ったりすることなく，全身の気力を出して攻撃している体勢，または掛声をかけて気力が充実していること。

□**適正な姿勢**……理にかなった正しい姿勢のことで，相手の攻撃に対していつでも対応できる姿勢や，打突したあとの残心に関する姿勢も含む。

□**気剣体の一致**……充実した気勢でのからだの動きが，からだの動きと一致していること。即ち，攻撃する心と剣の技と，それに相応した打突の姿勢が一致していること。

□**間合**……自分と相手との距離や位置の関係をいう。剣道の基本的な間合としては**一足一刀の間合**(一歩踏み込めば相手を打突できる距離で竹刀が5～10cmぐらい交わる距離)，それ以上に交差(交わった)した場合が近間で，竹刀の先がお互いに離れた場合を遠間という。

□**懸待一致**……懸は攻め，待は防ぐで攻防表裏一体となっていること。

□**三殺法**……剣を殺し，技を殺し，気を殺すということ。即ち，相手の構え，技，気を殺すということで，相手を攻撃するときの教えである。

□**不動心**……相手の変化，動作に惑わされず，実力を発揮できる心。

□**相打ち**……両者がまったく同時に有効打突がきまったときをいう。

□**四戒**……驚き，懼(おそ)れ，疑い，惑いの4つをいい，剣道で，最もなってはいけない心の状態をいう。

□**丹田に力**……丹田(たんでん)と呼ばれるへその下の部分(下腹部)に力を入れることで，掛け声の効果とあいまって，交感神経への刺激となり，心と気の働きが高まるといわれている。

●剣道の練習法

□**素振り**……空間打突の練習で，上下素振り，斜め素振り，跳躍素振りが代表的である。

□**打ち込み練習(稽古)**……竹刀で，打ち込み台，防具をつけた人を相手に基本打突を行う練習法。

□**約束練習(稽古)**……決められた技を打つ役，打たせ役になって行う練習法。

□**約束かかり稽古**……決められた技や動きにしたがって，10～15秒の間に連続して打突する練習法。

□**かかり稽古**……打たせ役は「対人技能の打たせ方」によって構えを開けて打たせたり，体当たりを受けたりする練習。

□**互格稽古**……お互いに対等の立場で，自由に技を出し，守り，応じる実践練習。

□**試合稽古**……相互で審判，3人審判にして，1・3・5・7本などの勝負をする練習。

□**地稽古**……いわゆる下地をつける稽古(練習)をいう。地稽古は，かかり稽古，互格稽古，引立稽古，打ち込み稽古，試合稽古に分けることができ，基本練習から試合ができるようになる連絡的な練習法として，また自分の技を向上させるものとして，剣道における中心的な練習の仕方である。

□**引立稽古(練習)**……技能の上の者や指導者がもとに立ち，技能の下の者を引き立てて稽古(練習)をすること。

●剣道の指導の要点

≪中学校≫

指導に際しては，構えや体さばきと基本の打突の仕方や受け方は関連付けて身に付けることに配慮するなど，対人的な技能と一体的に扱うようにする。例えば，学習指導要領解説に掲載されている中学校第1学年，第2学年の例示では以下のように示されている。

〈例示〉

○基本動作

・構えでは，相手の動きに応じて自然体で中段に構えること。

・体さばきでは，相手の動きに応じて歩み足や送り足をすること。

・基本の打突(だとつ)の仕方と受け方では，中段の構えから体さばきを使って，面や胴(右)や小手(右)の部位を打ったり受けたりすること。

指導に際しては，2人1組の対人で，体さばきを用いてしかけ技の基本となる技や応じ技の基本となる技ができるようにすることが大切である。また，基本動作や基本となる技を習得する学習においては，「形」の取扱いを工夫することも効果的である。

≪高等学校≫

入学年次では，「相手の動きの変化に応じた基本動作や基本となる技を用いて，相手の構えを崩し，しかけたり応じたりするなどの攻防をすること」，入学年次の次の年次以降では，「相手の動きの変化に応じた基本動作から，得意技を用いて，相手の構えを崩し，素早くしかけたり応じたりするなどの攻防をすること」を学習のねらいとする。

入学年次の「相手の動きの変化に応じた基本動作」とは，相手の動きの変化に応じて行う構えと体さばき及び基本の打突の仕方と受け方のことである。

入学年次の次の年次以降の「相手動きの変化に応じた基本動作」とは，この段階では，相手の動きに速い変化が見られるようになり，その動きの変化に素早く対応することが必要になる。こうした相手の動きの変化に応じて行う構え，体さばきのことである。なお，学習指導要領解説では次のように示されている。入学年次と入学年次の次の年次以降ではどのように異なるか，比較しておくとよい。

〈例示〉

○基本動作

[入学年次]

・構えでは，相手の動きの変化に応じた自然体で中段に構えること。

・体さばきでは，相手の動きの変化に応じて体の移動を行うこと。

・基本の打突の仕方と受け方では，体さばきや竹刀操作を用いて打ったり，応じ技へ発展するよう受けたりすること。

[入学年次の次の年次以降]

・構えでは，相手の動きの変化に応じた自然体で中段に構えること。

・体さばきでは，相手の動きの変化に応じて体の移動を行うこと。

・基本の打突の仕方と受け方では，相手の動きに対して，素早く間合いを近くしたり遠くしたりして打ったり，応じ技へ発展するよう受けたりすること。

剣道の主な技の例

技		中学校1・2年生	中学校3年 高校入学年次	高校 入学年次の次の年次以降
しかけ技	二段の技	面－胴	→	→
		小手－面	→	→
			面－面	→
				小手 － 胴
	引き技	引き胴	→	→
			引き面	→
				引き小手
	出ばな技		出ばな面	→
				出ばな小手
	払い技		払い面	→
				払い小手
応じ技	抜き技	面抜き胴	→	→
			小手抜き面	→
	すり上げ技			小手すり上げ面
				面すり上げ面
	返し技			面返し胴
	打ち落とし技			胴打ち落とし面

※表中の「→」は既習技を示している。

例題 1

「剣道」について，問1～問4に答えよ。

問1　次の文章は剣道の有効な打突について述べたものである。[　①　]，[　②　]に当てはまる語句を書け。

　試合において，有効な打突とは，充実した気勢，適正な[　①　]をもって竹刀の打突部で打突部位を刃筋正しく打突し，[　②　]のあるものをいう。

問2　剣道を安全に行わせる指導において，竹刀の安全点検の項目を2つ書け。

問3　面打ちを指導するときの留意点として適当でないものをあとのア～キからすべて選べ。

ア　はじめはすり足で大きく，ゆっくりと振りかぶって打ち，次第に小さく速く，踏み込んで打つようにさせる。

イ　刃筋は体の中心を通るようにし，背筋を伸ばして打つようにさせる。

ウ　振りかぶってから打つのではなく，振りかぶりと打つことが1つの素早い動作になるようにして打つようにさせる。

エ　相手の面の打突部位を正確にねらい，竹刀刃部の中央部分で打つようにさせる。

オ　打ち込むとき右足を過度に上げたり，足先を外側に向けたりしないで，正しく相手に向かって踏み込むようにさせる。また，左足を引きずったり，はねたりしないで，速く右足に引きつけるようにさせる。

カ　打ち込むとき，上体を反らせたり，前に傾きすぎたりしないようにさせる。

キ　相互に中段の構えで相対し，はじめから近い間合をとらせて打つようにさせる。

問4　次の文章は，正面打ちの受け方を指導するときの留意点を述べたものである。[　①　]，[　②　]に当てはまる語句を書け。

正面打ちを受けるときは，[　①　]の足さばきで右(左)へわずかに体をかわしながら，両腕を伸ばし，両こぶしを前に上げて，竹刀を斜めにし，竹刀の左(右)側で受けさせる。また，受けたときの竹刀の接点は，自分の面の打突部位からできるだけ遠くなるようにさせ，受けるときの左こぶしの位置は，[　②　]からはずれないようにさせる。

解答　問1　①　姿勢　　②　残心　　問2　・竹が割れていないか。
・先革が破損していないか。　・弦が緩んでいないか。　から2つ
問3　エ，キ　　問4　①　開き　　②　自分の体の正中線

解説　問1　残心とは，打突後も油断することなく，相手の反撃に対応できる身構え，心構えのことである。剣道の試合において有効打突になる場合とならない場合も理解しておくようにする。
○有効打突になる場合　・竹刀を落とした者にただちに加えた打突

・倒れた者にただちに加えた打突　・場外に出ると同時に加えた打突　・試合終了の合図と同時に加えた打突
○有効打突にならない場合　・相打ちの場合　・打突後に1本を確認して，ガッツポーズを取った場合　・剣先が相手の上体前面についてその気勢，姿勢が充実していると判断した場合　・不適切な行為(例えば，打突後，必要以上の余勢や有効を誇示)があった場合，有効打突であっても，取り消される。　問2　竹刀の破損が場合によっては大きな事故につながるので，練習の前後や合間に点検させることが必要である。竹刀の安全点検の項目は，次の通りである。　・竹が割れていないか，ささくれていないか。　・中結の位置(剣先から全長の約$\frac{1}{4}$とする)はよいか，ゆるんでいないか。　・先革は破けていないか。　・弦は緩んでいないか。　・鍔は固定されているか。　問3　エ：竹刀の先，少なくとも「刃部の全長約$\frac{1}{3}$前(物打ち)，弦の反対側(刃筋)」で打つようにさせる。　キ：最初は相互に中段の構えで相対し，剣先のふれ合う程度の「遠い間合」から一歩前へ進み出て，一足一刀の間合を打ち間として捉えさせながら打つように心がけさせる。　問4　これらの受け方は，すり上げ技(面すり上げ面等)あるいは返し技(面返し胴等)に発展するので，受け止めるばかりでなく，受けたら直ちに打つようにさせる。

例題 2

次の文章は，「剣道」の試合における試合者要領に関するものである。文中の(　①　)，(　②　)に適する語句と数字の組み合わせとして，最も適当なものを下のa～dから1つ選び，記号で答えよ。

試合者は，試合を開始する場合，(　①　)に進み，提げ刀の姿勢で相互の礼を行い，帯刀し，(　②　)歩進んで開始線で竹刀を抜き合わせつつ，そんきょし，主審の宣告で試合を開始する。

a　①　境界線の上　　②　3
b　①　境界線の上　　②　2
c　①　立礼の位置　　②　3
d　①　立礼の位置　　②　2

解答　c

解説　①　境界線の中に入り，立礼の位置(開始線の3歩手前)で竹刀を下げて(提刀)，お互いに合わせて礼をする。　②　竹刀を腰につけて(帯刀)右足より開始線まで前進し，中段に構えながら蹲踞(そんきょ)する。　③　主審の「はじめ」の宣告で立ち上がり，試合を開始する。

例題 3

次の図は，剣道で使用する竹刀の図である。図の(　①　)～(　③　)の部分の名称を書け。

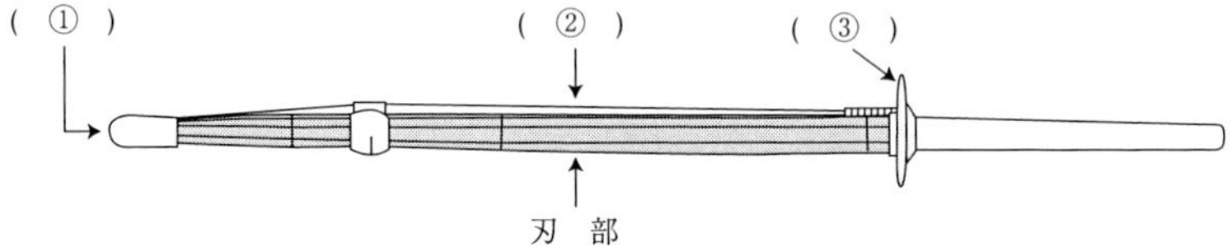

解答　①　剣先　　②　弦(つる)　　③　鍔(つば)

解説

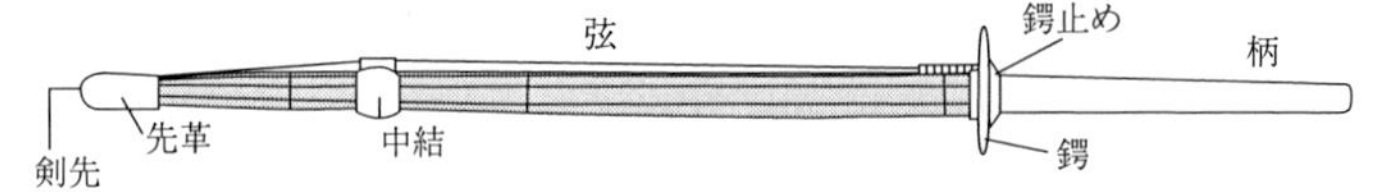

例題 4

剣道について，次の(1)～(4)の問いに答えよ。

(1)　剣道具の着け方について，次のA～Dを着用する順番に並べ替えて記号を書け。

A　面　　B　小手　　C　垂れ　　D　胴

(2)　最も基本的な「構え」について，次の文の(　ア　)，(　イ　)に当てはまる言葉を書け。

剣道の基本的な構えでは，相手の動きに応じて(　ア　)体で(　イ　)段に構えること。

(3)　体さばき(足さばき)を2種類書け。

(4)　竹刀は，けがの防止のため安全な状態で使用しなければならない。次のア，イの内容に当てはまる例を，それぞれ1つずつ書け。

ア　危険であると認められる竹刀の状態

イ　アで解答した状態にある竹刀の修理の仕方

解答　(1)　C→D→A→B　　(2)　ア　自然　　イ　中　　(3)　歩み足，送り足，継ぎ足，送り足，開き足，から2つ(順不同)

(4)　ア　・先革部のほころびにより竹がむき出しになる状態　・打突部の竹のささくれている状態　　など(類答可)　　イ　・先革を交換し，つるを締めなおす　・カッターや紙やすりなどでささくれを取り除く　　など(類答可)

解説　(3)　剣道での足さばきを正しく理解しておく。

①歩み足＝前後に遠く，速く移動する場合に用いる。

②送り足＝いろいろな方向に近く速く移動したり，打突する場合に用いる。

③継ぎ足＝後ろ足をひきつけ，遠い間合から踏み込む場合に用いる。

④開き足＝体をかわしながら打突したり，応じたりする場合に用いる。

第 7 章

ダンス

保健体育科　ダンス

ポイント

ダンスは，創作ダンス，フォークダンス，現代的なリズムのダンスで構成され，イメージを捉えた表現や踊りを通した交流を通して仲間とのコミュニケーションを豊かにすることを重視する運動で，仲間とともに感じを込めて踊ったり，イメージを捉えて自己を表現したりすることに楽しさや喜びを味わうことのできる運動である。

中学校では，小学校の学習を受けて，イメージを捉えたり深めたりする表現，伝承されてきた踊り，リズムに乗って全身で踊ることや，これらの踊りを通した交流や発表ができるようにすることが求められる。第1学年及び第2学年では，感じを込めて踊ったりみんなで踊ったりする楽しさや喜びを味わい，ダンスの特性や由来，表現の仕方などを理解するとともに，イメージを捉えた表現や踊りを通した交流ができるようにする。第3学年では感じを込めて踊ったり，みんなで自由に踊ったりする楽しさや喜びを味わい，踊りの特徴と表現の仕方や運動観察の方法などを理解するとともに，イメージを深めた表現や踊りを通した交流や発表をすることとしている。

高等学校では，中学校までの学習を踏まえて，感じを込めて踊ったり仲間と自由に踊ったり，自己や仲間の課題を解決したりするなどの多様な楽しさや喜びを味わい，「それぞれ特有の表現や踊りを身に付けて交流や発表をする」ことなどができるようにすることが求められる。したがって，入学年次では，中学校第3学年の学習を受け，感じを込めて踊ったり，みんなで自由に踊ったりする楽しさや喜びを味わい，踊りの特徴と表現の仕方や運動観察の方法などを理解するとともに，イメージを深めた表現や踊りを通した交流や発表をすることができるようにする。また，入学年次の次の年次以降では多様な楽しさや喜びを味わい，ダンスの名称や用語などを理解するとともに，交流や発表をすること，生涯にわたって運動を豊かに継続するための課題に取り組み，考えたことを他者に伝えること及びダンスに主体的に取り組むとともに，協力，参画，共生などの意欲を育み，健康・安全を確保することができるようにすることを学習のねらいとしている。

創作ダンス

●創作ダンスの特性

表したいイメージや思いを，そのものになりきって踊ったり，自由に動きを工夫して，感じのあるひと流れの動きで表現したり，見せ合うところに楽しさや喜びを味わうことのできる運動である。

●即興表現の手順

① テーマを設定する
② テーマから表したい感じを素早く捉えて表現する
③ ひと流れの動きを工夫する
④ 見せ合って工夫を確かめ合う

●テーマ設定の手がかりの例

① 身近な日常動作
② 多様な感じの題材の音楽
③ 変化と起伏のある題材と音楽
④ 対極の動きの連続
⑤ 楽器やもの(小道具)
⑥ 群(集団)の動き

●簡単な作品の創作

即興表現で気に入ったテーマやその他のテーマを自由に選択して，テーマ別のグループを決め，それぞれに表現を深めて簡単な作品にまとめ，発表し合うことができるようにする。

そのためには，次のような手順を参考にして，活動に応じた技能を身に付けることが大切である。

① テーマを選ぶ。
② グループで動きを工夫し表現する。また，表現に中心を定めて作品全体の見通しを立てる。
③ テーマにふさわしい特徴のある動きを工夫し，選曲する。
④ 群(集団)の動き方，空間の使い方，作品のはこび(構成)を工夫し，作品をまとめる。
⑤ 踊り込んで仕上げる。

⑥　発表し合い鑑賞する。

●創作ダンスの指導の要点

≪中学校≫

創作ダンスは，多様なテーマから表したいイメージを捉え，動きに変化を付けて即興的に表現することや，変化のあるひとまとまりの表現ができるようにすることをねらいとしている。

指導に際しては，テーマに適した動きで表現できるようにすることが重要となるため，①多様なテーマの例を具体的に示し，取り組みやすいテーマを選んで，動きに変化を付けて素早く即興的に表現することができるようにする。次に，②表したい感じやイメージを強調するように表現して踊ることができるようにすることが大切である。そのため，①の学習段階では，次のような活動を参考に行うようにする。

- ・グループを固定せず多くの仲間とかかわり合うようにして，毎時間異なるテーマを設定し，即興的に表現できるようにする。その際，身近なテーマから連想を広げてイメージを出す，思いついた動きを即興的に踊ってみたり，仲間の動きをまねたりするなどの活動を取り上げる。
- ・動きを誇張したり，繰り返したり，動きに変化を付けたりして，ひと流れの動きで表現できるようにする。

次に②の学習段階では，次のような活動を参考に行うようにする。

- ・仲間とともに，テーマにふさわしい変化と起伏や場の使い方で，「はじめ－なか－おわり」の構成で表現して踊ることができるようにする。
- ・仲間やグループ間で動きを見せ合う発表の活動を取り入れる。

≪高等学校≫

入学年次では，「表したいテーマにふさわしいイメージを捉え，個や群で，緩急強弱のある動きや空間の使い方で変化を付けて即興的に表現したり，簡単な作品にまとめたりして踊ること」を，入学年次の次の年次以降では，「表したいテーマにふさわしいイメージを捉え，個や群で，対極の動きや空間の使い方で変化を付けて即興的に表現したり，イメージを強調した作品にまとめたりして踊ること」を学習のねらいとする。

これらの指導に際しては，「はじめ－なか－おわり」の構成で表現して踊る場合，特に「なか」に当たる展開では，最も特徴的な動きや構成を強調した盛り上がりのある起伏を付けて，個性を生かした作品に高めて踊ることが大切である。

また，表したいテーマから中心となるイメージを捉えて動きにする際に，多様な題材の選択や表現の仕方，動きの展開が求められる。そのため，創作ダンスの指導では，動きのなかに込めたい感じや表現の視点を重視して指導することが大切である。

表現・創作ダンスの題材・テーマと動きの例

表現等	小学校 ５・６年生	中学校 １・２年生	中学校３年生 高校入学年次	高校 入学年次の次の年次以降
題材・テーマ	・激しい感じの題材 ・群（集団）が生きる題材 ・多様な題材	・身近な生活や日常動作 ・対極の動きの連続 ・多様な感じ ・群の動き ・ものを使う	・身近な生活や日常動作 ・対極の動きの連続 ・多様な感じ ・群の動き ・ものを使う ・はこびとストーリー	・身近な生活や日常動作 ・対極の動きの連続 ・多様な感じ ・群（集団）の動き ・もの（小道具）を使う ・はこびとストーリー
即興的な表現（ひと流れの動きで表現）	・題材の特徴を捉えて，表したい感じやイメージを，動きに変化を付けたり繰り返したりして，メリハリ（緩急・強弱）のあるひと流れの動きにして即興的に踊る	・多様なテーマからイメージを捉える ・イメージを即興的に表現する ・変化を付けたひと流れの動きで表現する ・動きを誇張したり繰り返したりして表現する	・表したいテーマにふさわしいイメージを捉える ・変化を付けたひと流れの動きで即興的に表現する ・主要場面を中心に表現する ・個や群で，緩急強弱のある動きや空間の使い方で変化を付けて表現する	・多様なテーマから表現にふさわしいテーマを選び，中心となるイメージを捉え，即興的に表現する ・個や群で，イメージを強調する緩急強弱を最大限に強調した対極の動きと空間の使い方で，変化を付けて表現する
簡単な作品創作（ひとまとまりの動きで表現）	・表したい感じやイメージを「はじめ－なか－おわり」の構成や群の動きを工夫して簡単なひとまとまりの動きで表現する	・変化と起伏のある「はじめ－なか－おわり」のひとまとまりの動きで表現する	・表したいイメージを一層深めて表現する ・変化と起伏のある「はじめ－なか－おわり」の簡単な作品にして表現する	・表したいテーマにふさわしいイメージを深め，中心となるイメージを強調した「はじめ－なか－おわり」の構成で表現する ・特徴的な動きや構成を強調した盛り上がりのある起伏を付けて，個性を生かした作品にまとめて踊る
発表の様子	・感じを込めて通して踊る	・動きを見せ合って発表する	・踊り込んで仕上げて発表する	・発表の形態や衣装などをテーマに応じて選び，発表する

●用語解説

□モチーフ…ある表現意図をもつ動きの最小単位で，4～8呼間ぐらいの長さのこと。

□フレーズ…モチーフを発展させた16～32呼間ぐらいの長さの動きの一かたまりのこと。

□シンメトリー…左右対称に位置した集団が対称的に動くもので，安定のあるまとまりを感じさせる動きのこと。

□コントラスト…相反する2つ以上の要因が対比・対照(例えば，高い―低い，広い―狭いなど)させること。

例題 1

創作ダンスで，次の(1)，(2)をテーマとするときに意識して表現するべき内容を，以下の1～6のうちからそれぞれ1つずつ選べ。

(1)　身近な生活や日常動作　　(2)　群(集団)の動き

1　緩急，強弱，静と動を組み合わせ，変化やめりはりを付けて表現する。

2　起承転結を明確に表現する。

3　仲間とかかわり合いながら，ダイナミックに空間が変化するように動いて表現する。

4　一番表現したい場面をスローモーションで誇張したり，何度も繰り返して表現する。

5　何かに見立てて表現する。

6　変化や連続の動きを組み合わせて表現する。

解答　(1)　4　　(2)　3

解説　「中学校学習指導要領解説　保健体育編」(平成29年7月)の「Gダンス　第1学年及び第2学年　(1)知識及び技能　技能　ア　創作ダンス」に，〈多様なテーマと題材や動きの例示〉が示されている。

例題 2

創作ダンスの作品構成において,「はじめ」「なか」「おわり」で特に工夫を要するポイントをそれぞれ1つずつ記せ。

解答 はじめ…導入部分であり,見る人をひきつける工夫をする。
なか…中心部分であり,最も表したい考えや感情を強く印象づける工夫をする。　おわり…余韻をもたせながら,作品の主張を強めながら終わる工夫をする。

解説 創作ダンスの作品構成においては,表したいテーマを全身の動きで自由に表現する創作ダンスの特性をよく理解し,自己の能力に応じた課題をもって,イメージにふさわしい表現・動きを工夫したり,作品にまとめたりして,みんなで楽しく交流し,発表することができるようにすることをねらいとする。

例題 3

ダンスについて,(1)・(2)の問いに答えよ。

(1) 作品を創作する手順について書いた文である。創作の手順としてふさわしいものとなるよう,並べ替え,記号で答えよ。

ア　表現の中心を定めて,動きを工夫したり,作品全体の見通しを持つ。

イ　テーマや表現の中心にふさわしい選曲をする。

ウ　テーマを選択する。

エ　いろいろなイメージを出したり,集団の動き方を工夫したりして,作品をまとめていく。

オ　発表会を行い,感じを込めて精一杯表現したり,他のグループの作品を鑑賞したりする。

カ　踊り込んで仕上げをする。

(2) 次の用語の説明を簡潔に書け。

①　カノン　　②　シンメトリー　　③　ユニゾン

解答 (1) ウ→ア→イ→エ→カ→オ　(2) ① 同じ動きを輪唱のようにずらす表現　② 同じ動きを対称に表現　③ 同じ動きを同時に表現

解説 (1) 創作ダンスは，多様なテーマから表したいイメージを捉え，動きに変化を付けて，即興的に表現することや，変化のあるひとまとまりの表現ができるようにすることをねらいとしている。そのため，テーマを設定して，即興的に動いたり，連想を広げたりすることは最初の段階では大切になってくる。　(2) このようなものは，群を生かす構成の工夫として使用される。カノンは集団の動きを少しずつタイミングをずらした動き，ユニゾンは一斉に同じ動きで動く全体で統一した動き，シンメトリーとは反対である非対称の動きをするアシンメトリーという構成の仕方もある。

フォークダンス

●フォークダンスの特性

フォークダンスは，世界各地で地域的，歴史的に伝承されてきたいろいろな曲目の特定の踊り方を身に付け，みんなで集い踊るところに楽しさや喜びを味わうことのできる運動である。また，フォークダンスには，伝承されてきた日本の「民踊」や外国の「フォークダンス」があり，それぞれの踊りの特徴を捉え，音楽に合わせてみんなで踊って交流して楽しむことができるようにすることが大切である。

ア　日本の民踊

日本の民踊では，地域に伝承されてきた民踊や代表的な日本の民踊の中から，軽快なリズムの踊りや力強い踊りを難易度を踏まえて選び，その特徴を捉えるようにする。

学習指導要領解説で示されている日本の民謡

[中学校第1学年及び第2学年]

花笠音頭，キンニャモニャ，げんげんばらばら，鹿児島おはら節

[中学校第3学年，高等学校入学年次]

よさこい鳴子踊り，越中おわら節，こまづくり唄，大漁唄い込み

イ　外国のフォークダンス

外国のフォークダンスでは，代表的な曲目を選んで踊り方(ステップ，動き，隊形，組み方など)の難易度を考慮し，様々な国や地域の踊りを取り上げ，その特徴を捉えるようにする。

学習指導要領で示されている外国のフォークダンス

[中学校第1学年及び第2学年]

オクラホマ・ミクサー(アメリカ)，ドードレブスカ・ポルカ(旧チェコスロバキア)，リトル・マン・イン・ナ・フィックス(デンマーク)，バージニア・リール(アメリカ)

[中学校第3学年，高等学校入学年次]

ヒンキー・ディンキー・パーリ・ブー(アメリカ)，ハーモニカ(イスラエル)，オスローワルツ(イギリス)，ラ・クカラーチャ(メキシコ)

●フォークダンスの指導の要点

≪中学校≫

フォークダンスは，踊り方の特徴を捉え，音楽に合わせて特徴的なステップや動きと組み方で踊ることができるようにすることをねらいとしている。

指導に際しては，日本や外国の風土や風習，歴史などの踊りの由来を理解して，踊り方の特徴を捉えて踊ることで一層その楽しさが深まるため，民族ごとの生活習慣や心情が反映されている由来や，踊りは文化の影響を受けていることなどを，資料やVTRなどで紹介して，はじめは踊り方を大づかみに覚えて踊ることができるようにする。次に，難しいステップや動き方を取り出して，踊ることができるようにするなどの工夫を行うことが大切である。

≪高等学校≫

指導に際しては，日本の民踊では，地域に伝承されてきた民踊や代表的な日本の民踊から，難易度を踏まえて選び，躍動的な動きや手振り，腰を落とした動きなどの特徴を捉えて踊るようにさせること。外国のフォークダンスでは，代表的な曲目から，曲想，隊形や組み方などが異なる踊りを難易度を踏まえて選び，複数のステップのつなぎ方，パートナーとの組み方などの特徴を捉えて，互いにスムーズに踊るようにさせることが大切である。

なお，フォークダンスの指導では，踊りが生まれ伝承されてきた地域や風土などの背景や情景を思い浮かべるとともに，踊りや動きの中に込めたい感じや表現の視点を重視して指導することを大切としている。

●用語解説

□LOD…大きなサークルで踊る反時計まわりの進行方向(フォークダンス)

□逆LOD…大きなサークルで踊る時計まわりの進行方向(フォークダンス)

□CW…2人で踊る時計まわりの進行方向(フォークダンス)

□CCW…2人で踊る反時計まわりの進行方向(フォークダンス)

●ステップの種類

□ポイント…つま先やかかとを床に軽くタッチする。体重はかけない。
□スタンプ…足裏全体で床を打つ。
□クローズ…片足にもう一方の足を寄せる。
□スイング…示された方向に足を振る。
□ピボット…足のボール部分やかかと(踵)でターンする。
□ブラッシュ…足のボール部分で床をこすりあげる。
(※足のボール部分とは，土踏まずの部位のこと。)
□ホップ…軽くジャンプするときに，踏み切った足と同じ足で着地する。
□リープ…片足で高くジャンプして，踏切り足と反対の足で着地する。

例題 1

「中学校学習指導要領解説保健体育編(平成29年7月文部科学省)」及び「学校体育実技指導資料第9集　表現運動系及びダンス指導の手引(平成25年3月文部科学省)」に示されているフォークダンスの指導内容について，次の各問いに答えよ。

(1)　フォークダンスの特性とねらいを記せ。

(2)　授業で取り上げる踊りの選曲をする際の観点を2つ記せ。

解答　(1)　・特性…伝承されてきた踊りを踊って交流することである。フォークダンスは世界各国・各地域で自然発生し，伝承されてきた地域固有のダンスであり，決まった様式や動きには国や地域の風土や文化が反映されている。外国の踊りのみならず，日本の伝統的な踊りもすべてフォークダンスに含まれる。　・ねらい…踊り方の特徴を捉え，音楽に合わせて特徴的なステップや動きと組み方で踊ることができるようにすること。　(2)　・踊りの特徴(感じ，曲想)や踊り方(ステップ，動き，隊形，組み方など)の違いや，地域が異なるものから選ぶ。　・踊り方の難易度を考慮するという観点から，子どもの学習状況や関心に応じて選ぶ。

解説　(1)　フォークダンスには，伝承されてきた日本の民踊や外国の踊りがあり，それぞれの踊りの特徴を捉え，日本や外国の風土や風習，歴史などの文化的背景や情景を思い浮かべながら，音楽に合わせてみんなで踊って交流して楽しむことができるようにすることが大切である。 (2) 日本の民踊では，軽快なリズムの踊りや力強い踊り，優雅な踊りなどの踊りの特徴や，難易度を踏まえて，様々な地域が異なる民謡を選ぶ。外国のフォークダンスでは，曲調をとらえて，踊り方(ステップ，動き，隊形，組み方など)の難易度を考慮して選ぶ。

例題 2

フォークダンスについて，次の問1～問3に答えよ。

問1　次の図①～④は，フォークダンスのポジションを表したものである。それぞれのポジションの名称を語群から選べ。

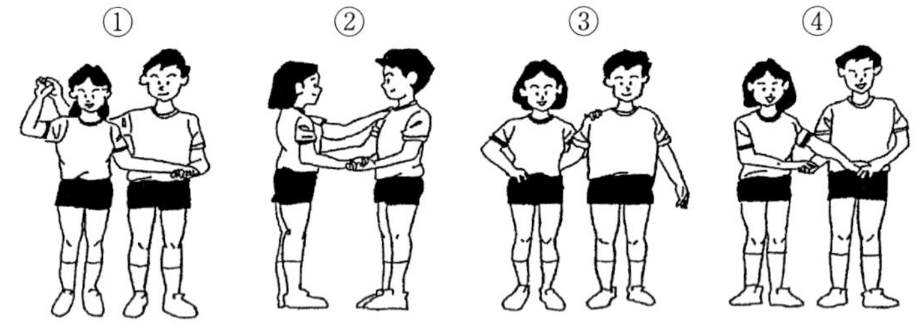

語群　A　セミ・オープン・ポジション
　　　B　バルソビアナ・ポジション
　　　C　プロムナード・ポジション
　　　D　クローズド・ポジション

問2　踊る楽しさを味わわせながらフォークダンスの学習を進めていくための留意事項として適切なものをア～エからすべて選べ。

ア　いろいろな人と踊るためのマナーを大切にさせる。

イ　日本の民踊は，フォークダンスに含めずに別内容として取り扱う。

ウ　細切れに覚えさせるのではなく，踊り方を大づかみに覚えさせて全体の流れを大切にする。

エ　踊りの解説書の解読は生徒にさせるべきではなく，踊り方については常に教師が指導する。

問3　生徒にとって難しいステップが含まれたフォークダンスを指導する際，どのような工夫を行うか，1つ書け。

解答　問1　①　B　②　D　③　A　④　C　問2　ア，ウ
問3　正しい動き(ステップ)を見せるとともに，部分練習やスロースピード練習をグループもしくはペアで行う。

解説　フォークダンスや日本の民踊は，古くからその地域に住む人々の中で生まれ，コミュニケーションの手段として踊られ，伝承されてきたものである。

例題 3

フォークダンスについて，次のそれぞれの問いに答えよ。

問1 「逆LOD」の説明文について，最も適当なものを，1つ選べ。

①　円になって踊る場合，その輪を上からみて，円周上を矢印①の方向に動くこと

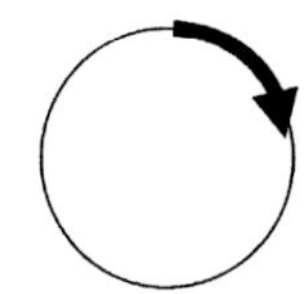

②　円になって踊る場合，その輪を上からみて，円周上を矢印②の方向に動くこと

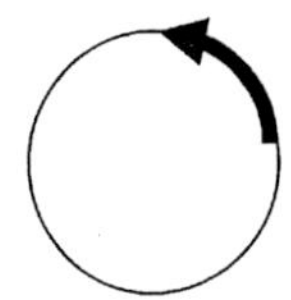

③　円になって踊る場合，その輪を上からみて，矢印③のように2人以上で時計の針の動きと同じ方向に回ること

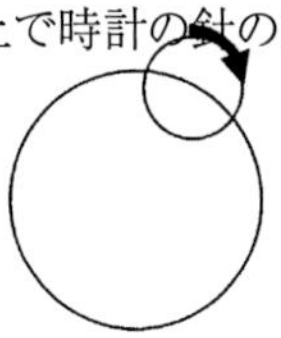

④　円になって踊る場合，その輪を上からみて，矢印④のように2人以上で時計の針の動きと反対方向に回ること

問2 「ロングウエーズ・フォーメーション」の説明文について，最も適当なものを1つ選べ。

①　2列対向のフォーメーション。

②　全員が円周上に並んで立ち，円の中心を向いたフォーメーション。

③　正方形の一辺にカップルがそれぞれ立つフォーメーション。

④　全員で二重円を作り，内側と外側でカップルを形成するフォーメーション。

問3 「プロムナード・ポジション」の説明文について，最も適当なものを1つ選べ。

①　男子左側，女子右側で，男子は右腕を女子の背後からウエストにまわし，女子は左手を男子の右肩に置く。外側の手は国・地方等によって異なるが，特に指定がないときには自然に体側に下げる。

②　男子左側，女子右側に位置する。体の前で互いに右手をつなぎ，その下で左手をつないで組む。

③　パートナーと向き合い，男子は両手を女子の両腰にあて，女子は両手を男子の両肩に置く。男女とも腕をかなり伸ばした型に保つ。

④　パートナーと向き合い，互いに右手をつなぎ，その下で左手をつないで組む。腕が交差した形になる。

問4 「ブラッシュ」の説明文について，最も適当なものを1つ選べ。

①　片足で地面を強く打つこと。

②　かかとで回転すること。

③　ボールで地面をキック気味にこすり，こする前後に足裏を地面からはっきり離すこと。

④　体重のかかっている足で跳び上がり，その足で着地すること。

解答 問1 ① 問2 ① 問3 ② 問4 ③

解説 問1 逆LOD(RLOD：Reverse Line of Dance)は，サークルを作って円心を向いたとき左の進行方向(時計の針の動きと同じ方向)である。なお，LODは，サークルを作って円心を向いたとき右の進行方向(時計の針の動きと反対方向)である。 問2 ②はシングルサークル，③はカドリール(スクエア・セット)，④はダブルサークルの説明文である。 問3 同じ向きに並んで左手と左手，その上から右手と右手を前で繋いだ体形。クロスアームともいう。組んで2人で歩くのに適している。 問4 床をこするようにして足を振り上げるステップで，ボールとは土踏まずの前のふくらんだ部分である。

例題 4

次のa～dは，フォークダンスの足の動きの名称である。最も適当な説明文を語群から1つずつ選べ。

a ピボット b リープ c ステップ d スタンプ

① 片方の足ではずみをつけて跳び上がり，もう一方の足で着地すること。

② 立った状態から，片方の足を出してその足に体重をのせること。

③ ボールで地面をキックぎみにこすり，こする前後に足裏を地面から離すこと。

④ 片方の足のボールまたはヒールを軸にして一気に回転すること。

⑤ 片方の足で地面を強く打つこと。

⑥ 片方の足で体重を支えて，前や後ろの宙に足を振ること。

解答 a ④ b ① c ② d ⑤

解説 フォークダンスの足の動きの基本用語を覚えておくようにする。語群順にまとめておく。英語の意味を考えるとよくわかる。

① リープ(leap：跳ぶ) ② ステップ(step：踏む) ③ ブラッシュ(brush：こすって触れる) ④ ピボット(pivot：回転する) ⑤ スタンプ(stamp 踏みつける) ⑥ スイング(swing 振る)

例題 5

フォークダンスについて，次の(1)～(4)はどこの国の代表的な踊りか，国名を語群からそれぞれ選べ。

(1) バージニア・リール

(2) ラ・クカラーチャ

(3) ハーモニカ

(4) ドードレブスカ・ポルカ

語群

A メキシコ　B アメリカ　C イスラエル

D ギリシア　E ロシア　F イギリス

G 旧チェコスロバキア　H ドイツ

解答 (1) B　(2) A　(3) C　(4) G

解説 他に次のようなものがあげられる。知っておくとよいだろう。

○オクラホマ・ミクサー…アメリカ(バルソビアナポジション)

○タンゴ・ミクサー…アメリカ(ウォーキングステップ)

○セントバーナードワルツ…イギリス(ワルツターン)

○オスローワルツ…イギリス(ワルツターン)

○サーカシアン・サークル…イギリス(バズ・スウィング)

○ロード・ツー・ジ・アイルス…イギリス(バルソビアナポジション，ショティッシュ)

○コロブチカ…ロシア(スリーステップターン)

○アレクサンドルロフスカ…ロシア(ワルツターン)

○マイム・マイム…イスラエル(サーカシアンステップ)

○ミザルー…ギリシャ(ワルツターン)

○デニッシュ・ショティッシュ…デンマーク(プロムナードポジション)

○トゥ・トゥール…デンマーク

現代的なリズムのダンス

●現代的なリズムのダンスの特性

現代的なリズムのダンスは，ロックやヒップホップなどの現代的な曲のリズムに乗って，踊りたいリズムや音楽の特徴を捉え，変化とまとまりを付けて全身で自由に弾んで，踊るところに楽しさや喜びを味わうことのできる運動である。

●リズムと動きの例示

リズムと動きについて，学習指導要領解説では次のように示されている。

[中学校第1学年及び第2学年]

・自然な弾みやスイングなどの動きで気持ちよく音楽のビートに乗れるように，簡単な繰り返しのリズムで踊ること。
・軽快なリズムに乗って弾みながら，揺れる，回る，ステップを踏んで手をたたく，ストップを入れるなどリズムを捉えて自由に踊ったり，相手の動きに合わせたりずらしたり，手をつなぐなど相手と対応しながら踊ること。
・シンコペーションやアフタービート，休止や倍速など，リズムに変化を付けて踊ること。
・短い動きを繰り返す，対立する動きを組み合わせる，ダイナミックなアクセントを加えるなどして，リズムに乗って続けて踊ること。

[中学校第3学年，高等学校入学年次]

・簡単なリズムの取り方や動きで，音楽のリズムに同調したり，体幹部を中心としたシンプルに弾む動きをしたりして自由に踊ること。
・軽快なロックでは，全身でビートに合わせて弾んだり，ビートのきいたヒップホップでは膝の上下に合わせて腕を動かしたりストップするようにしたりして踊ること。
・リズムの取り方や動きの連続のさせ方を組み合わせて，動きに変化を付けて踊ること。
・リズムや音楽に合わせて，独自のリズムパターンや動きの連続や群の構成でまとまりを付けて踊ること。

[高等学校　入学年次の次の年次以降]

・ロックでは，軽快なリズムに乗って全身を弾ませながら，後打ち(アフタービート)のリズムの特徴を捉えたステップや体幹部を中心とした弾む動きで自由に踊ること。
・ヒップホップでは，リズムの特徴を捉えたステップやターンなどの組合せに上半身の動きを付けたり，音楽の拍に乗せ(オンビート)て膝の曲げ伸ばしによる重心の上下動を意識したリズム(ダウンやアップのリズム)を強調してリズムに乗ったり，リズムに変化を与えるためにアクセントの位置をずらしたりして自由に踊ること。
・リズムの取り方や床を使った動きなどで変化を付けたり，身体の部位の強調などで動きにメリハリを付けて，二人組や小グループで掛け合って全身で自由に踊ること。
・選んだリズムや音楽の特徴を捉え，変化のある動きを連続して，個と群や空間の使い方を強調した構成でまとまりを付けて踊ること。

●現代的なリズムのダンスの指導の要点

≪中学校≫

現代的なリズムのダンスは，ロックやヒップホップなどの現代的なリズムの曲で踊るダンスを示しており，第1·2学年ではリズムの特徴を捉え，変化のある動きを組み合わせて，リズムに乗って体幹部(重心部)を中心に全身で自由に弾んで踊ることをねらいとしている。

指導に際しては，現代的なリズムのダンスでは，シンコペーション(拍子の強弱を逆転させる)やアフタービート(後拍を強調した弱起のリズムで，後打ちともいう)のリズムの特徴を生かし，動きやすいビートとテンポを選んで踊るようにする。また，生徒の関心の高い曲目を用いたり，弾んで踊れるようなやや速めの軽快なテンポの曲や曲調の異なるロックやヒップホップのリズムの曲などを組み合わせたりする工夫も考えられる。その際，カウントに縛られすぎたり，単調になったりしないように工夫することが大切である。

第3学年では，リズムの特徴を捉え，変化とまとまりを付けて，リズムに乗って体幹部を中心に全身で自由に弾んで踊ることができるようにする。指導に際しては，ロックやヒップホップなどのリズムに合った曲を，指導の段階に応じてグループごとに選曲させる。まとまりのある動きをグループで工夫するときは，一人一人の能力を生かす動きや相手と対応する動きなどを取り入れながら，仲間と関わりをもって踊ることに留意させたり，仲間やグループ間で，簡単な作品を見せ合う発表の活動を取り入れたりするようにする。また，現代的なリズムのダンスでは，既存の振り付けなどを模倣することに重点があるのではなく，変化とまとまりを付けて，全身で自由に続けて踊ることを強調することが大切である。

≪高等学校≫

入学年次では，「リズムの特徴を捉え，変化とまとまりを付けて，リズムに乗って全身で踊ること」を，入学年次の次の年次以降では，「リズムの特徴を強調して全身で自由に踊ったり，変化とまとまりを付けて仲間と対応したりして踊ること」を学習のねらいとする。

指導に際しては，指導の段階に応じてグループごとに選曲させ，リズムの特徴を捉えた独自な動きを楽しんで踊ることができるようにすることが大切である。また，まとまりのある動きをグループで工夫するときは，一人一人の能力を生かす動きや相手と対応する動きなどを取り入れながら，仲間と関わりをもって踊ることに留意させたり，仲間やグループ間で，簡単な作品を見せ合う発表や一緒に踊り合う交流の活動を取り入れたりするようにすることが大切である。現代的なリズムのダンスでは，リズムの特徴を強調して全身で自由に踊ったり，変化とまとまりを付けて仲間と対応したりして踊ることが大切である。

リズムダンス・現代的なリズムのダンスのリズムと動きの例

表現等	小学校 3・4年生	中学校 1・2年生	中学校3年 高校入学年次	高校 入学年次の次の年次以降
リズムに乗って全身で自由に踊る	・ロックやサンバなどのリズムの特徴を捉えて踊る ・へそ（体幹部）を中心にリズムに乗って全身で即興的に踊る ・動きに変化を付けて踊る ・友達と関わり合って踊る	・リズムの特徴を捉え，軽快なリズムに乗って体幹部を中心に全身で自由に弾んで踊る ・ロックはシンプルなビートを強調して踊る ・ヒップホップは一拍ごとにアクセントのある細分化されたビートを強調して踊る ・簡単な繰り返しのリズムで踊る	・リズムの特徴を捉え，リズムに乗って体幹部を中心に全身で自由に弾んで踊る ・ロックは全身でビートに合わせて弾んで踊る ・ヒップポップは膝の上下に合わせて腕を動かしたりして踊る ・仲間と関わって踊る	・リズムの特徴を捉えたステップや体幹部を中心とした弾む動きで全身を使って自由に踊る ・ロックやヒップポップのリズムの特徴を捉えて，重心の上下動や非対称の動きを強調して踊る ・仲間といろいろな対応をして踊る
まとまりを付けて踊る		・リズムに変化を付けて踊る ・仲間と動きを合わせたりずらしたりして踊る ・変化のある動きを組み合わせて続けて踊る	・踊りたいリズムや音楽の特徴を捉えて踊る ・動きの変化や，個と群の動きを協調してまとまりを付けて連続して踊る	・選んだリズムや音楽の特徴を捉えて踊る ・短い動きの連続と対立する動きの組合せなどでダイナミックな変化を付けて踊る ・個や群の動きを協調してまとまりを付けて連続して踊る
発表や交流の様子	・踊りで交流する	・動きを見せ合って交流する	・簡単な作品を見せ合う	・変化とまとまりを付けて発表する ・簡単な作品にして発表したり交流したりする

例題 1

ダンスについて，次の(1)，(2)の各問いに答えよ。

(1) ダンスにおけるモチーフを変化・発展させ，フレーズをつくり出していくために必要な4つの要素について，「顔の向き」以外の3つについて答えよ。

(2) 次の(ア)～(ウ)の説明に該当する社交ダンスの種類を，以下の語群から選び答えよ。

(ア):ダンスのラテン種目の中で，最も優雅でゆっくりとした踊り。

(イ):戦後日本で大流行した，ダイナミックにうきうきする気分になるリズムの踊り。

(ウ):流れるような華麗さと回転，パートナーと組んだ形の美しい優雅な踊り。

[語群] タンゴ　ルンバ　マンボ　ワルツ
ヒップホップ　サンバ　ジルバ

解答 (1) 速さ，空間，群または個の動き　(2) ア　ルンバ　イ　マンボ　ウ　ワルツ

解説 (1) フレーズにおいて動きの緩急は重要な意味を持ち，モチーフに合わせた変化を行うことでフレーズ間の間が生まれ，動きのリズムを生み出すことができる。この時，フレーズはひとまとまりの動きを感じさせる。また，ダンサー同士の空間の使い方を変えることで，全体がまとまっていたりバラバラに見えたりする。空間をうまく使えると空気が動くように感じる。さらに個々で違った動きをしたり群舞で揃った動きをしたりすることで，場面の抑揚や強調を見せることができる。群の動きも，そろえて踊るだけでなくずらしながら同じ動きを行う「カノン」という技法もある。 (2) ア　ルンバはキューバのアフリカ系住民の間で生まれた。リズムの名前でもあり，そのままダンスの種目名称にも使われている。1955年から社交ダンスの種目にも採用された。 イ　マンボは1930年代後半にキューバで流行していたルンバにジャズの要素を加える形で作られた。1940年代後半にペレス・プラードにより，ダンスのためのマンボとして世界的に知られた。 ウ　13世紀頃の農民が踊っていたヴェッラーが起源のダンス。元々はゲルマン文化初の男女が体を接して共に回るダンスであった。

例題 2

「現代的なリズムのダンス」の学習を進める際，指導上の留意点として適切なものをA～Eからすべて選べ。

A　ロックやサンバを選ぶようにし，ヒップホップは選ばないよう指導する。

B　リズムの取り方や動きを工夫したり，相手と対応したりして踊るよう指導する。

C　全身でリズムを捉えて自由に踊ることができるよう指導する。

D　決められた動きを覚えて，個々で踊るよう指導する。

E　まとまりのある動きを工夫して踊ったり，見せ合ったりするよう指導する。

解答 B・C・E

解説 A　ロックやヒップホップなどの現代的なリズムに乗って，リズムの取り方や動き方，相手との対応の仕方などを自由に工夫してみんなで踊りを楽しみ交流することができるようにする。　D　現代的なリズムの動きの多様な関係を捉えてまとまりのある動きを工夫して踊ったり，作品にまとめてみんなで発表しあったりすることができるようにする。

例題 3

次の文(1)～(3)は，ダンスの授業で使われる音楽のリズムの特徴を示したものである。それぞれの音楽の名称を書け。

(1)　1950年半ばに，アメリカで発生した。2拍目と4拍目とに強調を置く，アフタービートが特徴。

(2)　ブラジルの代表的な民族音楽。2拍子系のリズムを基本とする。

(3)　1970年後半，ニューヨークで起こった。アップテンポで突き上げるアフタービートが特徴。

解答 (1)　ロック　　(2)　サンバ　　(3)　ヒップホップ

解説 リズム系ダンスは人間の活力，健康と直結したダンスである。近年では，若者の時代感覚とエネルギーから生まれた音楽との関係が深い，流行を強く意識したダンスが生まれており，例としてストリートダンス，ジャズダンス，ファンク，ハウス，ウェーブ，クラブ系ダンス，サルサ，エアロビクスがあげられる。

第 8 章

体育理論

保健体育科 体育理論

ポイント

体育理論の運動やスポーツに関する知識は，豊かなスポーツライフを継続するための源となる。今回の改訂では，教室などで，まとまりで学習することが効果的な内容を「体育理論」に，それぞれの運動領域で学ぶことが効果的な内容は，各運動領域に整理されている。また，中学校と高等学校との内容の明確化と接続の視点から，中学校の名称も「体育に関する知識」を改めて「体育理論」と呼ぶことになった。

体育理論の内容について，中学校では中学校期における運動やスポーツの合理的な実践や生涯にわたる豊かなスポーツライフを送る上で必要となる運動やスポーツに関する科学的知識等を中心に，運動やスポーツの多様性，運動やスポーツの効果と学び方，文化としてのスポーツの意義で構成されている。なお，運動に関する領域との関連で指導することが効果的な内容については，各運動に関する領域の「(1)知識及び技能」で扱うこととしている。

高等学校では，中学校体育理論の学習成果を踏まえ，「する，みる，支える，知る」といった生涯にわたる豊かなスポーツライフを卒業後にも主体的に実践できるようにするため，主に現代におけるスポーツの意義や価値，科学的，効果的なスポーツの実践，豊かなスポーツライフの設計等に関わる内容で構成されている。なお，運動に関する領域との関連で指導することが効果的な内容については，各運動に関する領域の「(1)知識及び技能」で扱うこととしている。

なお，「体育理論」は，各学年・各年次において，すべての生徒に履修させるとともに，中学校では各学年で3単位時間以上，高等学校では各年次で6単位時間以上を配当することとしている。

学習指導要領

●「体育理論」の内容

「体育理論」については，基礎的な知識は，意欲，思考力，運動の技能の源となるものであり，確実な定着を図ることが重要であることから，各領域に共通する内容や，まとまりで学習することが効果的な内容に精選するとともに，中学校では高等学校への接続を考慮し，高等学校では中学校との接続を考慮して単元を構成している。以下，体育理論の学習内容を見ておこう。

[中学校]

○　運動やスポーツの多様性(主に中学校第1学年で学習)

運動やスポーツが多様であることについて理解すること。

(ア)　運動やスポーツは，体を動かしたり健康を維持したりするなどの必要性及び競い合うことや課題を達成することなどの楽しさから生みだされ発展してきたこと。

(イ)　運動やスポーツには，行うこと，見ること，支えること及び知ることなどの多様な関わり方があること。

(ウ)　世代や機会に応じて，生涯にわたって運動やスポーツを楽しむためには，自己に適した多様な楽しみ方を見付けたり，工夫したりすることが大切であること。

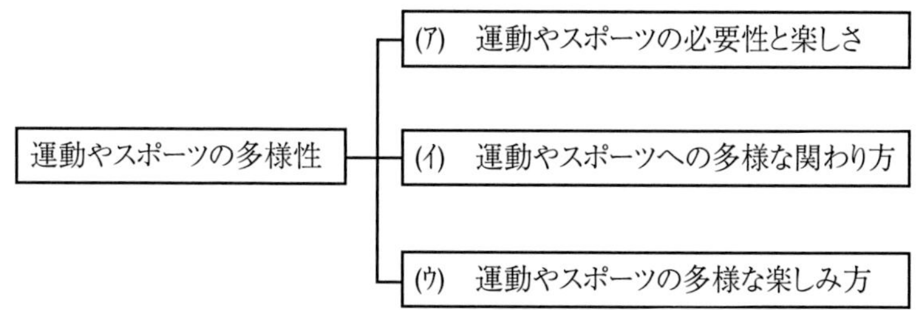

○　運動やスポーツの意義や効果と学び方や安全な行い方(主に中学校第2学年で学習)

運動やスポーツの意義や効果と学び方や安全な行い方について理解すること。

(ｱ) 運動やスポーツは，身体の発達やその機能の維持，体力の向上などの効果や自信の獲得，ストレスの解消などの心理的効果及びルールやマナーについて合意したり，適切な人間関係を築いたりするなどの社会性を高める効果が期待できること。

(ｲ) 運動やスポーツには，特有の技術があり，その学び方には，運動の課題を合理的に解決するための一定の方法があること。

(ｳ) 運動やスポーツを行う際は，その特性や目的，発達の段階や体調などを踏まえて運動を選ぶなど，健康・安全に留意する必要があること。

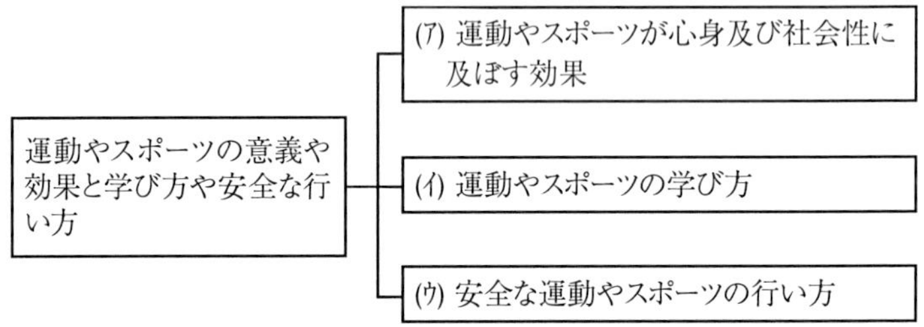

○　文化としてのスポーツの意義(主に中学校第3学年で学習)

文化としてのスポーツの意義について理解すること。

(ｱ) スポーツは，文化的な生活を営みよりよく生きていくために重要であること。

(ｲ) オリンピックやパラリンピック及び国際的なスポーツ大会などは，国際親善や世界平和に大きな役割を果たしていること。

(ｳ) スポーツは，民族や国，人種や性，障害の違いなどを超えて人々を結び付けていること。

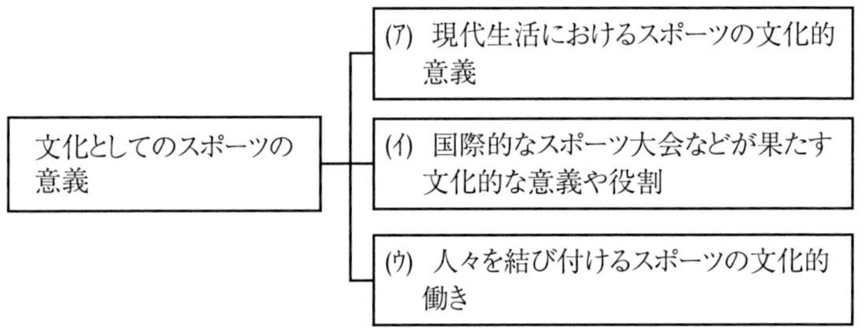

[高等学校]

1　スポーツの文化的特性や現代のスポーツの発展

スポーツの文化的特性や現代のスポーツの発展について理解すること。

(ア)　スポーツは，人類の歴史とともに始まり，その理念が時代に応じて多様に変容してきていること。また，我が国から世界に普及し，発展しているスポーツがあること。

(イ)　現代のスポーツは，オリンピックやパラリンピック等の国際大会を通して，国際親善や世界平和に大きな役割を果たし，共生社会の実現にも寄与していること。また，ドーピングは，フェアプレイの精神に反するなど，能力の限界に挑戦するスポーツの文化的価値を失わせること。

(ウ)　現代のスポーツは，経済的な波及効果があり，スポーツ産業が経済の中で大きな影響を及ぼしていること。また，スポーツの経済的な波及効果が高まるにつれ，スポーツの高潔さなどが一層求められること。

(エ)　スポーツを行う際は，スポーツが環境や社会にもたらす影響を考慮し，多様性への理解や持続可能な社会の実現に寄与する責任ある行動が求められること。

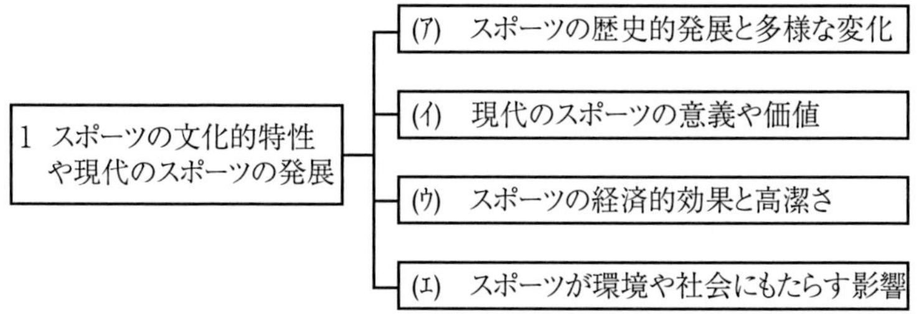

2　運動やスポーツの効果的な学習の仕方

運動やスポーツの効果的な学習の仕方について理解すること。

(ア)　運動やスポーツの技能と体力は，相互に関連していること。また，期待する成果に応じた技能や体力の高め方があること。さらに，過度な負荷や長期的な酷使は，けがや疾病の原因となる可能性があること。

(イ) 運動やスポーツの技術は，学習を通して技能として発揮されるようになること。また，技術の種類に応じた学習の仕方があること。現代のスポーツの技術や戦術，ルールは，用具の改良やメディアの発達に伴い変わり続けていること。

(ウ) 運動やスポーツの技能の上達過程にはいくつかの段階があり，その学習の段階に応じた練習方法や運動観察の方法，課題の設定方法などがあること。また，これらの獲得には，一定の期間がかかること。

(エ) 運動やスポーツを行う際は，気象条件の変化など様々な危険を予見し，回避することが求められること。

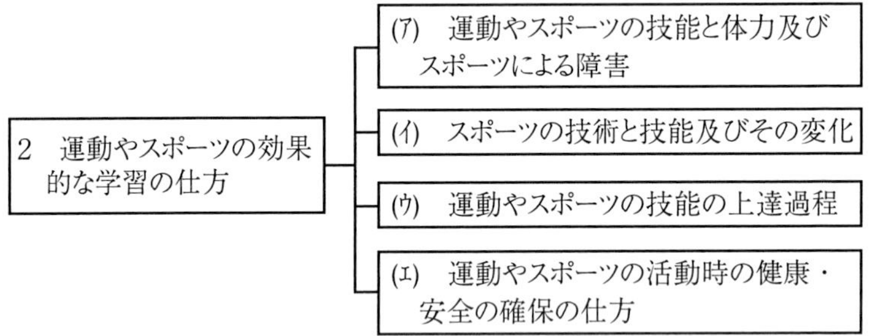

3 豊かなスポーツライフの設計の仕方

豊かなスポーツライフの設計の仕方について理解すること。

(ア) スポーツは，各ライフステージにおける身体的，心理的，社会的特徴に応じた多様な楽しみ方があること。また，その楽しみ方は，個人のスポーツに対する欲求などによっても変化すること。

(イ) 生涯にわたってスポーツを継続するためには，ライフスタイルに応じたスポーツとの関わり方を見付けること，仕事と生活の調和を図ること，運動の機会を生み出す工夫をすることなどが必要であること。

(ウ) スポーツの推進は，様々な施策や組織，人々の支援や参画によって支えられていること。

(エ) 人生に潤いをもたらす貴重な文化的資源として，スポーツを未来に継承するためには，スポーツの可能性と問題点を踏まえて適切な「する，みる，支える，知る」などの関わりが求められること。

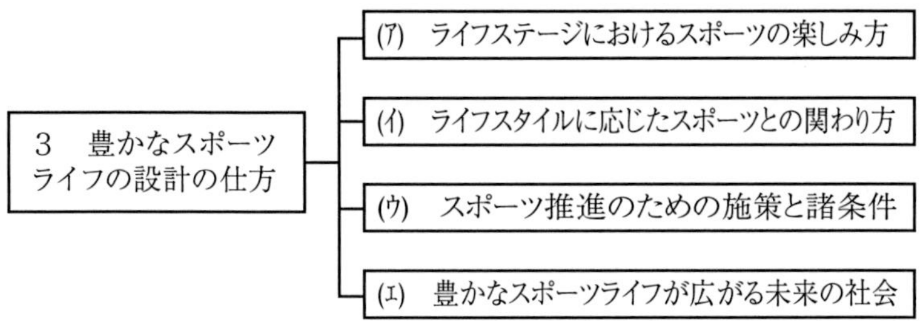

例題 1

中学校学習指導要領(平成29年3月告示)，中学校学習指導要領解説「保健体育編」(平成29年7月)に示された内容「体育理論」の領域について，各問いに答えよ。

(1)　各学年で指導する内容をア～カから選び，記号で答えよ。

第1学年…(　①　)
第2学年…(　②　)
第3学年…(　③　)

ア　運動とスポーツの文化的特性と歴史的変化
イ　運動とスポーツの価値と生涯スポーツ
ウ　運動やスポーツの多様性
エ　運動とスポーツが与える心のリラクゼーション
オ　運動やスポーツの意義や効果と学び方や安全な行い方
カ　文化としてのスポーツの意義

(2)「体育理論」は各学年とも何単位時間以上を配当して指導しなければならないのか。その時間数を答えよ。

解答　(1)　①　ウ　　②　オ　　③　カ　　(2)　3単位時間

解説　「体育理論」領域については，従前，第1学年で指導していた「(1)ウ　運動やスポーツの学び方」の内容を第2学年で指導する内容に整理するとともに，第1学年において「ア (ウ)　運動やスポーツの多様な楽しみ方」を新たに示すなどした。そのため，従前の「運動やスポーツの多様性」，「運動やスポーツが心身の発達に与える効果と安全」，「文化としてのスポーツの意義」で構成していていたことを一部改め，「運動やスポーツの多様性」，「運動やスポーツの意義や効果と学び方や安全な行い方」，「文化としてのスポーツの意義」で構成することとした。

また，各領域との関連で指導することが効果的な各領域の特性や成り立ち，技術の名称や行い方などの知識については，各領域の「(1)知識及び技能」に示すこととし，知識と技能を相互に関連させて学習させることにより，知識の重要性を一層実感できるように配慮した。

例題 2

高等学校学習指導要領(平年30年3月告示)「保健体育」に示されていることがらの「H　体育理論」について，【入学年次】【入学年次の次の年次】【それ以降の年次】で取り上げる内容を次のア～ウから1つずつ選び，記号で答えよ。

ア　豊かなスポーツライフの設計の仕方について理解できるようにする。
イ　運動やスポーツの効果的な学習の仕方について理解できるようにする。
ウ　スポーツの文化的特性や現代のスポーツの発展について理解できるようにする。

解答　入学年次…ウ　　入学年次の次の年次…イ　　それ以降の年次…ア

解説　学習指導要領の改訂により，各領域との関連で指導することが効果的な技術の名称や行い方，課題解決の方法などの知識については，各領域の「(1)　知識及び技能」に示すこととし，知識と技能を相互に関連させて学習させることにより，知識の重要性を一層実感できるように配慮している。そのため，「内容の取扱い」に，引き続き，各年次において全ての生徒に履修させることを示すとともに，指導内容の定着がより一層図られるよう「各科目にわたる指導計画の作成と内容の取扱い」に，授業時数を各年次で6単位時間以上を配当することを示している。

スポーツの歴史

●スポーツの歴史と発展

① スポーツの語源

スポーツは，英語でも，ドイツ語でも，フランス語でも「SPORT」と表記する。スポーツの語源は，古代ローマ人が使ったラテン語の「ポルターレ」PORTAREに由来する。そこからフランス語のDESPORTという言葉が生まれ，この言葉が中世にイギリスに渡り，DESPORT，DISPORTなどとつづられた。その頭のDE，DIが取れ，SPORTという言葉となっていった。意味は，「気晴らしをする，遊ぶ」ということから，現在の**運動競技の総称**へと変わってきた。

② スポーツの歴史

古代のスポーツは，神への奉納や動物とのかかわり，健康の保持増進を目的に行われていた。その後，中世には，エリートの育成が目的となり，その地域，土地に密着したルールで行われていた。それが民族スポーツである。また，近世，近代になると，スポーツは生活を豊かにする1つの手段となり，19世紀のイギリスにおいて，多くの種目でルールが統一された。

そして共通のルールで行われるようになって広がったものが，**国際スポーツ**である。スポーツは施設・用具の発達や競技運営上の問題などによって歴史と共に変化してきた。

●スポーツの発展

① スポーツの技術の変遷

スポーツの技術面での進化は，よりよい記録を出したい，より美しいフォームで演技したいなどの向上心や，選手自身の肉体と精神を極限まで鍛えた努力の結果であるといえる。一方で，記録更新や競技レベルの向上は，**用具の改良**が支えてきた側面もある。

② スポーツのルール

スポーツのルールは，時代背景や目的，選手の要求によって改定されてきたが，現在では，そのスポーツの**関係者以外の要望**からルールの改定を求められることも多くなってきた。例えばバレーボールでは1998年に，従来のサーブ権を持った側が得点を得るのではなく「サーブ権の有無に限らず，ラリーに勝ったチームに得点を与える」というラリーポイント制が採択されている。これは大会運営やテレビ中継の都合から改定されたといわれている。

●世界のスポーツ

①　国際スポーツ

国際スポーツとは，多くの国や地域で行われ，国や地域を超えて競技をすることができる共通のルール，いわゆる国際ルールをもったスポーツのことである。その代表といわれるのが，国際オリンピック委員会(IOC)が主催する，**オリンピック競技大会**である。このオリンピック競技大会は，フェアプレイの精神に基づいて，平和でよりよい世界をつくるために，古代ギリシアのスポーツの催しにならって創設され，4年に1度開催されている。また，国際スポーツ大会には，言葉，宗教，政治などの違いを超えた国際間の交流という役割もある。

②　民族スポーツ

民族スポーツとは，特定の国や地域，あるいは特定の民族に限って行われるもので，その土地の人々の伝統的な生活文化のなかから生まれたスポーツのことをいう。国際スポーツと民族スポーツとの違いは，国際ルールを持っているか，それともその地域のローカルルールになっているかということである。民族スポーツを知ることで，その国の文化や習慣を理解することができる。そうした角度から国際交流につながっていくのも，民族スポーツの大切な要素である。

③　オリンピック

4年に1度行われるオリンピック競技大会には，夏季と冬季の2つの競技大会があり，2年に1度の割合で交互に開催されている。夏季オリンピックは1896年に第1回が開催されたが，当時は男子のみの参加で，ヨーロッパを中心にわずか14か国，250人程度の参加であった。その後，国際的なイベントとして発展し，2016年にブラジルのリオデジャネイロで開催された第31回大会には，世界の206の国および地域から約1万1千人の選手が参加した。2020年には，1964年の第18回大会以降，東京では2回目となるオリンピックが開催予定だったが，新型コロナウイルス感染症のパンデミックにより2021年7月23日からの開催となった。日本は金27個を含む計58個のメダルを獲得して，史上最多の獲得数となった。

一方，冬季オリンピックは，1924年フランスのシャモニーで最初に開催された。当初はオリンピックではなく冬季国際スポーツ大会として開催された。なお，第16回大会(アルベールビル)と第17回大会(リレハンメル)の開催間隔は2年だが，これは上述の「2年に1度の割合で交互に開催」を実現するため，調整されたものである(それまでは同年中に夏季と冬季オリンピックが開催されていた)。

オリンピック夏季大会開催地一覧（1964年～）

回	開催年	開催地（国名）	地域
18	1964	東京（日本）	アジア
19	1968	メキシコシティー（メキシコ）	中南米
20	1972	ミュンヘン（西ドイツ）	ヨーロッパ
21	1976	モントリオール（カナダ）	北米
22	1980	モスクワ（ソビエト連邦）	ヨーロッパ
23	1984	ロサンゼルス（アメリカ）	北米
24	1988	ソウル（韓国）	アジア
25	1992	バルセロナ（スペイン）	ヨーロッパ
26	1996	アトランタ（アメリカ）	北米
27	2000	シドニー（オーストラリア）	オセアニア
28	2004	アテネ（ギリシャ）	ヨーロッパ
29	2008	北京（中国）	アジア
30	2012	ロンドン（イギリス）	ヨーロッパ
31	2016	リオデジャネイロ（ブラジル）	南米
32	2021	東京（日本）	アジア
33	2024	パリ（フランス）	ヨーロッパ
34	2028	ロサンゼルス（アメリカ）	北米

オリンピック冬季大会開催地一覧（1956年～）

回	開催年	開催地（国名）	地域
7	1956	コルチナ・ダンペッツオ（イタリア）	ヨーロッパ
8	1960	スコーバレー（アメリカ）	北米

9	1964	インスブルック（オーストリア）	ヨーロッパ
10	1968	グルノーブル（フランス）	ヨーロッパ
11	1972	札幌（日本）	アジア
12	1976	インスブルック（オーストリア）	ヨーロッパ
13	1980	レークプラシッド（アメリカ）	北米
14	1984	サラエボ（ユーゴスラビア）	ヨーロッパ
15	1988	カルガリー（カナダ）	北米
16	1992	アルベールビル（フランス）	ヨーロッパ
17	1994	リレハンメル（ノルウェー）	ヨーロッパ
18	1998	長野（日本）	アジア
19	2002	ソルトレークシティー（アメリカ）	北米
20	2006	トリノ（イタリア）	ヨーロッパ
21	2010	バンクーバー（カナダ）	北米
22	2014	ソチ（ロシア）	ヨーロッパ
23	2018	平昌（韓国）	アジア
24	2022	北京（中国）	アジア
25	2026	ミラノ（イタリア）	ヨーロッパ

④　パラリンピック

国際パラリンピック委員会(IPC)が主催する身体障害者を対象とした世界最高峰のスポーツ競技大会。オリンピックと同じ年に同じ場所で開催される。2004年のアテネ大会から夏季オリンピックと共同の開催組織委員会が運営している。戦争で負傷した兵士たちのリハビリとして「手術よりスポーツを」の理念で始まった。もともと，IOCとは全く関係がなく，オリンピックとは開催地が異なっていたが，ソウルオリンピック以後，オリンピック開催後に同じ場所でパラリンピックを開催することが義務付けられるようになった。「パラリンピック」の名称は，半身の不随(paraplegia)＋オリンピック(Olympic)の造語だが，半身不随者以外も参加するようになったため，1985年から，平行(parallel)＋オリンピック(Olympic)で，「もう1つのオリンピック」と解釈することになった。オリンピックと違いパラリンピックには障害の度合いに応じた階級が存在する。

⑤　ドーピング

ドーピングとは，「競技者の競技能力を人為的かつ不公正に増強することを目的に，薬物などを使用したりして，特別な処置をおこなうことである」と定義されている。ドーピングとは，近年の科学技術の進歩による副産物ではなく古くから存在していた。競技スポーツにおけるドーピングの歴史をみると，1950年代にツール・ド・フランスという自転車レースで選手たちが薬剤を使用していたのが発覚したという記録がある。また，1988年のソウルオリンピックで，カナダのベン・ジョンソン選手がドーピングで失格となり金メダルを剝奪された事件が，ドーピングという言葉を世界中に広めるきっかけとなった。

⑥　アンチドーピング

スポーツでドーピングが禁止されている理由について，大きく次の4つに分けられる。

1「選手自身の健康を害する」

2「スポーツのフェアプレーに反する」(不誠実・アンフェア)

3「ドーピングは社会悪になる」

4「スポーツ固有の価値を損ねる」

⑦　オリンピズムとオリンピック・ムーブメント

オリンピズムとは「オリンピックのあるべき姿」と解されており，具体的には「スポーツを通して心身を向上させ，さらには文化・国籍など様々な差異を超え，友情，連帯感，フェアプレーの精神をもって理解し合うことで，平和でよりよい世界の実現に貢献する」を指す。そして，オリンピック・ムーブメントとはオリンピズムを実現させるための活動全体を指す。

例題 1

次の文章は，夏季オリンピックについて書かれたものである。文中の(　①　)～(　⑨　)にあとの語群より適語や数字を選び記号で答えよ。

近代オリンピックは，クーベルタンの古代オリンピックにならって再興されました。第1回大会は，(　①　)年にギリシアで開催された。

日本は，クーベルタンからの呼びかけによって(　②　)が東洋で初のIOC委員に就任した。

日本選手の初参加は，第5回ストックホルム大会で，陸上競技に(　③　)名の選手が出場した。日本人初のメダリストは，第7回アントワープ大会に出場した熊谷一弥選手が(　④　)で銀メダルを獲得した。そして，第9回アムステルダム大会で，日本人として初の金メダル獲得を陸上競技(三段跳び)の(　⑤　)選手が果たしている。また，第11回大会は(　⑥　)で開催され，日本人女性初の金メダルを前畑秀子選手が水泳競技の(　⑦　)で獲得した。

その後，(　⑧　)年に東京大会が行われ，この大会より正式種目に加わった(　⑨　)で，日本女子チームが見事金メダルを獲得した。

語群

ア　100m自由形	イ　5	ウ　テニス
エ　1904	オ　ベルリン	カ　200m平泳ぎ
キ　柔道	ク　1896	ケ　織田幹雄
コ　バレーボール	サ　1964	シ　器械体操
ス　坪井玄道	セ　2	ソ　ネイスミス
タ　嘉納治五郎	チ　モントリオール	ツ　1972

解答　①　ク　②　タ　③　セ　④　ウ　⑤　ケ
⑥　オ　⑦　カ　⑧　サ　⑨　コ

解説　オリンピックが開催された場所や年号，活躍した選手などについては調べておく必要がある。本問のように歴史を知ると同時に，直近の大会結果についても知っておくと時事問題対策にもなる。

例題 2

次の(1)～(3)の問いに答えよ。

(1)　1948年，ルートヴィヒ・ガットマン卿は，スポーツにより戦争で負傷した自国イギリスの帰還兵に再び生きる喜びを与えたいとの考えのもと，スポーツイベントを開催し成功を収めた。これに端を発し，現在では全世界から選手を迎える規模までに発展している大会名を書け。

(2) 全世界の学生たちが集まり，大学スポーツの発展や体育の振興のためにオリンピックの前年と翌年の2年おきに冬季，夏季に開催され，一般に「学生のためのオリンピック」と言われている大会名を書け。

(3) スポーツにおけるアンチ・ドーピング活動を促進することを目的として，1999年に設立された機構を書け。

解答 (1) パラリンピック　(2) ユニバーシアード　(3) 世界アンチ・ドーピング機構(WADA)

解説 (1) 国際パラリンピック委員会(IPC：International Paralympic Committee)が主催する身体障害者を対象とした世界最高峰のスポーツ競技大会。オリンピックと同じ年に同じ場所で開催される。2004年のアテネ大会から夏季オリンピックと共同の開催組織委員会が運営する。　(2) 国際大学スポーツ連盟(FISU)が主催する総合競技大会。全世界の学生たちが集まり，一般に「学生のためのオリンピック」といわれている。ユニバーシアードの名称は，大学(University)とオリンピアード(Olympiade)からきている。　(3) ドーピング(薬物使用)に反対する運動を世界的規模で推進するための，独立の国際的監視機関。国際オリンピック委員会(IOC)が開催したスポーツにおけるドーピングに関する世界会議において採択されたローザンヌ宣言に基づき，1999年11月に設立された。WADAは，禁止薬物リスト・検査・分析などの国際的なドーピング検査基準やドーピング違反の罰則規定の統一化，アンチ・ドーピング活動に関する教育・啓発活動等を目的としている。なお，2001年には日本国内におけるアンチ・ドーピング活動のマネジメントを行う機関として日本アンチ・ドーピング機構(JADA)が設立されている。

例題 3

各競技の歴史に関して，(1)～(7)に当てはまる人物名をあとのア～セからそれぞれ1つずつ選び，記号で答えよ。

(1) 1891年に，マサチューセッツ州スプリングフィールドにある国際YMCAトレーニングスクール(現スプリングフィールド大学)において，バスケットボールを考案した人物

(2) 1895年に，アメリカのYMCAの体育指導者で，テニスにヒントを得てバレーボールを考案した人物

(3) 1887年に，アメリカにおいて冬期でも行える野球型の室内ゲーム(インドアベースボール)を考案した人物

(4) 1882年に，現在行われている講道館柔道を創始した人物

(5) 1870年代に，近代テニスを考案した人物

(6) 1902年に，イギリスから卓球の道具などを日本に持ち帰り，旧制高等学校を中心に卓球を紹介した人物

(7) 1899年に，日本においてはじめて慶応大学教授のE. B. クラークとともにラグビーを塾生に指導した人物

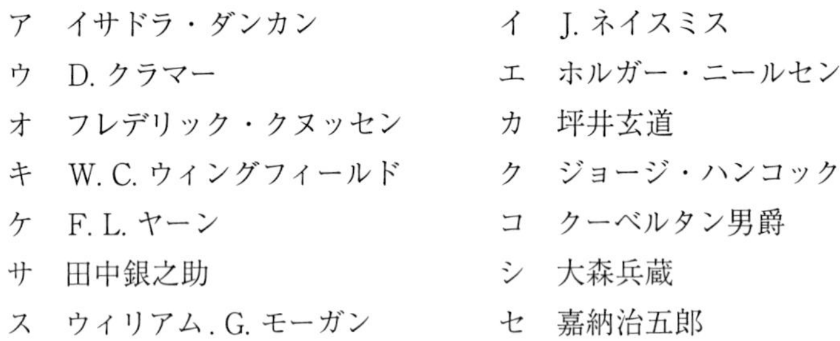

ア　イサドラ・ダンカン　　イ　J. ネイスミス
ウ　D. クラマー　　エ　ホルガー・ニールセン
オ　フレデリック・クヌッセン　　カ　坪井玄道
キ　W. C. ウィングフィールド　　ク　ジョージ・ハンコック
ケ　F. L. ヤーン　　コ　クーベルタン男爵
サ　田中銀之助　　シ　大森兵蔵
ス　ウィリアム. G. モーガン　　セ　嘉納治五郎

解答 (1) イ　(2) ス　(3) ク　(4) セ　(5) キ　(6) カ　(7) サ

解説 語群の人物名のうち正解以外の業績は次の通り。　ア　イサドラ・ダンカン：20世紀を代表するダンサーで，モダンダンスの祖。

ウ　D. クラマー：ドイツの元サッカー選手・監督で，FIFAのコーチとしても活躍し，「日本サッカー育ての親」ともいわれる。　エ　ホルガー・ニールセン：7人制ハンドボールを創案(デンマーク)。

オ　フレデリック・クヌッセン：ドイツの11人制ハンドボールの利点も取り入れ，冬季室内用ゲームとして改良し，現在の7人制ハンドボールを考案。　ケ　F. L. ヤーン：今日の体操競技の原形となった，様々

な器械体操を考案(ドイツ)。　コ　クーベルタン男爵：フランスの教育者であり，近代オリンピックの創立者。　シ　大森兵蔵：元YMCA体育教授で，バスケットボールとバレーボールを日本に初めて紹介した。

例題 4

近代オリンピックに関する次の文章を読んで，以下の(1)～(5)の問いに答えよ。

1896年，フランスの(　ア　)により，(　イ　)の精神にもとづき，平和でよりよい世界をつくるため，(　ウ　)において第1回オリンピック競技大会が開催された。

日本においては，1964年(　エ　)，1972年(　オ　)，1998年(　カ　)の各都市において開催されている。

オリンピック競技大会は，世界的大イベントに成長するにしたがい，政治に左右されるような問題も起こっている。また，ドーピングなど新たな問題も生じている。

(1)　文中の(　ア　)～(　カ　)に適する語句を答えよ。

(2)　オリンピックムーブメントについて，説明せよ。

(3)　下線部について，過去に参加ボイコットが起こった事例について，簡単に説明せよ。

(4)　ドーピングがなぜ禁止されているのか，その理由を2つ答えよ。

(5)　2001年に設立された国内におけるドーピング撲滅に取り組む組織をアルファベット4文字で答えよ。

解答　(1)　ア　クーベルタン　　イ　フェアプレイ　　ウ　アテネ　エ　東京　　オ　札幌　　カ　長野　　(2)　オリンピック競技大会(スポーツ)を通じて，人びとの友好を深め世界の平和に貢献しようとする運動　　(3)　・アパルトヘイトに対する抗議(ボイコット)…モントリオール大会　　・旧ソ連のアフガニスタン侵攻に対する抗議(ボイコット)…モスクワ大会　　・モスクワ大会のボイコットに対する抗議(ボイコット)…ロサンゼルス大会　　(4)　・スポーツの基本理念，スポーツ精神に反する行為であるため。　・選手の健康に有害(副作用がある)であるため。　・社会に対する悪影響があるため。から2つ　(5)　JADA

解説　オリンピック競技大会の歴史と発展についての出題が増加傾向にあるので，教科書や参考書等で学習しておく必要がある。特に，オリンピックムーブメントとドーピングについては注意したい。現代スポーツは，国際親善や世界平和に大きな役割を果たしており，その代表的なものにオリンピックムーブメントがある。また，ドーピングは，フェアプレイの精神に反する不正な行為であり，能力の限界に挑戦するスポーツの価値を失わせる行為である。さらに頻出問題として，夏季・冬季大会の開催都市もあげられる。　(4)　ドーピングを禁止する理由は，①選手自身の健康を害する，②不誠実(アンフェア)である，③社会悪である，④スポーツ固有の価値を損ねる，の4つがあげられる。　(5)　1999年，国際レベルのあらゆるスポーツにおけるアンチ・ドーピング活動を促進し，調整することを目的として世界ドーピング防止機構(WADA：World Anti-Doping Agency)が設立された。それを受け，2001年に国内におけるアンチ・ドーピング機構(JADA：Japan Anti-Doping Agency)が設立された。

文化としてのスポーツ・現代スポーツの特徴

●文化としてのスポーツ

①　文化としてのスポーツ

文化とは「人間が後天的に獲得し，学習によって後世の世代に継承する人間活動のすべて」であると言われている。スポーツもまた，人間が**「走る」「投げる」「跳ぶ」**といった運動を複雑に組み合わせて発展させてきた文化であると考えることができる。今では，スポーツは，芸術や学問，歴史や政治など様々な分野に影響を与える可能性を持っている文化領域となった。

②　文化としてのスポーツとのかかわり方

スポーツ文化とのかかわり方は，スポーツを「行う」ことだけに限ったものではない。スポーツを「見る」ことは，オリンピックなどからもわかるように，大きな盛り上がりを見せている。オリンピックの招致活動が世界中で行われており，スポーツはもはや，現代社会の人々の生活にとって欠かすことのできないものになっている。また，スポーツ大会を運営したりする「支える」ことや，スポーツ文化の内容をさらに詳しく「調べる」ことも大切なかかわり方のひとつになっている。

③　ノーマライゼーション

「ノーマライゼーション」とは，障害者もそうでない人も，高齢者も若者も，すべての人が特別に区別されることなく，同等の権利を得，共に暮らし，共に生き抜くのが本来の望ましい姿であるとする考え方である。障害者のスポーツを中心的に学習することにより，文化としてスポーツを捉えることの大切さを学ぶことができる。また，健常者の固定化されたスポーツに対する捉え方を，違った角度から見ることもできる。スポーツを行う障害者の方々は，自分の力量やニーズに合わせて様々な努力やルールの工夫をしている。障害者のスポーツから，人々が現代社会においてスポーツと多様なかかわり方があることを学ぶ必要がある。

▼関連用語

□**バリアフリー**……高齢者や障害のある人が地域の中で普通に暮らせる社会づくりをめざすノーマライゼーションの理念に基づいて，物理的，心理的な障壁(バリア)を取り除こうという考え方のこと。

□ユニバーサルデザイン……高齢者や身体障害者だけでなく，一般の人にも使いやすい形の製品。バリアフリーをさらに発展させたコンセプトによるもので，誰もが共用できるものを目指している。

●現代生活とスポーツ

① 日常生活の変化とスポーツ

携帯電話やパソコンなどの情報機器の普及によって，私たちの生活は快適かつ，便利になってきた。また，世界中の人とつながることができ，直接会わなくてもコミュニケーションがとれるようになった。しかし，便利になった一方で，ストレスを多く生む社会ともなっている。このような日常生活の変化にともなうストレスを解消する手段として，スポーツが果たす役割は大きい。

② スポーツの役割と意義

これまで，わが国のスポーツの振興等に関する基本的な事項を定めた法律は，東京五輪を目前に控えた昭和36(1961)年に制定された「スポーツ振興法」であった。しかし，この法律が制定されてから，50年が経過する間に，わが国を取り巻く社会環境や価値観の変化，また，スポーツ界においてもプロスポーツ及び障害者スポーツの発展や国際化の進展等の大きな環境変化の中で，新たな課題が生じてきていた。このような変化や新たな課題に法律上も対応する必要が生じたため，スポーツ振興法を全面改正する形で，平成23(2011)年に「スポーツ基本法」が制定された。

③ スポーツとの関わり方の変化

「スポーツ」と言えば，以前は，気晴らしやストレス解消，健康づくり，仲間との交流が主なものであったが，社会環境の変化と同時に，スポーツとの関わり方は実に様々な広がりをもってきている。その関わり方を大きく分けると，「スポーツをおこなう」「スポーツをみる」「スポーツをささえる」「スポーツを調べる」と4つに分けられる。この4つのうち「スポーツをささえる」活動のひとつ，「**スポーツボランティア**」が最近注目されている。

▼スポーツボランティアの意義

一般的に，文化や芸術，スポーツなどの活動は，まずは自分が参加し，楽しむことと，聴く・観るなど観客として楽しむという2つの関わり方ができる。スポーツボランティアは，この2つとは違う第3の関わり方である。スポーツに関するボランティアは，それぞれの発展に貢献できるのはもちろん，参加する側にも，趣味や特技を生かせるというメリットがある。それだけではなく，地域に密着して活動することで，まちを活性化させるまちづくりの担い手として，文化・スポーツボランティアが果たす役割もある。

●スポーツの社会的役割

①　スポーツと経済

人々がスポーツをしたり，スポーツを観戦するためには，スポーツ施設や様々なスポーツ用品，様々なサービスを必要とする。したがって，そこに市場が生じ，その市場に財・サービスを供給する各種のスポーツ産業が成長してくる。スポーツは人間にとって本源的な営みであり，スポーツ経済では，「スポーツ」を活かした市場の創出の視点が重要であると考えられる。スポーツをしたり，見たりするには，モノ・情報・施設が必要であり，そこに市場が生まれる。

②　スポーツと国際交流

スポーツを行うことで健康になるだけではなく，**国際交流**の面でも役に立っている。オリンピックをはじめとする国際的な競技会が様々な種目で行われている。言葉や習慣が違う国の人たちが集まって，スポーツをすることで，国際間や人種間の交流が生まれるのである。

●競技スポーツの意義

①　競技スポーツの現状

スポーツは，その目的によって「**生涯スポーツ**」と「**競技スポーツ**」の2つに大きく分けられる。「生涯スポーツ」は，生活の楽しみを求めながら健康や体力の向上，仲間との交流，地域の連帯感の育成などの効果を目指して行われるもの，一方「競技スポーツ」は，他者に挑戦し，自己の卓越性を誇示したり確保したりするという欲求に応えることを目指し行われるものである。

② **スポーツが持つ競争の意味**

競争をともなう競技スポーツは，対戦相手同士が互いに同意した**ルールの範囲内**で，どちらが時間・空間の中で身体や用具を動かす能力に優れているのかを互いに試しあうことによって成立する。

③ **競技スポーツの振興**

文部科学省では，2003年度から，世界で活躍するトップレベルの競技者の育成を「**ニッポン復活プロジェクト**」として，競技力向上の6つの方策を重視し，展開している。

・専任コーチの設置，強化合宿事業等の充実，日本オリンピック委員会の補助拡充
・重点競技強化事業
・トップリーグ支援事業
・トップレベル・スポーツクラブ活動支援事業
・ナショナルコーチ等育成プログラム策定のためのモデル事業
・ナショナルトレーニングセンターの設置準備調査

●今後の日本のスポーツ政策

① **スポーツ立国戦略－スポーツコミュニティ・ニッポン－**

文部科学省では，平成22年(2010年)8月，おおむね10年間を見据え，スポーツ立国の実現に向けて必要となる施策の全体像を示す「スポーツ立国戦略」を策定した。

その中で，今後の我が国のスポーツ政策の基本的方向性を示す5つの重点戦略が明らかにされている。スポーツ立国戦略の概要は次の通りである。

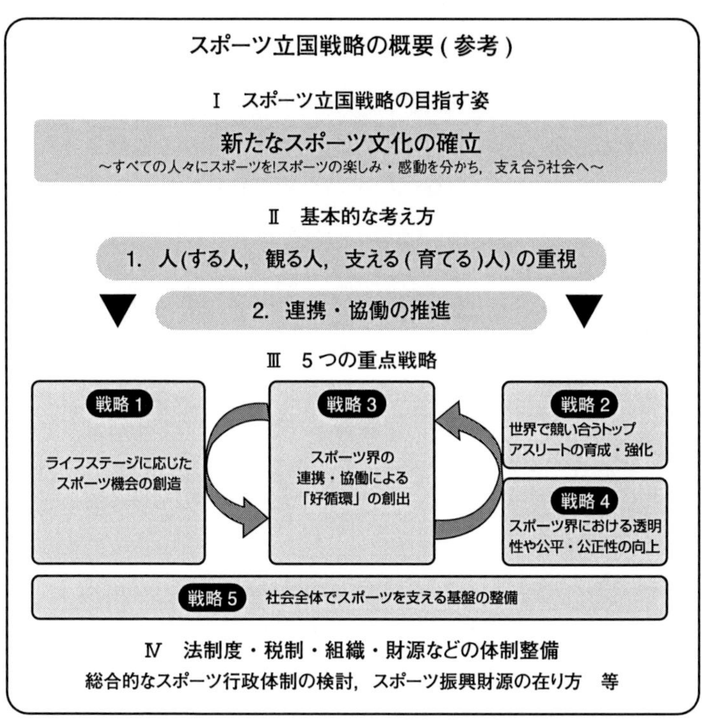

(文部科学省ホームページより)

②

スポーツ基本法は，昭和36年に制定されたスポーツ振興法を50年ぶりに全面改正し，平成23年6月24日に公布され，同年8月24日に施行された我が国のスポーツに関する施策の基本事項を定めた法律である。

この法律は，スポーツに関し，基本理念を定め，並びに国及び地方公共団体の責務並びにスポーツ団体の努力等を明らかにするとともに，スポーツに関する施策の基本となる事項を定めることにより，スポーツに関する施策を総合的かつ計画的に推進し，もって国民の心身の健全な発達，明るく豊かな国民生活の形成，活力ある社会の実現及び国際社会の調和ある発展に寄与することを目的としている。

なお，スポーツに関する基本理念が，次のように8項目にわたって定められている。

▼スポーツに関する基本理念

① スポーツを通じて幸福で豊かな生活を営むことが人々の権利であることに鑑み，国民が生涯にわたりあらゆる機会と場所において，自主的・自律的に適性や健康状態に応じてスポーツを行うことができるようにする
② 青少年のスポーツが国民の生涯にわたる健全な心と身体を培い，豊かな人間性を育む基礎となるものであるとの認識の下に，学校，スポーツ団体，家庭及び地域における活動を相互に連携を図る
③ 地域において，主体的に協働することによりスポーツを身近に親しむことができるようにするとともに，スポーツを通じて，地域の全ての世代の人々の交流を促進し，交流の基盤を形成する
④ スポーツを行う者の心身の健康の保持増進，安全の確保
⑤ 障害者が自主的かつ積極的にスポーツを行うことができるよう，障害の種類及び程度に応じ必要な配慮をする
⑥ 我が国のスポーツ選手(プロスポーツの選手を含む。)が国際競技大会等において優秀な成績を収めることができるよう，スポーツに関する競技水準の向上に資する諸施策相互の有機的な連携を図る
⑦ スポーツに係る国際的な交流及び貢献を推進することにより，国際相互理解の増進及び国際平和に寄与する
⑧ スポーツを行う者に対する不当な差別的取扱いの禁止，スポーツに関するあらゆる活動を公正かつ適切に実施することを旨として，スポーツに対する国民の幅広い理解及び支援が得られるようにする

また，同法では第3章でスポーツの推進のための基礎的条件の整備等，10の基本的施策が定められている。

▼基本的施策
① 指導者等の養成等
② スポーツ施設の整備等
③ 学校施設の利用
④ スポーツ事故の防止等
⑤ スポーツに関する紛争の迅速かつ適正な解決
⑥ スポーツに関する科学的研究の推進等
⑦ 学校における体育の充実
⑧ スポーツ産業の事業者との連携等
⑨ スポーツに係る国際的な交流及び貢献の推進
⑩ 顕彰

③ スポーツ基本計画

文部科学省では，スポーツ基本法の規定に基づき，平成24年3月，「第1期スポーツ基本計画」を策定した。「スポーツ基本計画」は，スポーツ基本法の理念を具体化し，今後の我が国のスポーツ施策の具体的な方向性を示すものとして，国，地方公共団体及びスポーツ団体等の関係者が一体となって施策を推進していくための重要な指針として位置付けられるものである。スポーツ基本法に基づく第1期スポーツ基本計画は，平成24～28年度の5年間に7つの政策目標に基づき施策を推進し，その間，子供の体力低下に歯止めをかけ，過去最多の総メダル数獲得といった成果の一方，スポーツ実施率等に課題が残った。新たに2回目の東京オリンピック・パラリンピック競技大会の開催が決定し，障害者スポーツの移管，スポーツ庁が創設された。

平成29年3月，第2期スポーツ基本計画が策定された。第2期計画では，計画の理念を「スポーツの価値」として具体化し，施策体系，数値目標を変更した。

令和4年3月には第3期スポーツ基本計画を策定した。ここでは第2期の成果を検証し，さらに新型コロナウイルス感染症の影響，東京オリンピック・パラリンピックの実施を踏まえ，2022年度から向こう5年間のスポーツ施策を示している。

●第2期スポーツ基本計画の検証

・成人における週1日以上のスポーツ実施率は策定時(平成28年)より上昇したが，目標値は達成できなかった。
・障害者や女性のスポーツ実施率は上昇傾向にあるが，相対的には低い。
・東京オリンピック・パラリンピックにおける総メダル数は過去最高，とりわけオリンピックにおける金メダル数は過去最高であった。これを一過性のものにしないようにするため，施策を効果的・効率的に進めることが必要。
・スポーツ・インテグリティ(スポーツが様々な脅威により欠けるところなく，価値ある高潔な状態)の確保については，ガバナンスコードの策定や適合性審査の実施等に取り組んだところであり，引き続き問題事案等は生じており，体罰・暴力の根絶や団体のガバナンスの強化等を図ることが必要。

●第3期におけるスポーツ施策の考え方

第2期計画で掲げた
①スポーツで「人生」が変わる
②スポーツで「社会」を変える
③スポーツで「世界」とつながる
④スポーツで「未来」を創る
の中長期的な基本方針は今後も踏襲する一方，スポーツを取り巻く環境や社会状況の移り変わりとともに，基本的方針の指す内容や，実現するための手立ては大きく変化していることから，国民がスポーツを「する」「みる」「ささえる」ことを実現できる3つの「新たな視点」を新設。

①「つくる／はぐくむ」

社会の変化や状況に応じて，既存の仕組みにとらわれずに柔軟に見直し・改善し，最適な手法・ルールを考え，作り出す。

②「あつまり，ともに，つながる」
　様々な立場・背景・特性を有した人・組織があつまり，課題の対応や活動の実施を図る。
③「誰もがアクセスできる」
　性別や年齢，障害，経済・地域事情等の違いによって，スポーツ活動の開始や継続に差が生じないような社会の実現や機運の醸成を図る。

●今後5年間に総合的かつ計画的に取り組む施策

①多様な主体におけるスポーツの機会創出
②スポーツ界におけるDXの推進
③国際競技力の向上
④スポーツの国際交流・協力
⑤スポーツによる健康増進
⑥スポーツの成長産業化
⑦スポーツによる地方創生，まちづくり
⑧スポーツを通じた共生社会の実現
⑨担い手となるスポーツ団体のガバナンス改革・経営力強化
⑩スポーツの推進に不可欠な「ハード」「ソフト」「人材」
⑪スポーツを実施する者の安全・安心の確保
⑫スポーツ・インテグリティの確保

例題 1

次の記述の(　ア　)～(　エ　)に当てはまる適切な語句の組み合わせとして正しいものを，あとの①～⑤の中から1つ選べ。

　日本においては，国のスポーツ振興施策として，1957年以降各自治体に(　ア　)が配置され，(　イ　)年にはスポーツ振興法が制定された。また，その中で各都道府県にスポーツの振興に関する重要事項について諮問する(　ウ　)が設置されることが示された。

また，2000年には(　エ　)が策定され，総合型地域スポーツクラブの育成をめざすことがうたわれた。

① ア　スポーツ指導員　　　　イ　1961
　 ウ　スポーツ振興審議会　　エ　スポーツ振興基本計画
② ア　体育指導委員　　　　　イ　1961
　 ウ　スポーツ振興審議会　　エ　スポーツ振興基本計画
③ ア　スポーツ指導員　　　　イ　1962
　 ウ　スポーツ振興委員会　　エ　スポーツ振興計画
④ ア　体育指導委員　　　　　イ　1962
　 ウ　スポーツ振興審議会　　エ　スポーツ振興計画
⑤ ア　体育指導委員　　　　　イ　1962
　 ウ　スポーツ振興委員会　　エ　スポーツ振興基本計画

解答　②

解説　1961年に制定されたスポーツ振興法は，わが国のスポーツ振興に関する施策の基本を明らかにした法律である。体育指導委員を制度化することや各都道府県にスポーツ振興審議会を置くことが示されている。2000年にはスポーツ振興法に基づいて，長期的・総合的な視点から国が目指すスポーツ振興の基本方向を示すスポーツ振興基本計画が定められた。

例題 2

次の文章は，「スポーツ基本法(平成23年法律第78号)」の前文の一部である。文中の(　ア　)～(　オ　)に当てはまる言葉を書け。

スポーツは，(　ア　)を担う青少年の(　イ　)を向上させるとともに，他者を尊重しこれと(　ウ　)する精神，公正さと規律を尊ぶ態度や(　エ　)心を培い，実践的な思考力や判断力を育む等(　オ　)の形成に大きな影響を及ぼすものである。

解答　ア　時代　　イ　体格　　ウ　共同　　エ　探求　　オ　人間

解説 スポーツ基本法は全35条から成る法律である。「基本法」と名のつく法律には前文を付すものが多く(例えば教育基本法，男女共同参画社会基本法など)，スポーツ基本法にも前文が付されている。スポーツに対する崇高な理念が掲げられているので，何度も読んで内容を理解しておきたい。特に，「他者と協同する」というフレーズ，「克己心」というワードは重要である。

例題 3

次の文章は，快適な生活環境づくりについて述べたものである。文中の(ア)，(イ)に当てはまる言葉を書け。

誰もが不自由なく生活できるように，道路の段差をなくすなどの生活上の障壁を取り除くことを(ア)という。また，シャンプーの容器に凹凸をつけたり，アルコール飲料の缶に点字を記したり，障害の有無や年齢，国籍などに関わらず，できるだけ多くの人が気持ちよく使えるように，製品，建物，空間をデザインすることを(イ)デザインという。

解答 ア バリアフリー　イ ユニバーサル

解説 バリアフリーとは，高齢者や障害のある人が地域の中で普通に暮らせる社会づくりをめざすノーマライゼーションの理念に基づいて，物理的，心理的な障壁(バリア)を取り除こうという考え方のことである。ユニバーサルデザインとは，高齢者や障害のある人だけでなく，一般の人にも使いやすい製品のことで，バリアフリーをさらに発展させたコンセプトによるもので，誰もが共用できるものを目指している。また，ユニバーサルデザインの7つの原則は，「誰でも使えて手に入れることができる(公平性)」，「柔軟に使用できる(自由度)」，「使い方が簡単にわかる(単純性)」，「使う人に必要な情報が簡単に伝わる(わかりやすさ)」，「間違えても重大な結果にならない(安全性)」，「少ない力で効率的に楽に使える(省体力)」，「使うときに適当な広さがある(スペースの確保)」である。

例題 4

次の文章は,「第3期スポーツ基本計画」(令和4年3月25日　スポーツ庁)に関する文である。(　①　)～(　⑦　)に当てはまる数字や語句を書け。

今回の計画は令和4年度から令和(　①　)年度までの計画であり,(　②　)のスポーツ・レガシーの発展に向けて,特に重点的に取り組むべき施策を示すとともに,「新たな3つの視点」である,

1　スポーツを「(　③　)/(　④　)」,

2「あつまり」,スポーツを「(　⑤　)」行い,「(　⑥　)」を感じる,

3　スポーツに「(　⑦　)」できる,

と支える具体的な施策を示している。

解答　①　8　　②　東京オリンピック・パラリンピック競技大会
③　つくる　　④　はぐくむ　　⑤　ともに　　⑥　つながり
⑦　誰もがアクセス

解説　平成23(2011)年施行されたスポーツ基本法の規定に基づいて,平成24(2012)年には「スポーツ基本計画」が策定された。これは,スポーツ基本法の理念を具体化し,今後の我が国のスポーツ施策の具体的な方向性を示すものとして,国,地方公共団体及びスポーツ団体等の関係者が一体となって施策を推進していくための重要な指針として位置付けられるものである。スポーツ基本計画は,その後,第2期,第3期と策定されている。

スポーツライフの設計

●ライフスタイルとスポーツ

①　ライフスタイルの考え方とスポーツ

人によって好みが違うように，人によって現代は様々なライフスタイルが存在する。ライフスタイルは，青年期や中年期などの各ライフステージにおける生活課題に応じて変化する。スポーツへのかかわりを深めるために，スポーツを意図的にライフスタイルの中に位置づけていくことや，スポーツとライフスタイルの関係を築いていくことが重要である。一般的なスポーツの行い方は，大きく5つのタイプに分けることができる。

スポーツクラブ中心型	クラブ型
エリア型	エリア型
スポーツ教室・レッスン利用型	プログラム型1つ目のタイプ
スポーツ大会・イベント参加型	プログラム型2つ目のタイプ
長期滞在型	クラブ型，エリア型，プログラム型の要素を組み合わせた非日常型

②　豊かなスポーツライフの設計

私たちの日常の生活や行動の範囲を時間と組み合わせることによって，自分自身のスポーツライフを設計することができる。また，高校生時代には，運動部活動や体育の授業などを通じて，上記の5つのタイプのスポーツ活動を行う機会がある。将来のスポーツライフスタイルをシミュレーションし，スポーツライフを設計していく。

●ライフステージとスポーツ

①　生涯スポーツの捉え方

生涯スポーツの重要性を考える上で，「**ライフステージ**」と「**ライフサイクル**」という考え方は欠かせない。なぜなら，生涯スポーツの前提には，平均寿命が伸びたことが背景にある。戦後急速に平均寿命は伸びたが，スポーツはこれまで男性，若者などに代表されるように，人生50年を前提とした右肩上がりの直線のイメージで語られてきたため，特に人生後半の「老い」や「弱さ」を視野に入れたライフステージやライフサイクルの考え方をあまり必要としなかったが，今後はライフステージやライフサイクルの考え方から生涯スポーツは重要となってくる。

② レジャー時代とスポーツ

日本人の平均寿命は，約80年という時代を迎えた。これを時間単位で捉えてみると約70万時間になる。このうち，睡眠，食事，排泄など生理的に必要な時間をのぞくと，約35万時間となり，さらに労働時間や就学時間をのぞくと，約20万時間となる。この約20万時間が，生涯にわたって自由に使える「**自由時間**」となる。この時間は，これまで「**余暇時間**」と呼ばれてきた。現在は，平均寿命の伸長や労働時間の短縮に伴う自由時間の増大の時代を迎え，みんなが自己開発や能力の可能性を探求するような文化的な活動によって，より積極的な自由時間の活用を求めるようになってきており，気軽にスポーツを行う「生涯スポーツ」の考えへと移行してきている。

●地域におけるスポーツライフ

① 地域におけるスポーツの意義と発展

これまでの地域におけるスポーツは，運動不足解消のほかに，住民同士のコミュニケーションを図るための重要な機会であった。運動会などのイベントを開催することによって，住民が一体となることができ，地域の連帯感を生み出すという役割を果たしてきた。特に高度経済成長期には，大都市に人口が集中し，地方で人口が減少していった。よって地域におけるスポーツの意義がさらに強く求められるようになったのである。

② 総合型地域スポーツクラブ

今日の地域におけるスポーツには，**生涯スポーツ**実践の拠点として地域住民の多様なスポーツ参加への要求を受けとめ，定期的なスポーツ活動を保障するしくみを整えることが，よりいっそう求められている。具体的には，市町村体育館や学校の体育館，運動場などを開放して地域の人々が気軽にスポーツができる施設的環境を整えたり，スポーツ教室からスポーツクラブへ発展させたり，近年では複数の種目や幅広い年齢層で構成される**総合型地域スポーツクラブ**の育成など，様々な施策が展開されている。

▼総合型地域スポーツクラブとは

文部省(現・文部科学省)が2000年9月に発表した「スポーツ振興基本計画」に示され，かつ推進する地域でのスポーツクラブ育成事業の対象スポーツクラブの名称である。多世代，多種目で「いつでも，どこでも，気軽に」スポーツをおこなえるようなスポーツクラブであり，自主運営を基盤にした地域でのスポーツ拠点となるようなヨーロッパ型のスポーツクラブを想定したものである。

③　自分が住んでいる地域とスポーツ

スポーツ環境について考えるときは，自分の住んでいる身近な地域のスポーツ環境をよく理解することが重要である。スポーツ環境について，どのようにしたら自分たちのスポーツライフに生かすことができるのかを考える。

例題 1

次の文章は，地域におけるスポーツの意義と発展について述べたものである。文中の(　　)に該当する最も適切な語句を，あとのa～dから1つ選べ。

地域におけるスポーツは，学校体育や職場スポーツとならんで，(　　)を実践する場を人びとに提供する。また同時に，それはどのような集団や組織に属している者でも参加することができる，広範囲なスポーツの機会を提供している。地域におけるスポーツは，スポーツ行事中心の時代からしだいに範囲を広げ，スポーツ教室の開催，スポーツ施設の拡充，スポーツクラブの育成や支援など，総合的・全体的なスポーツ振興の役割を果たしてきた。具体的には，行政や地域住民が公共スポーツ施設や学校開放施設を拠点とするスポーツ活動を推進したり，総合型地域スポーツクラブなど，地域におけるスポーツの組織化をはかったりしている。

a　競技スポーツ　　b　生涯スポーツ　　c　スポーツイベント

d　健康体操

解答　b

解説　総合型地域スポーツクラブとは，人々が，身近な地域でスポーツに親しむことのできる新しいタイプのスポーツクラブで，子どもから高齢者まで(多世代)，様々なスポーツを愛好する人々が(多種目)，初心者からトップレベルまで，それぞれの志向・レベルに合わせて参加できる(多志向)，という特徴をもち，地域住民により自主的・主体的に運営されるスポーツクラブをいう。

例題 2

次の文中の(　　)に当てはまる語句として，最も適当なものを，以下の1～4から1つ選べ。

地域住民が自主的・主体的に運営し，地域の誰もが参加できる「多世代」「多種目」「多志向」の形態であり，中学校区程度の地域において，学校体育施設や公共スポーツ施設を拠点としながら，地域の実情に応じて民間スポーツ施設も活用した，地域住民の誰もが参加できるスポーツクラブを(　　)地域スポーツクラブという。

1　複合型　　2　連携型　　3　参加体験型　　4　総合型

解答　4

第 9 章

保健分野

保健体育科 保健分野

ポイント

中学校は，保健分野の内容について，個人生活における健康に関する課題を解決することを重視する観点から，従前から示されていた中学校における基礎的な知識，ストレス対処や心肺蘇生法等の技能に関する内容，及び健康に関わる事象や健康情報から自他の健康に関する課題を発見し，よりよい解決に向けて取り組む思考力，判断力，表現力等の内容を示すこととした。その際，従前の内容を踏まえるとともに，個人生活における健康に関する課題を解決することを重視する観点から配列を見直し，「健康な生活と疾病の予防」，「心身の機能の発達と心の健康」，「傷害の防止」及び「健康と環境」の４つの内容で構成した。

高等学校は，「保健」の内容については，個人及び社会生活における健康・安全に関する理解を通して健康についての総合的な認識を深め，保健の見方・考え方を働かせ，生涯を通じて自他や社会の健康に関する課題を解決していくための資質や能力の育成を図ることに重点を置き，小学校，中学校の内容を踏まえた系統性のある指導ができるようにした。内容のまとまりについては，個人及び社会生活における健康課題を解決することを重視する観点から，従前の「現代社会と健康」，「生涯を通じる健康」及び「社会生活と健康」の3項目を「現代社会と健康」，「安全な社会生活」，「生涯を通じる健康」及び「健康を支える環境づくり」の4項目とした。内容については，個人及び社会生活に関する事項を正しく理解し，思考・判断・表現できるようにするため，他教科及び小学校，中学校の内容との関連を考慮して高等学校における基礎的事項を明確にした。

本章を学習するにあたって
(高等学校保健体育教員志望者)

本章は中学校学習指導要領の学習内容(健康な生活と疾病の予防，心身の機能の発達と心の健康，傷害の防止，健康と環境)に沿って構成されています。高等学校では中学校と異なる学習内容(現代社会と健康，安全な社会生活，生涯を通じる健康，健康を支える環境作り)で構成されていますが，細目については中学校の学習内容を踏まえているため，本書の内容や例題を学習することは有効であると考えられます。資料として，中学校・高等学校における保健分野の学習分野の対応表を示しますので，参考にしてください。

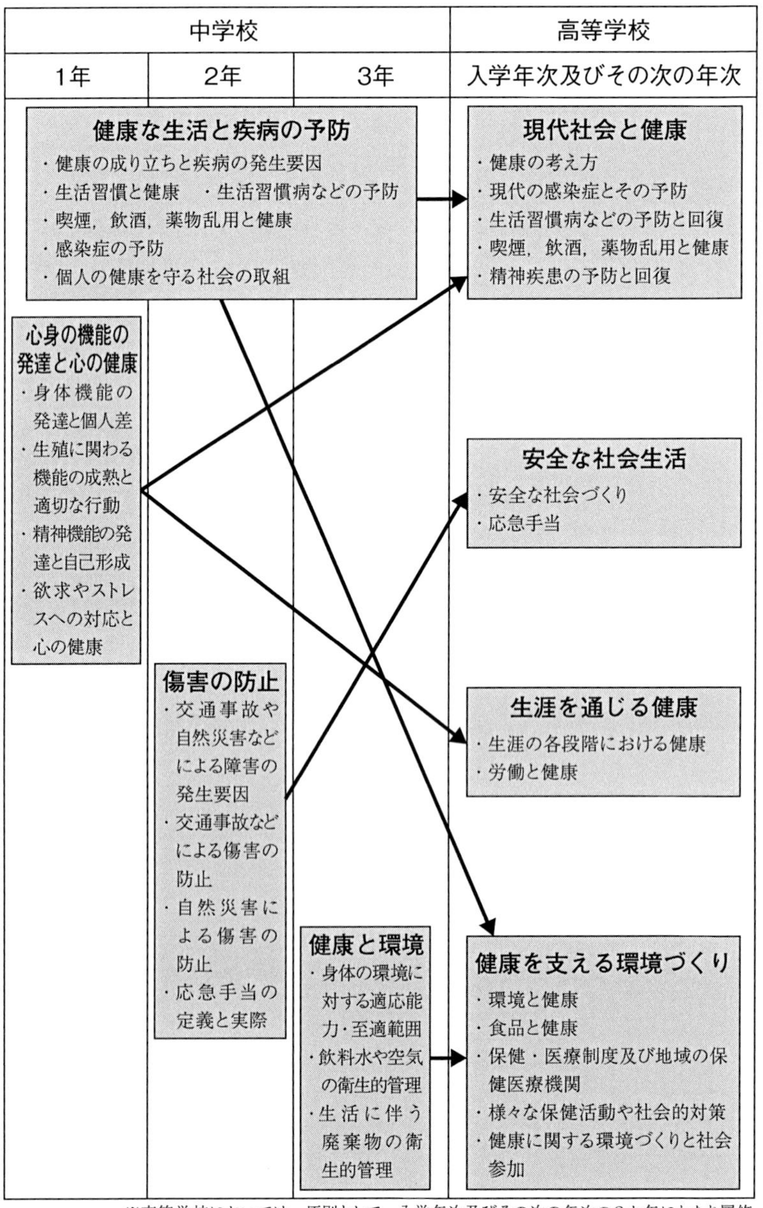

中学校
高等学校
1年
2年
3年
入学年次及びその次の年次
健康な生活と疾病の予防
・健康の成り立ちと疾病の発生要因
・生活習慣と健康　・生活習慣病などの予防
・喫煙，飲酒，薬物乱用と健康
・感染症の予防
・個人の健康を守る社会の取組
現代社会と健康
・健康の考え方
・現代の感染症とその予防
・生活習慣病などの予防と回復
・喫煙，飲酒，薬物乱用と健康
・精神疾患の予防と回復
心身の機能の発達と心の健康
・身体機能の発達と個人差
・生殖に関わる機能の成熟と適切な行動
・精神機能の発達と自己形成
・欲求やストレスへの対応と心の健康
安全な社会生活
・安全な社会づくり
・応急手当
傷害の防止
・交通事故や自然災害などによる障害の発生要因
・交通事故などによる傷害の防止
・自然災害による傷害の防止
・応急手当の定義と実際
生涯を通じる健康
・生涯の各段階における健康
・労働と健康
健康と環境
・身体の環境に対する適応能力・至適範囲
・飲料水や空気の衛生的管理
・生活に伴う廃棄物の衛生的管理
健康を支える環境づくり
・環境と健康
・食品と健康
・保健・医療制度及び地域の保健医療機関
・様々な保健活動や社会的対策
・健康に関する環境づくりと社会参加

※高等学校においては，原則として，入学年次及びその次の年次の2か年にわたり履修

心身の機能の発達と心の健康

●呼吸機能

呼吸とは人間が生きていくために酸素をとり入れ，炭酸ガス(二酸化炭素)を排出することである。肺は酸素と炭酸ガスとの交換を肺胞を通じて行う器官であり，その大きさは成人になるまで年齢とともに増大する。胸郭の発達は簡単に**胸囲**によって知ることができる。胸郭が大きくなるにしたがって肺の容積が増していく。肺の中のガス交換の行われる肺胞の表面積も新生児で2.8m^{2}であるが成人では75m^{2}と，約26倍になる。肺容積の増大は**換気能力**の増大を意味する。肺の大きさは一般に男子の方が女子よりも大きく，青年期の男子左肺の体積は約**1200～2500cm^3**，同じく女子では**900～2000cm^3**である。通常，右肺は左肺より10％ぐらい体積が大きい。肺の重量は年齢とともに増加し，出生時から15歳頃までに肺活量は10倍に増加する。そして，特に14～15歳の頃に著しい発達を示す。また，肺容量は年齢とともに増加するが，**70歳を境に減少**していく。肺活量は，肺の機能的容積を示すものであり，身長発育のほぼ**3乗**に比例して増大していくことが知られている。身長1m当たりの肺活量は20歳頃までは年齢とともに増加していくが，その後減少する傾向がある。

●循環機能

肺の換気作用によって血液中の**ヘモグロビン**と結合した酸素は心臓に流れ込む。心臓は心筋の収縮と弛緩によるポンプ作用によって血流を循環させている。心臓の重量の発達は体重の発達曲線によく似ていて発達の盛んな時期は生後1～2年と，男子では**12～16歳**，女子は**11～15歳**との2期であるが，20歳頃になって頂点に達する。心臓が発達するということは，心臓の拍出能力が増すことで，心臓の収縮力が強く，多量の血液を拍出するために，心筋が完全に収縮し，**残留血液**を残さない。また，十分に拡張するため心臓容量も増える。正常状態では脈拍数は心拍数に等しい。心拍数は神経性および体液性の影響を強く受ける。出生時は，心拍数は毎分**130回**くらいである。始めはすみやかに，後はゆっくりと減少していき，10歳ぐらいまでに90回くらいとなり，成人では**60～90回**になる。心拍数は同一人物でも時とともに大いに変動する。思春期になると，男女の差異が現われてくる。ときとして不整脈をおこすことがあり，**思春期不整脈**ということもある。

▼関連用語

□**ルーの法則**……ヒトの器官や機能は，適度に使えば発達し，使わなければ退化・萎縮するという法則。これは，安静が必要でないときにも動きを制限していると，さらに体力や筋力が低下し，悪循環に陥ってしまうことである。例えば，腰痛に関して，安静にし筋肉を弛緩させることも必要であるが，予防するためには腹筋や背筋を鍛えておくことが最良の予防策となる。

●内分泌腺

内分泌腺の発達はその重量の変化から知ることができる。下垂体・甲状腺・胸腺・副腎などの内分泌腺は，それぞれ異なった発育経過を示す。胸腺は，内分泌腺のうちで最も早い時期に発達して**12～16歳**頃に最大値となり，内分泌活動も盛んになる。下垂体や**甲状腺**がこれにつぎ，年齢とともに発達し，15～20歳頃に最大値となる。副腎は**胎生期**に発達が盛んであって，生後はかえって小さくなる時期がある。そして2歳頃に最も小さくなるが，再び大きくなり，さらに**思春期**になると急激に発達する。

●スキャモンの成長曲線

神経型は「運動能力」・「手先」などの器用さやリズム感などを指し，脳の重量や頭囲によって発達を測定できる。出生直後から急激に発育し，4，5歳までに成人の80％，6歳で90％にまで発達する。リンパ型とはリンパ節などのリンパ組織や免疫力を向上させる扁桃などを指す。リンパ型は，出生直後から12，13歳まで急激に発達するが，思春期を過ぎると成人レベルへと戻る。一般型は身長・体重や肝臓や腎臓など胸腹臓器のことを指す。乳幼児期まで急速に発達，その後は次第に緩やかになり，第二次性徴が出現し始める思春期に再び著しく発達する。一般型は思春期で成人とほぼ同等になり，それ以降はあまり成長しない。生殖型は男子の陰茎・睾丸や女子の卵巣・子宮などの成長を指す。生殖型は小学校低学年までは成長はあまり見られないが，思春期あたりから急激に発達する。また，生殖型の発達によって男性ホルモンや女性ホルモンの分泌が増える。

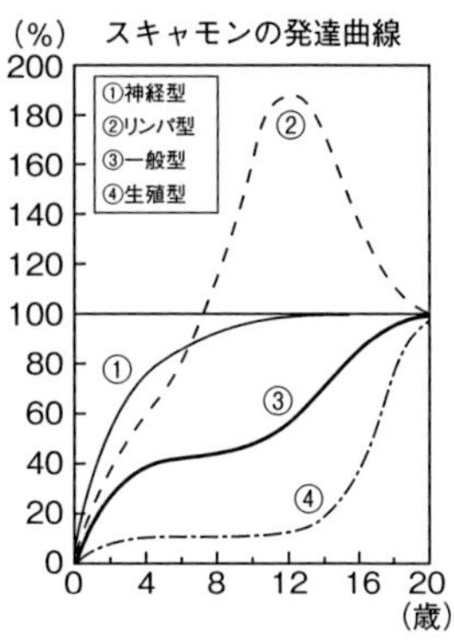

●第一次性徴と第二次性徴

「男」「女」の性は，受精のときに精子や卵子がもっている**染色体**によって決定される。出生時にみられる男女の性器官の違いを第一次性徴という。また,思春期になると両性の特徴がはっきりしてくる。これを第二次性徴という。男子の二次性徴は精巣の間細胞から分泌させる男性ホルモン(アンドロジェン)のはたらきによって発現される。思春期になると，急に男性ホルモンの分泌量が増えて骨格や筋肉が発達し,肩幅も広くなりがっしりした男らしい体つきになる。また,12～15歳頃になると，声変わり，**喉頭隆起**の突出が目だつようになり，男子特有のひげ，胸毛，すね毛なども生えてくる。男性ホルモンの分泌は下垂体前葉から分泌される**間質刺激ホルモン(ICSH)**によって分泌がおこる。女子の二次性徴は卵巣から分泌される女性ホルモン，これには，①**卵胞ホルモン(エストロジェン)**と②**黄体ホルモン(プロジェステロン)**の2種類があり，これらのホルモンによって発現される。思春期になると卵胞の発育が進み，卵胞ホルモンの分泌量が増え，乳房や骨盤が発達，胸部や**腰部**をはじめ身体全体に**皮下脂肪**も増し，丸味をおびた女らしい体つきになる。

●思春期と健康

①　思春期の体の発達

人間の発達段階の中で,「思春期」の後半にあたる高校生の時期は，体が大人に近い状態になっていく。ただし，性機能はまだ未熟で，十分な発達をとげていない状態である。この思春期には，体の変化に驚き，心理的に不安定になることがある。自分自身を受け入れるためにも自分の体の変化を知ることは大切である。

② 思春期の行動・心理面の特徴

思春期である高校生の時期には，体の変化に戸惑いを感じ，同時に心の変化を感じる。この時期は，自分らしさを確立する時期であり，自立したいがために自分との**葛藤**に苦しんで，問題行動を起こしてしまったり，思うようにいかないことから，落ち込んだりする時期でもある。そんな時期に，どのようなことを考え，行動を起こし，自分らしさを見つけていくのか，そして自分の**能力や適性**を発見し，将来の生き方や人生設計を構築していくことが重要である。

●妊娠・出産と健康

① 胎児の環境としての母体

妊娠・出産は，新しい命が女性の体内で生まれ育って，この世に誕生してくるという過程である。この妊娠から出産に至るまでの**約9カ月間**は，胎児にとっての母体，つまり母親のおなかの中が育つ環境のすべてとなる。そのため，妊娠中の健康管理はとても重要である。

② 妊娠の始まりと胎児の各器官の形成

受精卵は，約1週間で子宮に運ばれて子宮の内膜にくっつき，胎盤を作り始める。これを「**着床**」という。月経が停止することで妊娠したことに気づく場合が多く，月経が止まり，産婦人科にかかるころには，妊娠週数は満5週から6週ごろになっている。また，妊娠週数と胎児の生育週数に，約2週間のずれが生じる。

③ 妊娠週数について

妊娠週数とは，最終月経，すなわち最後にあった月経の第1日を起点として数える。したがって，実際の胎児の成育週数とは，約2週間のずれが生じる。若い女性の場合には，性周期が不規則なことも多く，月経がくるかどうか様子をみたりしているうちに，すでに妊娠8週，3カ月目に入っていることも少なくない。妊娠週数の数え始めである起点を知り，妊娠週数の数え方を具体的に理解することは必要なことである。

④　**公的サービスの活用**

妊娠・出産に関する公的サービスには様々なものがある。医師によって妊娠が確認されたら，妊娠届を役所に提出して**母子健康手帳**を受け取る。この母子健康手帳は，妊娠，出産，育児に関する記録簿であり，本人や医師，保健師などが記入するようになっている。この手帳を受け取ることで，母子ともに健康な生活を送り，安全な妊娠・出産をサポートするための公的なサービスを受けることができる。

⑤　**生活上の注意と周囲の支援**

妊娠中は，日常生活を送る中で様々な注意を払わなくてはいけない。妊娠がわかったら，胎児への悪影響となる行動や生活習慣を避けること，母体の健康を守るために心身の状態や生活行動に配慮することなどを学習する。また，胎児の発育が盛んな妊娠初期や，早産の危険がある妊娠後期は特に注意が必要である。

●心身の相関とストレス

①　**心と体の関わり**

人前に出た時，緊張で脈が速くなったり，顔が赤くなったり，汗をかいたりすることがある。また，精神的に疲れた時に，スポーツをして汗をかくと，さわやかな気分になることがある。このように，心と体が互いに影響し合っていることを「**心身相関**」という。

②　**ストレスと心身の健康**

現代社会には，実に多くの「**ストレス**」があり，私たちは毎日「**ストレス**」にさらされながら生活している。**ストレス**が強かったり，長く続いたりすると，「**心身相関**」のしくみが働き，体に様々な悪影響が出てくることもある。

③　**ストレスへの耐性**

私たち人間は，ある程度のストレスに耐えられる力，「**ストレス耐性**」を持っている。しかし，耐性には個人差があり，同じストレスでも，さほど苦痛に感じない人もいれば，とても苦痛に感じる人もいる。

④　**PTSD**

心的外傷後ストレス障害のこと。脅威にさらされた者は，だれでも心の傷を体験する。その中で「通常の人間的経験の範囲を逸脱し，ほとんどの人間に極めて障害的であるような事態」で体験される精神障害が，1カ月以後になっても続いているものをいう。

●ストレスへの対処

① **原因への対処**

ストレスに対処しようとするとき，まず考えるべきことは「原因への対処」である。これは，もっとも難しい対処方法かもしれないが，もっとも有効な対処方法である。

② **方法を変えることによる対処**

ストレスに対しては，「**見方や考え方を変える**」ことも方法の1つである。これはストレスの原因には**直接触れない**で対処する方法である。そのかわり，自分自身のストレスの状況を冷静に論理的・客観的に見直し，自分のストレスを調整する能力が必要になる。

③ **リラクセーションなど**

何かに熱中している間は，他のことを完全に忘れてしまう。どうしてもストレス状態から逃げることができない時は，何かに熱中して気分転換やリラクセーションを図ったり，運動をするなどして，ストレスを発散させることが必要となる。ストレスを発散する方法は人それぞれであり，様々な方法の中から，自分に合った方法を探しておくことが重要である。リラクセーション方法の1つとしては「**筋弛緩法**」がある。

▼関連用語

□**筋弛緩法**……意識的かつ一時的に筋肉を緊張させた後，一気に緊張を解放させることでリラックス状態を得るために行うリラクセーション法。「筋肉を弛緩させる」といってもなかなか意識的に行うことは難しいものだが，最初に慢性的に疲労した部分に力を入れて緊張させるという反対の行為を行い，その後スッと力を抜いて筋肉の緊張を解放させると，その反動でより深い弛緩状態をつくることができる。

④ **信頼できる人や専門家への相談**

自分だけではストレスを解消できない時や，ストレスの原因となっている問題を解決する糸口すら見つからない場合，友人や専門家など誰かに相談することも重要なことである。

⑤　自分に合った対処法

今まで「原因への対処」,「方法を変える対処」,「リラクセーションによる対処」,「信頼できる人や専門家への相談」という，4つのストレスへの対処法について示してきた。これらの対処法を上手に使ってストレスを解消することが大切である。そのためには，自分の状態を把握することが必要である。

●自己実現

①　自己実現とは

「自己実現」とは自分の目標に対して，近づくことや達成することである。一般的に「自己実現」という言葉を聞くと，まず社会で成功した人やスポーツで結果を残した人などが思い浮かぶかもしれない。しかし，誰にでも「自己実現」は可能だし，人それぞれの「自己実現」の形があるはずである。

②　自己実現の過程

自己実現の過程に決まった形はない。自己実現の数だけ，実現に向けての過程が存在するといってよいだろう。今現在，成功している人すべてが自己実現を果たした人とは限らないし，他人からはそう見えても，その人自身は納得をしておらず，まだ途中の段階かもしれないのである。

③　自己実現に向けての計画化

自己実現は，人生の最終目標ではない。子どもには子どもの，大人になれば大人の自己実現がある。例えば高校生であれば，高校生である今の自分としての自己実現があり，それを目指して行動する段階にあるといえる。自己実現に向けてどのように目標を設定するのか，また，どのような意識を持って行動するのか，成長段階によって適した対応が必要である。

●欲求不満と適応機制

①　欲求とその種類

人間には本能的な様々な欲求がある。「欲求は行動の原動力」であり，欲求というものが備わっていなければ，生きていくことはできない。この欲求はおおきく「**一次的欲求**」と「**二次的欲求**」の2つに分けることができる。「**一次的欲求**」は生理的欲求ともいわれ，生命を維持するための食物・**水分**・空気・休息・睡眠・**排泄**などの欲求，また身体機能の維持に必要な活動の欲求，さらに種族保存のための**性欲求**などがある。「**二次的欲求**」は，心理的欲求または**社会的欲求**ともいわれ，一次的欲求を基盤とし，社会生活を通して，後天的に発達し獲得される欲求である。すなわち二次的欲求には，他人から愛されたり，好かれたりしたい**愛情の欲求**，何かの集団に属したいという**所属の欲求**，優位な地位を得たいという**地位の欲求**などがある。

② 欲求不満と心の健康状態

欲求がいろいろな原因で充足させることを妨げられた状態を**欲求不満(フラストレーション)**という。この欲求の充足を妨げるものを障壁といい，これには次のようなものがある。1. **物理的障壁**…時間，空間，**気象条件**，地形，災害など。2. **個人的障壁**…心身の能力や特性不足，努力不足など。3. **社会的障壁**…伝統，社会習慣，道徳，法律・制度，**人間関係**など。4. **経済的障壁**…家庭の経済など。

③ さまざま適応機制

私たちの心には，欲求不満の状態をやわらげ，心のバランスを保とうとする働きが備わっている。これを「**適応機制**」と呼ぶ。「**適応機制**」には様々なものがある。

種類	内容	意識のレベル	病的	健康者
抑圧	苦痛な感情や欲動，記憶を意識から閉め出す。	抑制(禁圧) 臭いものにフタ	○	△
逃避	空想，病気，現実，自己へ逃げ込む。	回避 逃げるも一手	○	△
退行	早期の発達段階へ戻る。幼児期への逃避。	童心に帰る	○	○
置き換え	欲求が阻止されると，要求水準を下げて満足する。	妥協する	△	○
転移	特定の人へ向かう感情を，よく似た人へと向きをかえる		○	△
転換	不満や葛藤を身体症状へ置きかえる。	もの言わねば腹ふくるる	○	

昇華	反社会的な欲求や感情を，社会的に受け入れられる方向へ置きかえる。			○
補償	劣等感を他の方法で補う。	碁で負けたら将棋で勝て		○
反動形成	本心とウラハラなことを言ったり，したりする。	弱者のつっぱり	○	△
打ち消し	不安や罪悪感を別の行動や考えで打ち消す(復元)。	やり直し	○	△
隔離	思考と感情，感情と行動が切り離される(区分化)。		○	△
取り入れ	相手の属性を自分のものにする。同化して自分のものとする(取り込み)。	相手にあやかる真似	○	○
同一視(化)	相手を取り入れて自分と同一と思う。自他未分化な場合は一次同一化(→融合，合体)。		○	○
投射(投影)	相手へ向かう感情や欲求を，他人が自分へ向けていると思う。	疑心暗鬼を生ず	○	
合理化	責任転嫁	いいわけ	○	
知性化	感情や欲動を直接に意識化しないで知的な認識や考えでコントロールする。	屁理屈	○	△

例題 1

身体機能の発達に関して述べた次のア～オの文章のうち，記述に誤りのあるものを1つ選び，記号で答えよ。

ア　呼吸器のうち，肺の機能であるガス交換を行っているのは肺胞で，その他の器官を一括して気道と呼んでいる。気道は毛細血管との接触面を増やしてガス交換の効率を高めるために，末端までに平均23回もの枝分かれを繰り返しているといわれている。

イ　呼吸運動は，間脳にある呼吸中枢を中枢とする自律神経の働きによって調節される。自律神経は，血液中の二酸化炭素濃度が上昇すると呼吸を促進させ，逆に低下すると抑制される。

ウ　肺活量とは，1回の呼気で吐き出すことのできる最大の空気の量のことをいう。肺活量には，肺の容積と呼吸筋の機能が関与する。したがって，肺活量は肺における換気能力を表すものと見ることができる。わが国の平均は，中学生男子で2600～3600mL，女子で2300～

2700mLであり，20歳男子で約4400mL，20歳女子で約3000mLであるといわれている。

エ　直径3cmほどの大動脈は，動脈，細動脈へと分岐を繰り返し，最後には，赤血球がやっと通れるほどの直系7～10μmほどの毛細血管となる。毛細血管は次々と合流し，静脈，大静脈となり，血液は心臓へと帰っていく。血管の総延長は9万kmにも及ぶ。

オ　安静時に1回の心臓の拍動で押し出される血液の量を1回拍出量といい，1分間に押し出される血液の量を分時拍出量という。1回拍出量は中学生で40～50mL，成人で60～80mLであり，運動時には100mLになることもある。分時拍出量は中学生で3～4L，成人で5～6Lであり，運動時には20～40Lになることもある。

解答　イ

解説　呼吸中枢は主として動脈血の二酸化炭素分圧によって調節されており，二酸化炭素分圧が低下すると呼吸運動は低下し，上昇すると呼吸運動は促進され，二酸化炭素を体外に追い出そうとする。

例題 2

スキャモンの発育曲線について，次の表中に示した①を参考に，残り3つの発育の型とそれぞれに対応する体の器官を2つずつ表に記入せよ。また，①～④の発育曲線を図に記入し，それぞれの曲線に①～④の番号を記せ。ただし，縦軸は20歳時を100とした比率とする。

発育の型	体の器官	
①　神経型	脳	視覚器
②		
③		
④		

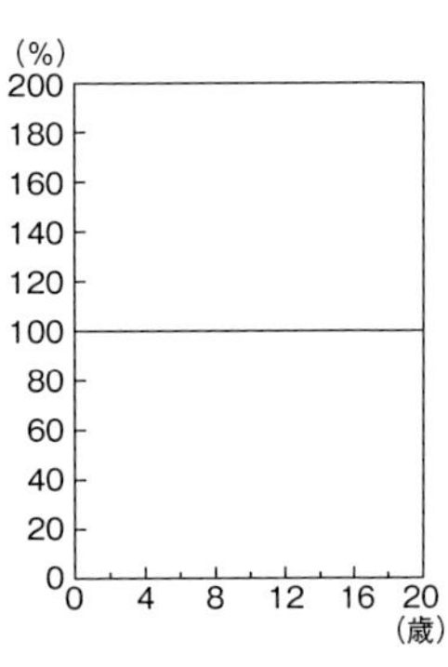

解答 表：② 一般型…身長・体重，肝臓(腎臓) ③ リンパ型…扁桃，リンパ節 ④ 生殖型…男児の陰茎・睾丸，女児の卵巣・子宮

図：

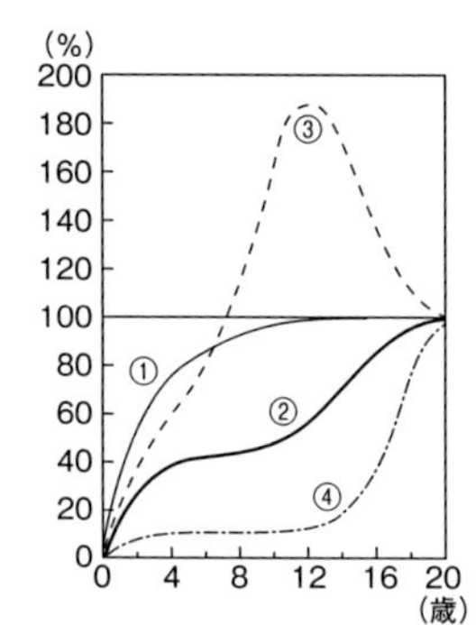

解説 スキャモンの発育曲線とは成長発育を20歳を100％として考え，各体組織の発育の特徴を4つのパターンに分けてグラフ化したもの。

(神経型)器用さやリズム感をになう神経系の発達は，脳の重量や頭囲で計る。出生直後から急激に発育し，4～5歳までには成人の80％程度(6歳で90％)に達する。 (一般型)身長・体重や肝臓，腎臓などの胸腹部臓器の発育を示す。特徴は，乳幼児期まで急速に発達し，その後は次第に緩やかになり，二次性徴が出現し始める思春期に再び急激に発達する。思春期以降に再び発育がみられ大人のレベルに達する。 (リンパ型)免疫力を向上させる扁桃，リンパ節などのリンパ組織の発達，生後から12～13歳までにかけて急激に成長し，大人のレベルを超えるが，思春期すぎから大人のレベルに戻る。 (生殖型)男児の陰茎・睾丸，女児の卵巣・子宮などの発育。小学校前半まではわずかに成長するだけではあるが，14歳あたりから，急激に発達する。生殖器系の発達で男性ホルモンや女性ホルモンなどの性ホルモンの分泌も多くなる。

例題 3

次の文章を読んで，以下の各問いに答えよ。

人間の大脳皮質には，系統的に下等な脊椎動物の段階からすでに存在しているア古い皮質と，高等な脊椎動物の段階で発達してくる新しい皮質とがある。これらは，人間の欲求やそれに基づく行動に深く関係している。

人間の欲求には，生きるために必要な一次的欲求と，よりよく生きるためのイ二次的欲求がある。我々の日常生活では，ウ「～したいが，できない」とか「～したくないが，しなければならない」というような「板ばさみ」の状態になることもあり，常に欲求が満たされているとは限らない。欲求が満たされない状態を[①]といい，これによる不安や悩みなどをやわらげ，心の安定を保とうとする働きを[②]という。

(1) 文中の[①]及び[②]に当てはまる最も適切な語句を答えよ。

(2) 下線部アは，皮質部の中心部ではなく，へりにあることから何というか。

(3) 下線部イは，心理的欲求ともいわれ，2つに分類できる。成長の過程で早く発達する欲求から順に答えよ。

(4) 下線部ウについて，このような状態のことを何というか。

(5) [②]の1つである昇華について説明せよ。

解答 (1) ① 欲求不満(フラストレーション) ② 適応機制
(2) 大脳辺縁系 (3) 自我欲求 → 社会的欲求 (4) 葛藤
(5) 抑えられた性的欲求や攻撃欲求を学問，芸術，スポーツなど文化的価値のあるものに向けること。

解説 (1) 欲求不満：一般に要求や欲求によって，行動への傾向が生じているにもかかわらず，それが阻止されたり，干渉されたりして，十分実現されなかったときの状態。 適応機制：人間が，自然的，社会的環境に適合し，精神の安定を保つためにとるはたらきのことで，その過程において，欲求不満を経験すると，それを解消し，より安定した状態に自分を保とうとする自然のはたらき。 (2) 大脳辺縁系とは大脳皮質下部の領域で系統発生的に古く，生存，生殖，情動などに関与すると考えられている部分であり，認知などに関わるとされる新皮質の下にある。 (3) 二次的欲求は，社会生活におけるもろもろの経験や人間関係を通して形成されていく欲求である。人格的欲求には達成・親和・攻撃・中和・獲得などがあり，社会的欲求には承認・優越・顕示・支配・屈辱回避・集団所属などがある。

(4) 日常生活において，個体がほぼ同じ程度の強さの競合する2つ以上の欲求や動機によって，同時に影響を受けたときにおこる迷い，あるいは不決断の心理的状態のこと。 (5) もとの欲求と密接に関係しており，その代わりとして，より高尚な社会的に価値のあるものによって代償されること。

例題 4

次のような適応機制を何というか答えよ。

(1) 自分の不得意な面をほかの面で補おうとする。

(2) 自分にない名声や権威に自分を近づけることによって，自分を高めようとする。

(3) もっともらしい理由をつけて自分を正当化する。

(4) 耐えがたい事態に直面したとき，子どものようにふるまって自分を守ろうとする。

(5) 実現困難な欲求や苦痛な体験などを心のなかに抑えこんで忘れようとする。

解答 (1) 補償 (2) 同一化 (3) 合理化 (4) 退行 (5) 抑圧

解説 (1) 同じ代償行動である昇華と混同しないように注意する。昇華は社会的に承認されたより価値の高いものに欲求を向けることである。 (2) 例としては，映画や本の主人公と自分を重ねてみることが挙げられる。

例題 5

次の内容は，生殖にかかわる機能の成熟に関する一部である。以下の各問いに答えよ。

思春期には，下垂体から分泌される(　①　)刺激ホルモンの働きにより生殖器の発育とともに生殖機能が発達し，男子では(　②　)，女子では月経が見られ，(　③　)が可能となることを理解できるようにする。また，身体的な成熟に伴う性的な発達に対応し，個人差はあるものの，性衝動が生じたり，異性への関心などが高まったりすることなどから，異性の尊重，性情報への対処など性に関する適切な態度や行動の選択が必要となることを理解できるようにする。

～中学校学習指導要領解説「保健体育編」平成29年7月より～

(1) (　①　)～(　③　)に適語を入れよ。

(2) 性に関する指導に当たっては，どのようなことに配慮することが大切であると解説に示されているか，3点あげよ。

解答 (1) ①　性腺　②　射精　③　妊娠　(2) ・発達の段階を踏まえる。　・学校全体で共通理解を図る。　・保護者の理解を得る。

解説 思春期には，下垂体から分泌される性腺刺激ホルモンのはたらきにより生殖器の発育とともに生殖機能が発達し，男子では射精，女子では月経が見られ，妊娠が可能となることを理解できるようにする。また，身体的な成熟に伴う性的な発達に対応し，性衝動が生じたり，異性への関心などが高まったりすることなどから，異性の尊重，性情報への対処など性に関する適切な態度や行動の選択が必要となることを理解できるようにする。

例題 6

次は，女性の性周期における子宮内膜の変化及び基礎体温の変化について述べたものである。正しい順序のものをあとの(1)～(4)の中から1つ選べ。

① 黄体ホルモンの影響で基礎体温が上昇する。

② 子宮内膜がしだいに厚くなり充血する。

③ 排卵があると基礎体温が低下する。

④ 基礎体温が低下し，月経が開始する。

(1) ④→①→③→②

(2) ②→③→①→④

(3) ③→②→①→④

(4) ④→③→①→②

解答 (2)

解説 女性のからだは，妊娠の準備のために周期的に変化する。ホルモンの作用により，卵巣では卵胞が発育・成熟・排卵する。子宮内膜は，妊娠に備え，受精卵が着床しやすいように厚く変化する。妊娠に至らない場合には，子宮内膜の準備は不要になり，体外に排出する(月経)。排卵後に分泌量が急増するプロゲステロン(黄体ホルモン)の影響で排卵から次の月経までは，基礎体温は高温期となる。高等学校学習指導要領「保健」では，生殖に関する機能については必要に応じて関連付けて扱う程度とするが，指導者の基礎知識として女性の性周期のホルモンの作用，卵巣の変化，子宮内膜の変化，基礎体温の変化等を，高校の教科書に記述されている内容程度，学習しておく必要がある。

傷害の防止

●運動によるけが・病気の予防

① 運動によるけがの実態

スポーツによるけがの代表として，捻挫，骨折，創傷，脱臼などがある。そして，種目別にけがの原因が違ってくる。けがの原因を具体的に示すとともに，けがを防ぐためにどのようにしたらよいかを考える。

※運動を行うときの注意点

① 運動前に必ず体調等をチェックする。
② ウオーミングアップとクールダウンを十分に行う。
③ 水分を補給する。
④ オーバートレーニングをさける。

② 記録の工夫

ここでいう記録の工夫とは，**「日誌」**をつけることである。日誌をつけることで，トレーニングによる変化を後から確認することができる。

●日常的な応急手当

① 止血，固定，RICE

けがの応急手当では，まずけがをした部位と種類，程度を確認する。そして，痛みや出血，腫れの様子，手や足であればその動き具合も確かめる。さらに，本人や周囲の人に，けがをしたときの状況や今の痛みなどについて尋ね，けがの判断や手当の方法に役立てることも必要である。けがの応急手当の代表的な方法には「止血，固定，RICE」の3つがある。**RICE**とは，「Rest(安静)」「Ice(冷却)」「Compression(圧迫)」「Elevation(挙上)」の頭文字をとったものである。

② 止血法

止血法は，体の出血部位や血管の種類によって，それぞれ次のように使いわけられている。

(1) 厚めにした消毒ガーゼなどを，直接傷口にあてて，強く圧迫する方法を**圧迫包帯法**という。最も簡単な方法であり，ほとんどの出血は，この方法で止血できる。

(2) 出血部より心臓に近いところで，動脈を骨に向かって指で圧迫する方法を**指圧止血法**という。この方法は効果的であるが，術者が疲れる。また，患者を運搬するときには適さない。

(3) ゴム管・布などの止血帯で，出血部より心臓に近いところで強くしばり止血する方法を，**止血帯法**という。この方法は，上腕や大腿の動脈を圧迫するのに適している。しかし2時間以上続けていると，その部分より先の組織が死ぬことがあるので，止血帯をときどき緩めて，血液を通す必要がある。

③ **脳貧血**

長時間起立，乗り物，入浴，大出血，睡眠不足などの原因から，**脳の血液**が一時的に減少したものを脳貧血という。

〔症状〕急に気分が悪くなって，頭痛・耳なり・目まい・なまあくびなどが起こり，**顔面蒼白**，ときには冷汗を流して意識を失う。

〔処置〕換気のよいところで安静をとらせ，衣服をゆるめて，呼吸を容易にさせる。頭部は**低く**して，下肢を**高く**する。

④ **挫傷(打撲傷)**

打撃，衝突，投石などによって起こるもので，いわゆる**うちみ**である。皮膚には損傷がなく皮下出血があって膨隆する。内臓が損傷したり，骨折や脱臼を起こしたりすることもある。

〔症状〕内出血や皮下出血を起こし，痛みやはれがある。

〔処置〕**患部**を冷やし，高位安静を保ち，急いで医師の手当てを受ける。

⑤ **骨折**

打撲，衝突，転落，跳躍，転倒などによって，直接または間接に起こる骨組織の離断を**骨折**という。骨折部の皮膚に損傷を伴わないものを，**単純骨折**といい，皮膚にも損傷の伴うものを，**複雑骨折**という。この場合は，創傷の処置，止血などを行ってから，骨折の処置をしなければならない。

〔症状〕骨折は，局所の疼痛，**腫張**，**変形**などがあって動かすことができない。さらに骨折部の異常運動・軋音などがある。
〔処置〕骨折端が転位して，短縮あるいは屈曲などが起きて，変形を起こしているときは，骨折部の**末梢**の部分を牽引して整復する。その後，骨折端の移動を防ぐため，骨折部の**上下の二関節**を越えるように，副木で固定し，冷やし，安静を保ち，医師の手当てを受ける。

⑥ **ねんざ・脱臼**

外力によって，関節に無理な力がかかり，関節を包んでいる関節包や関節のまわりにあるじん帯が引き伸ばされる，あるいは一部が切れて，いったん脱臼を起こそうとして，再び旧位に復した状態のものを**ねんざ**といい，関節を構成する骨端部が，関節臼を脱出して転位している状態を**脱臼**という。

〔症状〕関節部の，疼痛・腫張・運動障害がある。脱臼の場合には，**延長または短縮**・捻転した状態のものもある。ねんざの場合は**皮下出血**があって皮膚の変色が認められる。
〔処置〕脱臼は末梢に牽引して整復を試みる。整復される音を発して生理的位置にもどる。整復の困難なものは冷やし，固定して安静を保ち，医療を受ける。ねんざの場合は，冷やして，包帯で固定する。

●応急手当と救命処置

応急手当とは，けがや急病などで倒れた人に対して，「人命救助」「傷病の悪化防止・苦痛の軽減」「救急隊員や医師による処置や治療の効果の向上」を目的として行う手当のことをいう。フランスの救急専門医・カーラーが発表した「緊急事態における時間経過と死亡率の関係」によると，心臓停止ではおよそ3分間放置されると死亡率が50%に，呼吸停止では10分間放置されると死亡率が50%になる。

▼カーラーの救命曲線

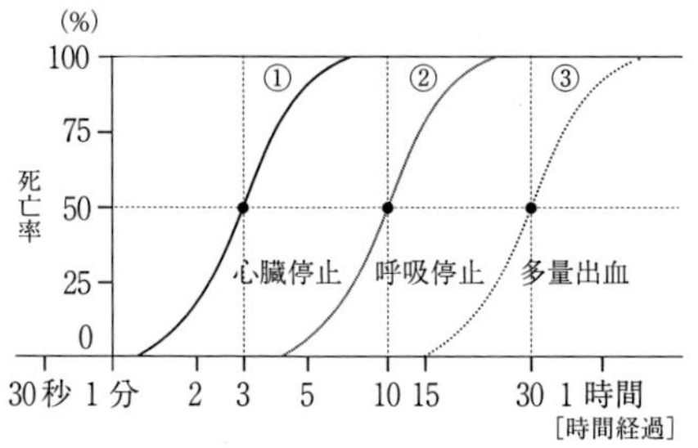

よって，事故などにより，けが人や急病人が発生した場合，その場に居合わせた人の迅速かつ適切な応急手当が大変重要となる。

① 応急手当の場面における状況判断

応急手当をする時は的確な状況判断が必要である。応急手当の時の状況判断には「**周囲の状況の確認**」と「**全身の状態の確認**」そして「**救援の依頼**」の3つがある。

② 応急手当の手順

「応急手当の手順」は次の5つである。

1. 周囲の状況の確認
2. 必要があれば移動
3. けが人や急病人の全身の確認
4. 救援の依頼
5. 必要な応急手当の実施

5の「必要な応急手当」で大切なことは，「大出血はないか」「反応はあるか」「呼吸はあるか」の3つの状況を確認することである。

③ 救命の連鎖

急変した傷病者を救命し，社会復帰させるために必要となる一連の行いを「**救命の連鎖**」という。「救命の連鎖」を構成する4つの輪がすばやくつながると救命効果が高まる。鎖の1つめの輪は心停止の予防，2つめの輪は心停止の**早期認識**と通報，3つめの輪は一次救命処置(心肺蘇生とAED)，4つめの輪は救急救命士や医師による高度な救命医療を意味する。

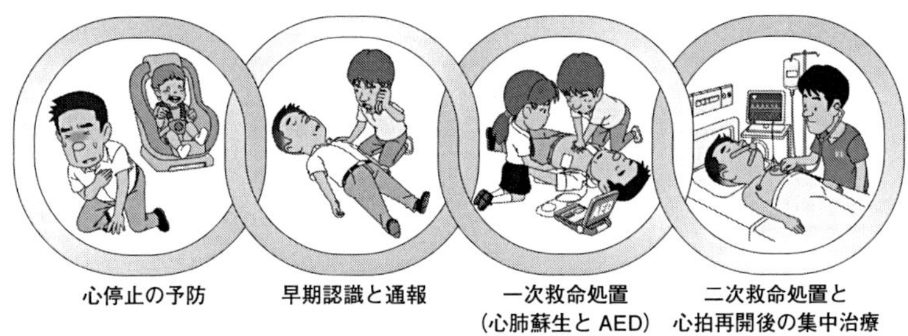

【一次救命処置（BLS）の手順】（日本赤十字社ホームページより）

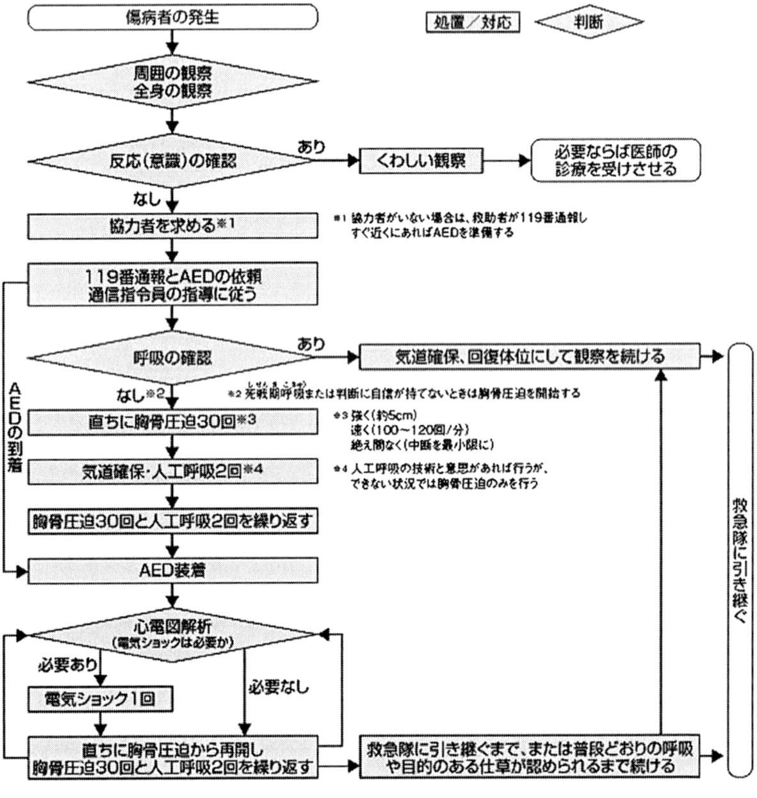

（凡例：処置／対応　◇判断）

- 傷病者の発生
- ◇ 周囲の観察　全身の観察
- ◇ 反応（意識）の確認
  - あり → くわしい観察 → 必要ならば医師の診療を受けさせる
  - なし ↓
- 協力者を求める※1
- 119番通報とAEDの依頼　通信指令員の指導に従う（→ AEDの到着 → AED装着）
- ◇ 呼吸の確認
  - あり → 気道確保、回復体位にして観察を続ける → 救急隊に引き継ぐ
  - なし※2 ↓
- 直ちに胸骨圧迫30回※3
- 気道確保・人工呼吸2回※4
- 胸骨圧迫30回と人工呼吸2回を繰り返す
- AED装着
- ◇ 心電図解析（電気ショックは必要か）
  - 必要あり → 電気ショック1回 → 直ちに胸骨圧迫から再開し 胸骨圧迫30回と人工呼吸2回を繰り返す
  - 必要なし → 直ちに胸骨圧迫から再開し 胸骨圧迫30回と人工呼吸2回を繰り返す
- （心電図解析に戻る）→ 救急隊に引き継ぐまで、または普段どおりの呼吸や目的のある仕草が認められるまで続ける → 救急隊に引き継ぐ

※1 協力者がいない場合は、救助者が119番通報し すぐ近くにあればAEDを準備する

※2 死戦期呼吸または判断に自信が持てないときは胸骨圧迫を開始する

※3 強く（約5cm）
速く（100～120回／分）
絶え間なく（中断を最小限に）

※4 人工呼吸の技術と意思があれば行うが、できない状況では胸骨圧迫のみを行う

●心肺蘇生法

①　心肺蘇生

病気や怪我により，突然に心停止，もしくはこれに近い状態になったときに，胸骨圧迫や人工呼吸を行うことを**心肺蘇生**(Cardiopulmonary Resuscitation：CPR)という。傷病者を社会復帰に導くために大切な心肺蘇生，**AED**(Automated External Defibrillator：自動体外式除細動器)を用いた除細動，異物で窒息をきたした場合の**気道異物除去**の3つを合わせて**一次救命処置**(Basic Life Support：BLS)という。一次救命処置はAEDや感染防護具などの簡便な器具以外には特殊な医療資材を必要とせず，特別な資格がなくても誰でも行うことができる。

②　胸骨圧迫

胸骨圧迫は，心臓のポンプ機能を代行するものである。救助者は両手掌基部を使い，胸の真ん中付近(胸骨の下半分)を圧迫する。6歳以上の子どもの場合，胸骨を約5cm下げるまで押し，力を緩める。この作業を1分間当たり100～120回のテンポで30回続けて行う。幼児・乳児の場合は胸の厚さの約$\frac{1}{3}$がくぼむ程度まで押す。圧迫のテンポは6歳以上と同じである。

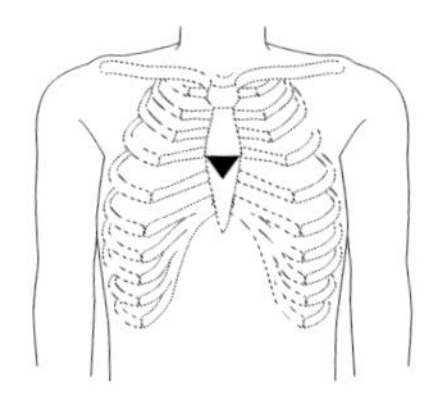

〈胸骨圧迫をする場所〉

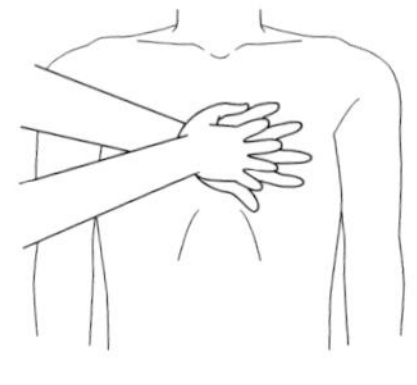

〈手の置き方〉

〈胸骨圧迫をする姿勢〉

③　人工呼吸

頭部後屈あご先挙上法で傷病者の気道を確保したまま，口を大きく開いて傷病者の口を覆って密着させ，息を吹き込む。この際，吹き込んだ息が傷病者の鼻から漏れ出さないように，額を押さえているほうの手の親指と人差し指で傷病者の鼻をつまむ。息は傷病者の胸が上がるのが見てわかる程度の量を約1秒間かけて吹き込む。吹き込んだら，いったん口を離し，傷病者の息が自然に出るのを待ち，もう一度，口で口を覆って息を吹き込む。このような人工呼吸の方法を「**口対口人工呼吸**」と呼ぶ。

④　AED

AEDとは，心臓がけいれんして，血液循環をさせる機能を失った状態の心臓に，電気ショックを与えて，正常な状態に戻すための機器である。このAEDは，傷病者に普段どおりの呼吸がないことを確認した後，できるだけ早い時期に使用することがのぞましい。

一般的にはAEDの電源を入れると，使い方について音声ガイドが案内するので，その案内にしたがえばよい。電極パッドを装着するのは一般的に右胸と左脇腹であり，電気ショックが必要な場合は周囲の人を遠ざけてからスイッチを入れる。小児の場合は小児用パッドを使用するが，ない場合は成人用パッドが使用できる場合もある。

例題 1

次の(1)，(2)について，文中の(　ア　)～(　オ　)に適する語句を①～⑨から選べ。

(1)　突き指をした場合は，指を引っ張らずに，すぐに冷やし，その後(　ア　)する。(　イ　)していたり，指が動かなかったりしたときは，医師の診断を受ける。

(2)　骨折したとき，(　ウ　)が伴う場合は，先ずその手当をする。前腕の骨折では，患部の上と下の(　エ　)を固定具を用いて(　ア　)する。巻いた(　オ　)が締まりすぎていないか，看て，締まりすぎていたらゆるめる。医師の診断を受ける。

①　搬送　　②　運搬　　③　関節　　④　安静　　⑤　出血
⑥　固定　　⑦　部分　　⑧　止血　　⑨　変形

解答　ア　⑥　　イ　⑨　　ウ　⑤　　エ　③　　オ　⑦

解説　(1)　RICE処置を損傷直後に適切に行うことで，治癒を早めることができる。　Rest(安静)：受傷直後から体内で痛めた部位の修復作業が始まる。しかし，患部を安静させずに運動を続けることでその作業の開始が遅れてしまう。その遅れが結果的に完治を遅らせリハビリテーションに費やす時間を長引かせてしまうので，受傷後は安静にすることが大切である。　Ice(アイシング)：冷やすことで痛みを減少させることができ，また血管を収縮されることによって腫れや炎症をコントロールすることができる。　Compression(圧迫)：適度な圧迫を患部に与えることで腫れや炎症をコントロールすることができる。　Elevation(挙上)：心臓より高い位置に挙上をすることで重力を利用し腫れや炎症をコントロールすることができる。

(2)　骨折の部分にそえ木を当て，安静を保つようにする。局所を冷やす。体を温める。速やかにかつ安静に医療機関へ運搬するようにする。

例題 2

応急手当について，次の問いに答えよ。

次の文章は，高等学校学習指導要領解説保健体育編・体育編(平成30年7月　文部科学省)「各科目」第2節保健「4　内容の取扱い」の応急手当に関する内容である。下の各問いに答えよ。

(6)　内容の(2)のアの(イ)については，(　a　)を行うものとし，(　b　)系及び(　c　)系の機能については，必要に応じ関連付けて扱う程度とする。

①　文中の(　a　)～(　c　)に適する語句を答えよ。

②　上記において効果的な指導を行うため，配慮するものとすると示されている内容を答えよ。

解答　①　a　実習　　b　呼吸器　　c　循環器　　②「体育」の「D水泳」などとの関連を図るよう配慮するものとする

解説　①　問題文中の「内容の(2)のアの(イ)」とは，応急手当に関する指導を指す。「応急手当は，傷害や疾病によって身体が時間の経過とともに損なわれていく場合があることから，速やかに行う必要があること。」とされている。

例題 3

次の文章は，呼吸停止からの経過時間と生存の可能性について述べたものである。(　①　)～(　③　)に入る正しい数値の組み合わせを，以下の(1)～(4)の中から1つ選べ。

呼吸停止から蘇生開始までの経過時間は短ければ短いほど，蘇生の可能性は高まる。呼吸停止から3分の時点では(　①　)%の可能性があるのに対して，4分では(　②　)%に，5分では(　③　)%に低下すると言われる。

(1)　①　75　　②　60　　③　55
(2)　①　75　　②　55　　③　35
(3)　①　70　　②　60　　③　50
(4)　①　75　　②　50　　③　25

解答　(4)

解説　人間の脳は呼吸が止まってから4～6分で低酸素による不可逆的な状態に陥る。呼吸停止後から人工呼吸や心肺蘇生法を始めるまでの時間と蘇生する割合を示したものを，ドリンカーの救命曲線という。2分以内に心肺蘇生が開始された場合の救命率は90%程度であるが，3分後は75%，4分後は50%，5分後は25%となり，10分後にはほぼ0%近くになる。なお，ドリンカーの救命曲線は心肺停止における指標，カーラーの救命曲線は，心停止・呼吸停止・大量出血における指標となっている。

例題 4

次の文は，「救急蘇生法の指針2020(厚生労働省)」の一部を抜粋したものである。文中の各空欄に適する語句を答えよ。

○　心臓が止まると，普段どおりの呼吸がなくなります。傷病者の呼吸を確認するには，胸と(　①　)の動きを見ます。胸と(　①　)の動きから呼吸をしていない，または呼吸が普段通りではないと判断した場合は(　②　)と考え，直ちに(　③　)圧迫を開始してください。

○　突然の(　②　)直後にはしゃくりあげるような途切れ途切れの呼吸が見られることも少なくありません。これは「(　④　)」と呼ばれるもので，「普段通りの呼吸」ではありません。ただちに(　③　)圧迫を開始してください。

○　約(　⑤　)秒かけても判断に迷う場合は，普段どおりの呼吸がない，すなわち(　②　)停止とみなして，ただちに(　③　)圧迫を開始してください。

解答　①　腹部　②　心停止　③　胸骨　④　死戦期呼吸
⑤　10

解説　突然の心停止，もしくはこれに近い状態になった傷病者を社会復帰に導くための方法を一次救命処置という。一次救命処置には胸骨圧迫や人工呼吸による心肺蘇生，AED(自動体外式除細動器)を用いた電気ショックなどがある。一次救命処置は特別な資格がなくても誰でも行うことができるものである。命を守るために大きな役割を果たす。保健体育にかかわらず，覚えておきたい重要な内容である。
④　死戦期呼吸では，頭部や顎は動いていることがあり，通常の呼吸との判別が難しいとされるが，この時，肺は機能しておらず，必要な酸素が供給されていない状態である。そのため，心停止と考え胸骨圧迫を開始する必要がある。

例題 5

次の文章は，「救急蘇生法」に関する内容である。次の各文が正しい場合には○を記入し，誤っていれば×を記入せよ。

(1)　市民が行う救急蘇生法は一次救命処置と簡単なファーストエイドであるが，実施にはライセンスを取得する必要がある。

(2)　AED(自動体外式除細動器)は，心室細動の状態にある人の心臓を，正常な拍動に戻すため用いられる。

(3)　AEDによる心電図の解析後，AEDから除細動の指示がない場合は，胸骨圧迫を行うなど心肺蘇生を再開する。

(4)　傷病者に普段どおりの呼吸が戻って呼びかけに反応したり目的のある仕草が認められたりした場合は，心肺蘇生をいったん中断して様子をみる。その際，AEDの電極パッドは傷病者の胸から剝がさないが，電源は切る。

(5)　突然の心停止直後には，「死亡期呼吸」と呼ばれる，しゃくりあげるような途切れ途切れの呼吸がみられることがある。

(6)　感染症等の疑いがあっても傷病者が普段通りの呼吸をしていない場合には，人工呼吸と胸骨圧迫を続けて行う義務がある。

(7)　捻挫や打撲の手当ては，安静・冷却・圧迫・挙上を基本に行う。

(8)「救急蘇生法の指針2020(市民用)」では，「救命の連鎖」を構成する1つめの輪は，「早期認識と通報」とされている。

解答　(1)　×　(2)　○　(3)　○　(4)　×　(5)　×　(6)　×
(7)　○　(8)　×

解説　(1)　市民が行う救急蘇生法にライセンスは不要である。これについては，厚生労働省より「救急蘇生法の指針2020(市民用)」が示されている。　(4)　傷病者が動き出す，うめき声を出す，あるいは正常な呼吸が出現した場合は心肺蘇生法を中止する。ただし，気道確保が必要になるかもしれないため，慎重に傷病者を観察しながら救急隊を待つ。この場合でも，AEDの電極パッドは，剝がさず電源も入れたままにしておく。　(5)　この呼吸を「死戦期呼吸」という。この呼吸が見られたら心停止と判断して，直ちに胸骨圧迫を開始する。(6)　義務はない。傷病者に出血がある場合や，感染防護具を持っていないなどにより口対口人工呼吸がためらわれる場合には，人工呼吸を省略し，すぐに胸骨圧迫に進む。簡易型の感染防護具(一方向弁付きの感染防止用シートあるいは人工呼吸用マスク)を持っていると役立つ。　(8)　出題の指針では，「心停止の予防」，「早期認識と通報」，「一次救命処置」，「二次救命処置と集中治療」という「救命の連鎖」をすばやくつなげることで救命効果が高まるとしている。

健康な生活と疾病の予防

●疾病の発生要因とその相互関係

ガーニイ・クラークは疾病の発生要因を**主体**(発病する人側の要因), **病因**(発病の直接作用要因), **環境**(発病を促す周囲の環境要因)の3要因の相互関係から疫学的に説明している。主体とは，私たちの身体自身の条件で，遺伝・体質・抵抗力・免疫などの条件や個人の日常の生活習慣・性・年齢・性格などである。病因とは，栄養障害・物理的病因作用・化学的病因作用・生物学的病因作用・社会的病因作用などであり，この病因の量と強さと性質が疾病の発生に重大な影響力をもってくる。環境とは私たちをとりまく物理的・化学的・生物的な諸環境(空気・水・光・有毒ガス・蚊・のみ・植物など)である。この3つの要因変化が不健康状態を引き起こす。すなわち，①**主体の悪化**(抵抗力・免疫の低下，不規則な生活で体力が衰えていたとき)，②**病因の悪化**(結核菌の毒力がましたり，侵入する量が多かったとき)，③**環境要因の悪化**(居住地が過密のため，空気の汚染がはなはだしく呼吸機能が弱められてしまったとき)，④**主体・病因・環境要因のそれぞれが悪化**した場合があげられる。

●生活習慣病と日常の生活

①　成人病から生活習慣病へ

がん(悪性新生物)，心臓病(虚血性心疾患)，脳卒中(脳血管疾患)などは死亡率が高く，40～60歳くらいに多い病気であったため，昭和30年代前半，当時の政府はこれらの病気を「**成人病**」と総称した。ところがその後，これらの病気の発生や進行には，若いときからの食生活や運動不足，また喫煙など，個人の生活習慣が深く関係していることが明らかになった。そこで“生活習慣を改善することで病気を予防していくのが最善の方法”という考えから，これらの病気を新たに「**生活習慣病**」と呼ぶことになった。

②　生活習慣病の恐ろしさ

「生活習慣病」は，生活習慣で誘発された後，数十年は自覚されない軽い症状で進行し，症状がはっきり表われた段階では完全な回復が不可能であるケースもみられる。

▼代表的な生活習慣病の病名と主な症状

□**がん**……体の細胞が変化し，無秩序に増えて転移したりする。
□**心臓病**……冠状動脈の硬化で心臓の血流が悪くなる。
□**脳卒中**……脳内の血管が破れて出血を起こす脳出血と，脳内の血管がつまる脳梗塞がある。
□**脂質異常症**……血液中のコレステロールや中性脂肪などの脂質が基準以上に増加した状態。
□**糖尿病**……血液中の糖の濃度が高くなってしまう病気。
□**歯周病**……歯肉(歯茎)が炎症を起こす歯肉炎，歯肉の周囲にまで進行した歯周炎がある。

③ 生活習慣病の予防

生活習慣病は，症状があらわれたときにはすでに重症化しているケースもあることから，予防がとくに重要視されている。このことを「**一次予防**」といい，次の段階として発病の早期発見・早期治療を「**二次予防**」という。生活習慣病を防ぐための「一次予防」では，食事や運動など基本的な生活習慣を整えることが大切になる。また，病気になったら医師に治療してもらうという受け身の考え方を，自分で自分の健康をコントロールするセルフケアの考え方に変えていくことが大切になる。アメリカのブレスロー教授が，健康習慣について重要視した項目が次の「7つの健康習慣」である。

〈7つの健康習慣〉

1. 適切な睡眠をとる
2. 朝食をほぼ毎日食べる
3. ほとんど間食をしない
4. 適正体重を保つ
5. 運動を規則的にする
6. 過度の飲酒をしない
7. 喫煙をしない

④ 生活習慣病の管理

生活習慣病の管理のためには，医師だけが病状を把握するのではなく，患者自身が疾病を理解し，行動変容を起こすように指導する必要がある。自分の体は自分のものなので治療を受ける前に，医師から病態や治療方法について十分に説明を受け，メリットやデメリットなどをしっかりと理解しなくてはならない。そして最終的な治療方針は患者自身が決定しなくてはならない。そのための考えとして「**インフォームド・コンセント**」という概念が生まれた。

▼関連用語

□**インフォームド・コンセント**……直訳すれば「知らされた上での同意」という意味。医師が患者に対して診療の目的や内容を十分に説明し，患者の同意を得たうえで治療することをいう。日本では従来，患者は診療行為に口出ししないのが一般的であったが，アメリカなどでは，医療過誤の裁判においてインフォームド・コンセントを行っていないことが医師の責任を認定する法的根拠ともなることから，インフォームド・コンセントは基本になっている。

□**セカンドオピニオン**……医療機関で医師の診察を受けているなかで，主治医などの診断，治療法の選択などに必ずしも納得できない場合や，確かめたい場合などに，別の医療機関や医師などに意見をもとめることをいう。

⑤　食事と健康

近年，自分の好きなものばかりを食べたり，必要以上に食べ過ぎたりと，バランスの悪い食事が目立つ。バランスの悪い食事は，身体にとって良くないばかりか，将来的には生活習慣病になる恐れもある。では，食事をはじめ，将来生活習慣病になるリスクを避けるためにはどのような生活をしたらいいのか。政府は，健康な体づくりのための指針をまとめている。

▼「食生活指針」

○食事を楽しみましょう。
○1日の食事のリズムから，健やかな生活リズムを。
○適度な運動とバランスのよい食事で，適正体重の維持を。
○主食，主菜，副菜を基本に，食事のバランスを。
○ごはんなどの穀類をしっかりと。
○野菜，果物，牛乳・乳製品，豆類，魚なども組み合わせて。
○食塩は控えめに，脂肪は質と量を考えて。

○日本の食文化や地域の産物を活かし，郷土の味の継承を。
○食料資源を大切に，無駄や廃棄の少ない食生活を。
○「食」に関する理解を深め，食生活を見直してみましょう。

⑥　運動と健康

科学技術の進歩は，日常生活の多くを自動化や機械化により便利にした。それによって，生活の中で身体を動かすことが少なくなってしまい，体力の低下や生活習慣病の増加などが新しい社会問題になってきた。普通に日常の生活を送るだけでは，**運動不足**になりやすいことをよく理解し，積極的に日常生活において身体を動かし，定期的にスポーツを行うようにしなければならない。政府は,「健康づくりのための身体活動指針」をまとめている。

⑦　**休養および睡眠と健康**

健康づくりのための休養には，「休む」ことと「養う」ことの2つの機能が含まれている。健康づくりのための休養とは，消極的な「休」の部分と積極的な「養」の部分から成る幅の広いものである。自分にあった休養が実現されてこそ，生活の質の向上につながり，健康で豊かな人生の基礎が築かれることとなる。

●飲酒と健康

お酒はエチルアルコールが含まれる飲み物で，含まれる量は種類によって異なる。長い間アルコールを飲み続けると起こる健康問題の代表的なものとして，アルコール依存症がある。アルコールに関連する問題は，個人の健康面だけではなく社会にも及ぶため，WHO(世界保健機関)では総合的な対策を講じるように提言している。

●喫煙と健康

①　**タバコの煙の有害物質**

タバコの煙に含まれる代表的な有害物質に**ニコチン，タール，ニトロソアミン, 一酸化炭素**の4種類がある。WHO(世界保健機関)の推計では，年間500万人以上の人が，タバコが原因で亡くなっている。さらに，問題となっているのが**受動喫煙**である。受動喫煙はタバコを吸わない子どもにも影響を与える。

▼関連用語

□**受動喫煙**……受動喫煙とは，室内またはこれに準ずる環境において，他人のたばこの煙を吸わされることをいう。タバコの煙は喫煙者が吸う主流煙とタバコから立ち上がる副流煙に大別される。受動喫煙とは一般的に喫煙する以外の人が副流煙を吸うことを指すが，副流煙は主流煙より低い温度で燃焼した煙であるため，主流煙より上記の4種類をはじめとする有害物質が多く含まれている。

健康増進法で，学校，体育館等の多数の者が利用する施設を管理する者は，これらを利用する者について，受動喫煙を防止するために必要な措置を講ずるように努めなければならないということが定められている。

② 日本のたばこ対策

日本では，未成年者の喫煙に対して対策が取られてきた。世界と日本における「たばこ対策」では，WHO(世界保健機関)が提案した保健医療に関する初めての国際条約「**たばこ規制枠組条約**」がある。

▼たばこ規制枠組条約

●条約の目的

たばこの消費，および受動喫煙が健康，社会，環境，および経済に及ぼす破壊的な影響から，現在，および将来の世代を保護する。

●条約の概要

1. 全体的な事項

○条約の実施について，定期的な報告を締約国会議に提出する。

→ 第2回締約国会議以降報告(第21条　報告及び情報の交換)

○たばこの規制のための仕組み，または中央連絡先を確立，または強化する。

→ たばこ対策関係省庁連絡会議の設置(第5条　一般的義務)

2. 個別事項

○たばこの需要を減少させるための価格，および課税に関する措置　(第6条)

様々な人々，特に年少者のたばこの消費を減少させる上で効果的，かつ重要な手段であることを認識し，課税政策，および価格政策を実施。

○たばこの煙にさらされることからの保護　(第8条)

屋内の職場，公共交通機関，屋内の公共の場所等におけるたばこ煙からの保護についての措置をとる。
○たばこ製品の含有物に関する規制　(第9条)
締約国会議は，たばこの含有物，および排出物の規制に関しガイドラインを提示し，各国は効果的な規制措置を講じる。
○たばこ製品の包装，およびラベル　(第11条)
健康警告表示(権限のある国家当局により承認)のサイズ(理想的には50%以上，最低30%)，ローテーションを義務付け。
○教育，情報の伝達，訓練，および啓発　(第12条)
喫煙の健康に与える悪影響についての普及・啓発，教育，禁煙指導の実施。
○たばこの広告，販売促進，および後援　(第13条)
憲法に抵触しない範囲内でたばこに関する広告に関して，全面禁止，または適切な制限措置をとる。
○未成年者への，および未成年者による販売　(第16条)
未成年者がアクセスできないよう，自動販売機について適切な措置をとる。

●薬物乱用と健康

①　薬物乱用の現状

薬物犯罪の大きな部分を占めるのは**覚せい剤**だが，最近では大麻，合成麻薬，睡眠薬や精神安定剤などの向精神薬の乱用も増加してきている。薬物事犯全体の検挙人員は、令和3年より減少している。うち大麻事犯の検挙人員は、過去最多を更新した昨年と同水準であり，麻薬事犯の検挙人員は、過去11年で最多となっている。薬物事犯の検挙人員の減少について，関係省庁との連携が強化され，薬物乱用者に対する適切な治療・処遇と効果的な社会復帰支援の推進政策の効果が徐々に現れていると考えられる。

薬物事犯検挙状況の推移

区分＼年別	平26年	平27年	平28年	平29年	平30年	令和1年	令和2年	令和3年	令和4年
薬物事犯検挙人員	13,437	13,887	13,841	14,019	14,322	13,860	14,567	14,408	12,621
うち覚醒剤事犯検挙人員	11,148	11,200	10,607	10,284	10,030	8,730	8,654	7,970	6,289
うち大麻事犯検挙人員	1,813	2,167	2,722	3,218	3,762	4,570	5,260	5,783	5,546
うち麻薬・向精神薬犯検挙人員	452	516	505	505	528	558	638	639	783
うちあへん事犯検挙人員	24	4	7	12	2	2	15	16	3

② 薬物乱用の定義

薬物乱用とは，「医薬品を医療の目的からはずれて使用したり，医薬品でない薬物を不適切な目的で使用すること」である。つまり，1度でも上記に該当する使用があった場合は“乱用”となる。乱用を繰り返すうちに依存状態になり，慢性の中毒や精神疾患へとつながる。乱用されて健康に害を与える薬物を「**乱用薬物**」といい，100種類以上あるといわれる。政府は，青少年に対する予防教育，薬物依存者の社会復帰支援，密売組織の徹底した取締り，密輸入防止に向けた水際対策などに取り組んでいる。内閣府は，企画・立案や総合調整を担う官庁として施策全体の基本方針として「**薬物乱用防止五か年戦略**」をとりまとめ，これに基づき関係省庁が対策を実施している。

③ 薬物乱用の健康影響

代表的な乱用薬物として，シンナーやトルエンなどの有機溶剤，覚せい剤，大麻等があるが，それを乱用した場合，当然健康への悪影響が生じる。薬物乱用は，乱用した人だけでなく，家族をはじめ，多くのところに影響を及ぼす。薬物乱用の問題は，世界的にも深刻な問題になっている。

▼関連用語

□フラッシュバック……再燃現象のこと。薬物乱用(とくに覚せい剤や麻薬)によって，一度幻覚などの精神症状が生じると，治療などで表面上は回復したかに見えても，飲酒やストレスなどの何らかの刺激によって突然，再び幻覚などの精神症状が再燃することがある。

④ 薬物乱用への対策

我が国の社会全体で取り組んでいる薬物乱用への様々な対策がある。1つ目は**法律による規制**，2つ目は**社会や学校での教育**，3つ目は**地域社会での活動**である。

薬物乱用対策推進会議が平成30年8月に策定した「**第5次薬物乱用防止五か年戦略**」では，5つの目標

目標1　青少年を中心とした広報・啓発を通じた国民全体の規範意識の向上による薬物乱用未然防止

目標2　薬物乱用者に対する適切な治療と効果的な社会復帰支援による

再乱用防止

目標3　薬物密売組織の壊滅，末端乱用者に対する取締りの徹底及び多様化する乱用薬物等に対する迅速な対応による薬物の流通阻止

目標4　水際対策の徹底による薬物の密輸入阻止

目標5　国際社会の一員としての国際連携・協力を通じた薬物乱用防止

を設定し，関係府省庁が緊密に連携し，各目標の達成に向けた取組を推進することとしている。

⑤　**薬物の誘いを断る**

薬物乱用への一番の対策は「薬物の誘いがあったときに，はっきり断ること」である。様々なシチュエーションを考え，薬物の誘いを断ることが重要である。

●感染症の予防

①　**感染症問題の変化**

感染症とは，人の体内にほかの生物やウイルスが侵入し，特有の症状を起こす病気のことである。かつては恐れられていた感染症が改善されてきたのは，抗生物質という医薬品の普及やワクチンの開発，衛生環境や生活水準の向上，栄養状態の改善などの結果である。しかし近年，克服されたと思っていた感染症が再び流行を始めたり，新しい感染症も発見されたりするようになった。

②　**感染症を取り巻く状況の変化**

いったんは克服された感染症が再び問題となってきた。その背景として，a. 国際間，国と国との交流が盛んになったこと。b. 熱帯雨林などの開発により，新たな病原菌と出会う機会が増えたこと。c. **薬剤耐性菌**が登場したこと。d. 感染症への警戒心が薄まってきていること，があげられる。

③　感染症の種類(学校保健安全法施行規則第18条)

第1種	エボラ出血熱，クリミア・コンゴ出血熱，痘そう，南米出血熱，ペスト，マールブルグ病，ラッサ熱，急性灰白髄炎，ジフテリア，重症急性呼吸器症候群(病原体がベータコロナウイルス属SARSコロナウイルスであるものに限る。)，中東呼吸器症候群(病原体がベータコロナウイルス属MERSコロナウイルスであるものに限る。)及び特定鳥インフルエンザ(感染症の予防及び感染症の患者に対する医療に関する法律(平成10年法律第114号)第6条第3項第六号に規定する特定鳥インフルエンザをいう。次号及び第19条第二号イにおいて同じ。)
第2種	インフルエンザ(特定鳥インフルエンザを除く。)，百日咳，麻しん，流行性耳下腺炎，風しん，水痘，咽頭結膜熱，新型コロナウイルス感染症(病原体がベータコロナウイルス属のコロナウイルス(令和2年1月に，中華人民共和国から世界保健機関に対して，人に伝染する能力を有することが新たに報告されたものに限る。)であるものに限る。次条第二号チにおいて同じ。)，結核及び髄膜炎菌性髄膜炎
第3種	コレラ，細菌性赤痢，腸管出血性大腸菌感染症，腸チフス，パラチフス，流行性角結膜炎，急性出血性結膜炎その他の感染症

④　感染症の予防活動

感染症の発生は，**感受性者**(主体側の感染要因)，**感染源**(病因)および**感染経路**(環境的要因)の3要因の相互作用によって起こるので，感染症の予防活動としては，これら3要因についてそれぞれ適切な防止対策をとることが必要である。

感受性者	感受性者とは，感染を受ける可能性のある人をいい，特に抵抗力の弱い人(高齢者・乳幼児・基礎疾患のある者)のことをいいます。対策としては，抵抗力をつけるためには，十分な栄養・睡眠をとることや予防接種などが大切である。
感染源	感染源とは，病気の原因となる微生物(細菌，ウイルス等)などを持つ物や人，汚染された器具や食品，患者等をいいます。対策としては，発病者の早期発見と治療，定期的な清掃による清潔保持，適切な消毒など，感染源を持ち込まない・増やさない対策をとる。
感染経路	感染経路とは，病原体(細菌，ウイルス等)が体内に侵入する経路のことで，接触感染，飛沫感染，空気感染がある。対策としては，手洗いの励行，患者の血液，便，嘔吐物等の排泄物には直接触れないなどの標準予防策の徹底及び感染経路別予防策を行うことにより，感染症を施設内で拡げない・持ち出さない対策をとる。

●エイズとその予防

①　エイズとは

エイズは，エイズウイルス(HIV：human immunodeficiency virus)によって起こる病気である。Acquired(後天性)，Immuno(免疫)，Deficiency(不全)，Syndorome(症候群)の頭文字をとって，AIDSと名付けられた。

AIDSはHIVというウイルスに感染した結果，ウイルスや細菌から体を守る力がうまく働かなくなり，身体や精神に出る様々な症状のことをいう。

②　エイズの現状

日本で最初にエイズ患者が確認されたのは1985年で，当時HIV感染者・エイズ患者の多くは，**血液製剤**によって感染した血友病患者だった。そのため血友病患者を「エイズ」に結びつけてしまう誤った図式ができてしまい，差別や偏見が強まった。今日では，血液製剤による新たな感染はなくなったが，**性行為による感染者**が増えてきている。

③　エイズ流行の原因

「エイズ流行の原因」は2つある。1つは「**確実な治療が見つかっていない**」ことと，もう1つは「**発症するまでに時間がかかる**」ことである。

④　エイズの個人的対策

エイズの感染経路は「HIVに感染している人との性行為」(性感染症)，「注射の回し打ちや，HIVを含んだ血液の輸血や感染した人の血液が直接体内に入る」(血液感染)，「母親のHIVが胎盤を通じて胎児に感染したり，出産時に産道で赤ちゃんがこすれることにより感染する」(母子感染)の3つに限定される。そのため，一般の人が感染する機会となるのは，HIVに感染している人との性行為に限られることになる。

⑤　エイズの社会的対策

エイズの社会的対策には，大きく分けると，「感染者の増加を防ぐ予防活動や啓発活動」「感染者の治療の充実を図る事業」「感染者・患者の理解と支援を行うための事業」がある。また，HIV感染者やエイズ患者への支援活動として，代表的な「**レッドリボン**」がある。レッドリボン(赤いリボン)は，エイズに対する理解と支援の象徴である。元々はヨーロッパに古くから伝承される風習の1つで，病気や事故で人生を全うできなかった人々への追悼の気持ちを表すものであったが，アメリカでエイズが社会的な問題となってきた1980年代の終わり頃からエイズ感染者を差別しない運動を示すものとなった。

▼関連用語

□STD……「Sexually Transmitted Diseases」の略で「性感染症」をいう。性感染症とは主として性行為に伴う性的な接触が原因となって，直接ヒトからヒトへ，皮膚や粘膜を通して病原微生物が感染することによって生じる疾患の総称である。

例題 1

生活習慣病について述べた次の文の(　ア　)～(　オ　)に当てはまる語を答えよ。

生活習慣病とは，食習慣，(　ア　)習慣，休養，喫煙，(　イ　)などの生活習慣が，その発症・進行に関係する病気である。特に，循環器関係では(　ウ　)のとり過ぎやストレスが関係する高血圧症，動物性脂肪のとり過ぎによる(　エ　)症などがある。これらによって，血管の血液が通る部分がせまくなったり，細くなったり，血管がもろくなったりする(　オ　)を引き起こし，脳卒中や心臓病の原因となる。

解答　ア　運動　　イ　飲酒　　ウ　塩分　　エ　脂質異常　　オ　動脈硬化

解説　生活習慣病とは，食習慣や運動習慣，休養，喫煙，飲酒といった生活習慣が，その発症・進行に深く関わる病気や症状の総称である。具体的には，これまで「成人病」と呼ばれてきた，ガン，脳卒中，糖尿病などに加え，肥満，高血圧症，脂質異常症，アルコール性肝疾患，骨粗しょう症，歯周病なども含まれる。医学用語ではないので病気の範囲に厳密な規定はないが，諸外国で成人病の表現がないこと，成人病の低年齢化が進んだことなどから，1996年10月に旧厚生省が名称を改めた。

例題 2

次の文章は,「生活習慣病」について述べたものであるが,適切でないものを①～⑤の中から1つ選べ。

① がんは喫煙や高脂肪,高塩分,低食物繊維などの食生活と深く関係している。

② 心臓病は冠状動脈の硬化が原因で,心筋が壊死するものを狭心症という。

③ 脳卒中は食塩の過剰摂取や飲酒が危険な要因とされている。

④ 脂質異常症は動脈硬化をもたらし,心臓病や脳卒中につながるおそれがある。

⑤ 糖尿病は肥満と運動不足が危険な要因で,失明や足の壊疽をおこすおそれがある。

解答 ②

解説 冠状動脈の硬化による心臓病は虚血性心疾患などと総称され,具体的なものとして狭心症や心筋梗塞があげられる。一般的に心筋の壊死が見られない軽度なものは狭心症,心筋の壊死が見られるものは心筋梗塞と区別される。

例題 3

次の(1)～(3)の感染症に関する各問いに答えよ。

(1) 感染症を予防するための基本対策を3つあげよ。

(2) 正常の宿主に対しては病原性を発揮しない病原体が,宿主の抵抗力が弱っている時に病原性を発揮しておこる感染症のことを何というか,答えよ。

(3) 医薬品に対して抵抗力をもつようになった菌を何というか,答えよ。

解答 (1) 感染源,感染経路,感受性 (2) 日和見感染症 (3) 薬剤耐性菌

解説 (1) 感染源とは,病気の原因となる微生物(細菌,ウイルス等)など

を持つ物や人，汚染された器具や食品，患者等をいう。感染経路には，接触感染，飛沫感染，空気感染がある。感受性のある人とは，感染を受ける可能性のある人をいい，特に抵抗力の弱い人(高齢者・乳幼児・基礎疾患のある者)のことをいう。 (2) 過去に不顕性感染し潜在化したが，免疫能が低下したため活性化され発病する病原体として，結核菌やヘルペスなどがある。 (3) 薬剤耐性菌には，MRSA(メチシリン耐性黄色ブドウ球菌)やバンコマイシン耐性腸球菌などがある。従来の抗生物質が効きにくいだけに，感染し発病した場合の症状は重く，場合によっては命を落とすこともある。

例題 4

性感染症及びエイズについて述べた次の文の(ア)～(カ)に当てはまる語句を答えよ。

性感染症とは，(ア)によって感染する病気であり，梅毒，性器ヘルペス，せん圭コンジローマ，淋病などがある。近年では，オーラルセックスでも感染する(イ)が増加しており，特に若い世代の感染率が高くなっている。病原体が感染者の(ウ)や膣分泌液，血液などに含まれているため，性器の粘膜や皮膚の傷口からも感染する。

エイズは，(エ)というウイルスの感染によって起こる病気で，感染経路は，(ア)による感染，(オ)による感染，(カ)感染の三つがある。

解答 ア 性的接触　イ 性器クラミジア(感染症)　ウ 精液
エ HIV　オ 血液(母子)　カ 母子(血液)

解説 エイズ及び性感染症の増加傾向とその低年齢化が社会問題になっていることから，その疾病概念や感染経路等について理解しておくようにする。性行為によって感染する疾患を「性感染症」(Sexually Transmitted Disease：STD，Sexually Transmitted Infection：STI)と呼ぶ。性感染症の原因となる病原体は体液(精液，膣液，血液など)の中に含まれ，おもに人体の粘膜(陰茎，膣，肛門，尿路)

を通過して感染する。エイズ(Acquired Immunodeficiency Syndrome：AIDS，後天性免疫不全症候群)は，本来，血液を介して感染する疾患であり，輸血，濃厚な接触(性交，注射針などによる医療事故等を含む)によりヒト免疫不全ウイルス(Human Immunodeficiency Virus：HIV)が血液内に侵入し，白血球の1種であるヘルパーTリンパ球に感染することによって，免疫不全(抵抗力が低下)の状態に陥る疾患である。HIV(エイズウイルス)に感染すると，免疫力がほとんどないため，健康な人なら接触しても発病しないような弱い病原菌に対しても，容易に感染・発病し(日和見感染という)，命を失うという致命的な病気となる。

例題 5

飲酒と健康について，次の(1)～(5)に答えよ。

(1) 急性アルコール中毒で，生命に危険を及ぼすのは，血中アルコール濃度が何％を超える場合とされているか，書け。

(2) アルコールは体内に入ると何という有害物質に変わるか，書け。また，この物質を無害にする酵素の名称を書け。

(3) 飲酒により，頭痛や吐き気がおこったり，顔が赤くなったりする。このような反応を何というか，書け。

(4) 大正11年に施行された，飲酒に関する法律の名称を書け。

(5) 胎児性アルコール症候群について説明せよ。

解答 (1) 0.4％　(2) 有害物質：アセトアルデヒド　酵素：アルデヒド脱水酵素　(3) フラッシング反応　(4) 未成年者飲酒禁止法　(5) 妊娠中の女性が飲酒することで，アルコールが胎盤を通して胎児に作用し，胎児に①顔面奇形，②発育の遅れ，③中枢神経の問題など様々な障害がおこる。

解説 急性アルコール中毒は，短時間に多量のアルコール(エタノール)を摂取することによって生じる中毒である。急性アルコール中毒の症状は，血液中のアルコール濃度に比例する。血中アルコール濃度が0.4％を超えた場合，脳を麻痺させてしまい，呼吸機能や心拍機能を停止させて，1～2時間で約半数が死亡する。一般的に，エタノールの体内での代謝過程で生成されるアセトアルデヒドのフラッシング反応(アセトアルデヒド脱水酵素による代謝能力の差からくる)の有無を指し，お酒に強い体質とお酒に弱い体質と定義する場合がある。しかし急性アルコール中毒の発生は，その体質とは関係がなく，あくまでも血中のアルコール濃度(飲んだアルコールの量)に比例し，誰もが陥る急性中毒である。 (4) 未成年者飲酒禁止法は，未成年者の飲酒の禁止に関する法律である。未成年者の飲酒は喫煙とならんで，青少年の非行の温床になるという懸念などを背景に，親権者やその他の監督者，酒類を販売・供与した営業者に罰則を科すなど取り締まりを強化するために，相次いで改正されている。

例題 6

たばこの煙に含まれる主な有害物質を2つあげ，その作用と健康被害(健康への影響)について説明せよ。

解答 ・ニコチン：末梢血管を収縮させ，血圧を上昇させる。タバコを吸うのがやめられなくなる(依存症)。動脈硬化を引き起こす。 ・タール：健康な細胞をがん細胞に変化させ，増殖させる。 ・一酸化炭素：ヘモグロビンと強く結合し，血液が運ぶ酸素の量を減少させ，細胞が酸素不足になる。血管壁を傷つける。 ・シアン化合物：組織呼吸を妨げたり，気道の繊毛を破壊する。慢性気管支炎や肺気腫を引き起こす。 から2つ。

解説 たばこの煙には，喫煙者が吸い口から吸い込む主流煙と，喫煙者が吐き出す煙，それに点火部からの副流煙の3つがあるが，そのうち副流煙は主流煙よりも有害物質の含有率が約2～3倍高い。

例題 7

薬物乱用に関して，次の問1～問3に答えよ。

問1　薬物を乱用するうちに，薬物の使用を自分の意志でやめることができなくなることを何というか，書け。

問2　薬物の乱用を止めた場合に，不安や疲労感，不快な症状など特有の耐えがたい苦痛が現れることを何というか，書け。

問3　次の①，②の語句を説明せよ。

①　薬物耐性　　②　フラッシュバック現象

解答　問1　薬物依存(薬物依存症)　　問2　禁断症状(退薬症状)

問3　①　薬物の乱用を続けていると，薬物がはじめ(同じ)の(摂取)量では効果がなく(弱く)なること。(そのため，同じ効果を得るために次第に摂取量が増える)　②　薬物の乱用を繰り返すと，乱用を止めた後でも(ストレスなどで)幻覚や妄想などの精神異常が現れること。

解説　薬物乱用の背景には，自分の体を大切にする気持ちや社会の規範を守る意識の低下，周囲の人々からの誘い，断りにくい人間関係といった不適切な社会環境などがあることを取り上げ，薬物乱用を決して行わないことが必要であることを理解できるようにする。

第10章

学習指導要領

保健体育科 学習指導要領

ポイント

専門教養全体の出題割合からも，学習指導要領からの出題は，その多くを占めている。採用者である教育委員会としても，しっかりとした理解を求めて学習指導要領の内容を重視しているため，出題傾向を分析し，的確な予測をしないと受験対策が困難になってくる。

この分野からは，学習指導要領改訂の要点，教科の目標，体育分野・保健分野の目標と学年別の内容，内容の構造とその取扱い，標準授業時数・標準単位数，年間指導計画作成上の留意事項，単元の配列とその留意事項，各運動領域の内容構成，各運動領域の特性及びねらいと指導法，評価の観点，総則「体育」，など広い範囲で出題されている。また，保健の内容と指導項目，必修内容と選択内容の取扱い，小・中・高の一貫したねらい，などの出題もみられる。出題形式は適語補充式や語群選択が多いが，地域によっては記述式での出題もあり，傾向に合わせた対策が必要である。

※学習指導要領及び学習指導要領解説は，文部科学省のホームページから閲覧できます。

●中学校学習指導要領
(平成 29 年告示)

●中学校学習指導要領
(平成 29 年告示)
解説「保健体育編」

●高等学校学習指導要領
(平成 30 年告示)

●高等学校学習指導要領
(平成 30 年告示)
解説「保健体育編」

学習指導要領改訂の要点

中央教育審議会答申(平成28年12月21日)では「何ができるようになるか」という学習の意義を明確にするという方針から，全ての教科を①知識及び技能，②思考力，判断力，表現力等，③学びに向かう力，人間性等の3つの柱で整理するという方針が示された。

また，今回の学習指導要領改訂では生徒の主体的・対話的で深い学びの実現を図ることが全教科にわたり示されることとなった。答申では，保健体育科における学びに対する視点について，以下の通り示されている。

「主体的な学び」の視点

・「主体的な学び」は，運動の楽しさや健康の意義等を発見し，運動や健康についての興味や関心を高め，課題の解決に向けて粘り強く自ら取り組み，それを考察するとともに学習を振り返り，課題を修正したり新たな課題を設定したりする学びの過程と捉えられる。各種の運動の特性や魅力に触れたり，自他の健康の保持増進や回復を目指したりするための主体的な学習を重視するものである。

「対話的な学び」の視点

・「対話的な学び」は，運動や健康についての課題の解決に向けて，児童生徒が他者(書物等を含む)との対話を通して，自己の思考を広げ深めていく学びの過程と捉えられる。自他の運動や健康についての課題の解決を目指して，協働的な学習を重視するものである。

「深い学び」の視点

・「深い学び」は，自他の運動や健康についての課題を発見し，解決に向けて試行錯誤を重ねながら，思考を深め，よりよく解決する学びの過程と捉えられる。児童生徒の発達の段階に応じて，これらの深い学びの過程を繰り返すことにより，体育科，保健体育科の「見方・考え方」を豊かで確かなものとすることを重視するものである。

また，保健体育科における今後の課題としては，あとのようなものが示された。

・習得した知識や技能を活用して課題解決すること
・学習したことを相手に分かりやすく伝えること
・運動する子供とそうでない子供の二極化傾向が見られること
・子供の体力について，低下傾向には歯止めが掛かっているものの，体力水準が高かった昭和60年ごろと比較すると，依然として低い状況が見られること
・健康課題を発見し，主体的に課題解決に取り組む学習が不十分であり，社会の変化に伴う新たな健康課題に対応した教育が必要

これらの課題を踏まえ，具体的には以下の方針で内容の改善を図ることとなった。

・心と体を一体として捉え，生涯にわたる心身の健康の保持増進や豊かなスポーツライフの実現を重視し，健康に関する概念や「する・みる・支える・知る」の多様な関わりと関連付けて内容等の改善を図る。また，体力や技能の程度，年齢や性別及び障害の有無等にかかわらず，運動やスポーツの多様な楽しみ方が共有できるよう配慮する。
・運動やスポーツの習慣化につなげる観点から，体つくり運動の内容等について改善を図るとともに，オリンピック・パラリンピックに関する指導を通して，スポーツの意義や価値等に触れることができるよう内容等の改善を図る。
・心の健康，現代的な健康課題の解決に関わる内容及び一次予防のみならず，二次予防や三次予防に関する内容の改善を図る。また，けがの手当や心肺蘇生法等の技能に関する内容の改善を図る。

例題 1

中央教育審議会答申(平成28年12月)の保健体育科の具体的な改善事項について，次の文中の(①)〜(⑧)に適する語句を答えよ。ただし，同じ問いの空欄には，同じ解答が入るものとする。

・体育については，スポーツとの多様な関わり方を楽しむことができるようにする観点から，(①)に対する興味や関心を高め，技能の指導に偏ることなく，「する，みる，支える」に「(②)」を加え，三つの資質・能力をバランスよく育むことができる学習過程を工夫し，充実を図る。また，粘り強く意欲的に課題の解決に取り組むとともに，自らの学習活動を振り返りつつ，(③)と共に課題を解決し，次の学びにつなげる主体的・(④)的な学習過程を工夫し，充実を図る。

・保健については，(⑤)に関心をもち，自他の(⑤)の保持増進や回復を目指して，(⑥)等のリスクを減らしたり，(⑦)を高めたりすることができるよう，(⑧)に偏ることなく，三つの資質・能力をバランスよく育むことができる学習過程を工夫し，充実を図る。また，健康課題に関する課題解決的な学習過程や，主体的・(④)的な学習過程を工夫し，充実を図る。

解答 ① 運動　② 知る　③ 仲間　④ 協働　⑤ 健康
⑥ 疾病　⑦ 生活の質　⑧ 知識の指導

解説 この答申を受けて，平成29年3月に小中学校の新学習指導要領が告示された。中学校保健体育科では，生涯にわたって運動やスポーツに親しみ，スポーツとの多様な関わり方を場面に応じて選択し，実践することができるよう，「知識及び技能」,「思考力，判断力，表現力等」,「学びに向かう力，人間性等」(資質・能力の三つの柱)の育成を重視するとともに，個人生活における健康・安全についての「知識及び技能」,「思考力，判断力，表現力等」,「学びに向かう力，人間性等」(資質・能力の三つの柱)の育成を重視して改善を図っている。

例題 2

中学校学習指導要領解説「保健体育編」(平成29年7月 文部科学省)の「第1章　総説」「2　保健体育科改訂の趣旨及び要点」の「(2)　保健体育科改訂の要点」の抜粋である。文中の(　①　)～(　⑧　)に適する語句を答えよ。

中央教育審議会答申において，教育課程の基準の改善のねらいが示されるとともに，各教科等の主な改善事項を示している。この度の中学校保健体育科の改訂は，これらを踏まえて行ったものである。

保健体育科については，これらの中央教育審議会答申の趣旨を踏まえて，次の方針によって改訂を行った。

(1)　体育分野においては，育成を目指す資質・能力を明確にし，生涯にわたって豊かなスポーツライフを実現する資質・能力を育成することができるよう，「知識及び技能」，「思考力，判断力，表現力等」，「学びに向かう力，(　①　)等」の育成を重視し，目標及び内容の構造の見直しを図ること。

(2)　「カリキュラム・マネジメント」の実現及び「主体的・(　②　)的で深い学び」の実現に向けた授業改善を推進する観点から，発達の段階のまとまりを考慮し，各領域で身に付けさせたい具体的な内容の(　③　)を踏まえた指導内容の一層の充実を図るとともに，保健分野との一層の関連を図った指導の充実を図ること。

(3)　運動やスポーツとの多様な関わり方を重視する観点から，体力や技能の程度，性別や(　④　)の有無等にかかわらず，運動やスポーツの多様な楽しみ方を共有することができるよう指導内容の充実を図ること。その際，(　⑤　)の視点を重視して改善を図ること。

(4)　生涯にわたって豊かなスポーツライフを実現する基礎を培うことを重視し，資質・能力の三つの柱ごとの指導内容の一層の明確化を図ること。

(5)　保健分野においては，(　⑥　)にわたって健康を保持増進する資質・能力を育成することができるよう，「知識及び技能」，「思考力，判断力，表現力等」，「学びに向かう力，(　①　)等」に対応した目標，内容に改善すること。

(6) (　⑦　)や疾病の予防に関する健康課題の解決に関わる内容，ストレス対処や心肺蘇(そ)生法等の技能に関する内容等を充実すること。

(7) 個人生活における健康課題を解決することを重視する観点から，健康な生活と疾病の予防の内容を(　⑧　)ごとに配当するとともに，体育分野との一層の関連を図った内容等について改善すること。

解答 ①　人間性　②　対話　③　系統性　④　障害
⑤　共生　⑥　生涯　⑦　心の健康　⑧　学年

解説 学習指導要領解説に掲載されている保健体育科改訂の要点である。平成30年3月に告示された高等学校新学習指導要領「保健体育」も同様の趣旨で改訂が行われた。保健体育科に限ったことではないが，今回の学習指導要領の改訂は，「主体的・対話的で深い学びの実現に向けた授業改善の推進」や「各学校におけるカリキュラム・マネジメントの推進」，この他，「言語能力の確実な育成」，「理数教育の充実」，「伝統や文化に関する教育の充実」，「体験活動の充実」，「外国語教育の充実」などについて，総則や各教科等において，その特質に応じて内容やその取扱いの充実を図っている。

中学校学習指導要領

●教科の目標

教科の目標は，次のように設定された。

> 体育や保健の見方・考え方を働かせ，課題を発見し，合理的な解決に向けた学習過程を通して，心と体を一体として捉え，生涯にわたって心身の健康を保持増進し豊かなスポーツライフを実現するための資質・能力を次のとおり育成することを目指す。
> (1) 各種の運動の特性に応じた技能等及び個人生活における健康・安全について理解するとともに，基本的な技能を身に付けるようにする。
> (2) 運動や健康についての自他の課題を発見し，合理的な解決に向けて思考し判断するとともに，他者に伝える力を養う。
> (3) 生涯にわたって運動に親しむとともに健康の保持増進と体力の向上を目指し，明るく豊かな生活を営む態度を養う。

今回の改訂では，学習指導要領の第1章総則第1の2に示される3つの事項を反映した形で目標が示されるようになった。(1)が「知識及び技能」を，(2)が「思考力，判断力，表現力等」を，(3)が「学びに向かう力，人間性等」を反映している。

「体育の見方・考え方」については，中教審答申にて「運動やスポーツを，その価値や特性に着目して，楽しさや喜びとともに体力の向上に果たす役割の視点から捉え，自己の適性等に応じた『する・みる・支える・知る』の多様な関わり方と関連付けること」と整理している。

同じく「保健の見方・考え方」については，「個人及び社会生活における課題や情報を，健康や安全に関する原則や概念に着目して捉え，疾病等のリスクの軽減や生活の質の向上，健康を支える環境づくりと関連付けること」としている。

●各分野・各学年の目標

〔体育分野〕

※下線部は第1学年及び第2学年と，第3学年で異なる箇所を示す。

第1学年及び第2学年

(1) 運動の合理的な実践を通して，運動の楽しさや喜びを味わい，運動を豊かに実践することができるようにするため，運動，体力の必要性について理解するとともに，基本的な技能を身に付けるようにする。

(2) 運動についての自己の課題を発見し，合理的な解決に向けて思考し判断するとともに，自己や仲間の考えたことを他者に伝える力を養う。

(3) 運動における競争や協働の経験を通して，公正に取り組む，互いに協力する，自己の役割を果たす，一人一人の違いを認めようとするなどの意欲を育てるとともに，健康・安全に留意し，自己の最善を尽くして運動をする態度を養う。

第3学年

(1) 運動の合理的な実践を通して，運動の楽しさや喜びを味わい，生涯にわたって運動を豊かに実践することができるようにするため，運動，体力の必要性について理解するとともに，基本的な技能を身に付けるようにする。

(2) 運動についての自己や仲間の課題を発見し，合理的な解決に向けて思考し判断するとともに，自己や仲間の考えたことを他者に伝える力を養う。

(3) 運動における競争や協働の経験を通して，公正に取り組む，互いに協力する，自己の責任を果たす，参画する，一人一人の違いを大切にしようとするなどの意欲を育てるとともに，健康・安全を確保して，生涯にわたって運動に親しむ態度を養う。

〔保健分野〕

(1) 個人生活における健康・安全について理解するとともに，基本的な技能を身に付けるようにする。
(2) 健康についての自他の課題を発見し，よりよい解決に向けて思考し判断するとともに，他者に伝える力を養う。
(3) 生涯を通じて心身の健康の保持増進を目指し，明るく豊かな生活を営む態度を養う。

各分野の目標，教科の目標と同様，(1)が「知識及び技能」を，(2)が「思考力，判断力，表現力等」を，(3)が「学びに向かう力，人間性等」の内容を反映した形に再編された。

●教科の内容

教科の内容は，体育分野と保健分野で構成されており，内容構成は次表のとおりである。

保健体育科	
［体育分野］	［保健分野］
体つくり運動	健康な生活と疾病の予防
器械運動	
陸上競技	心身の機能の発達と心の健康
水泳	
球技	傷害の防止
武道	
ダンス	健康と環境
体育理論	

●年間授業時数

保健体育の年間標準授業時数は，各学年105単位時間。合計で315単位時間となる。

●体育分野の内容

体育分野の内容は，運動に関する領域及び知識に関する領域で構成されている。運動に関する領域は，「体つくり運動」，「器械運動」，「陸上競技」,「水泳」,「球技」,「武道」及び「ダンス」, 知識に関する領域は,「体育理論」である。

運動に関する領域では, (1)技能(「体つくり運動」は運動), (2)態度, (3)知識, 思考・判断を内容として示している。知識に関する領域では, (1), (2), (3)に内容のまとまりごとの指導内容を示した上で, ア, イ, ウに具体的な指導内容を示している。また, 内容の取扱いにおいて, 地域や学校の実態に応じて, スキー, スケートや水辺活動(野外活動)を加えて指導するとともに, 能率的で安全な集団としての行動の仕方(集団行動)を各領域において適切に行うこととしている。

●体育分野の主な改訂点

以下に, 主な改訂点を示す。

〔内容の取扱い〕

・(2)ア 「A体つくり運動」の(1)のイの運動については, 第1学年及び第2学年においては,「音楽に合わせて運動をするなどの工夫を図ること」が追加された。

・(2)エ 「D水泳」の(1)の運動については,「なお, 学校や地域の実態に応じて, 安全を確保するための泳ぎを加えて履修させることができること。」が追加された。

・(2)カ 「F武道」については,「柔道, 剣道, 相撲, 空手道, なぎなた, 弓道, 合気道, 少林寺拳法, 銃剣道などを通して, 我が国固有の伝統と文化により一層触れることができるようにすること。」が追加された。また, 従前で「なお, 地域や学校の実態に応じて, なぎなたなどのその他の武道についても履修させることができること。」とあったのは,「なお, 学校や地域の実態に応じて, 空手道やなぎなた, 弓道, 合気道, 少林寺拳法, 銃剣道などについても履修させることができること。」に変更された。

・(3) 内容の「A体つくり運動」から「Gダンス」までの領域及び運動の選択並びにその指導に当たっては,「また, 第3学年の領域の選択に当たっては, 安全を十分に確保した上で, 生徒が自由に選択して履修することができるよう配慮すること」が追加された。

▼中学校保健体育科の領域及び内容の取扱い

体育分野の領域及び内容の取扱い

領域及び領域の内容	1年	2年	内容の取扱い	領域及び領域の内容	3年	内容の取扱い
【A 体つくり運動】	必修	必修	ア，イ必修(各学年7単位時間以上)	【A 体つくり運動】	必修	ア，イ必修(7単位時間以上)
ア 体ほぐしの運動				ア 体ほぐしの運動		
イ 体の動きを高める運動				イ 実生活に生かす運動の計画		
【B 器械運動】	必修		2年間で，アを含む②選択	【B 器械運動】	B,C,D,G,から①以上選択	ア～エから選択
ア マット運動				ア マット運動		
イ 鉄棒運動				イ 鉄棒運動		
ウ 平均台運動				ウ 平均台運動		
エ 跳び箱運動				エ 跳び箱運動		
【C 陸上競技】	必修		2年間で，ア及びイのそれぞれから選択	【C 陸上競技】		ア及びイのそれぞれから選択
ア 短距離走・リレー，長距離走又はハードル走				ア 短距離走・リレー，長距離走又はハードル走		
イ 走り幅跳び又は走り高跳び				イ 走り幅跳び又は走り高跳び		
【D 水泳】	必修		2年間で，ア又はイを含む②選択	【D 水泳】		ア～オから選択
ア クロール				ア クロール		
イ 平泳ぎ				イ 平泳ぎ		
ウ 背泳ぎ				ウ 背泳ぎ		
エ バタフライ				エ バタフライ		
				オ 複数の泳法で泳ぐ又はリレー		
【E 球技】	必修		2年間で，ア～ウのすべてを選択	【E 球技】	E,F,から①以上選択	ア～ウから②選択
ア ゴール型				ア ゴール型		
イ ネット型				イ ネット型		
ウ ベースボール型				ウ ベースボール型		
【F 武道】	必修		2年間で，ア～ウから①選択	【F 武道】		ア～ウから①選択
ア 柔道				ア 柔道		
イ 剣道				イ 剣道		
ウ 相撲				ウ 相撲		
【G ダンス】	必修		2年間で，ア～ウから選択	【G ダンス】	B,C,D,G,から①以上選択	ア～ウから選択
ア 創作ダンス				ア 創作ダンス		
イ フォークダンス				イ フォークダンス		
ウ 現代的なリズムのダンス				ウ 現代的なリズムのダンス		
【H 体育理論】	必修	必修	(1)第1学年必修 (2)第2学年必修 (各学年3単位時間以上)	【H 体育理論】	必修	(1)第3学年必修(3単位時間以上)
(1) 運動やスポーツの多様性				(1) 文化としてのスポーツの意義		
(2) 運動やスポーツの意義や効果と学び方や安全な行い方						

保健分野の領域及び内容の取扱い

1年	2年	3年	
(1) 健康な生活と疾病の予防 (2) 心身の機能の発達と心の健康	(1) 健康な生活と疾病の予防 (3) 傷害の防止	(1) 健康な生活と疾病の予防 (4) 健康と環境	3学年間で48単位時間程度

●保健分野の内容

(1) 健康な生活と疾病の予防

ポイントとして，①健康の保持増進や疾病の予防をするためには，調和のとれた食事，適切な運動，休養及び睡眠が必要であること，②生活行動と健康に関する内容として喫煙，飲酒，薬物乱用を取り上げ，これらと健康との関係を理解できるようにすること，③疾病は主体と環境が関わりながら発生するが，疾病はそれらの要因に対する適切な対策，例えば，保健・医療機関や医薬品を有効に利用することなどによって予防できること，④社会的な取り組みも有効であることなどがあげられる。

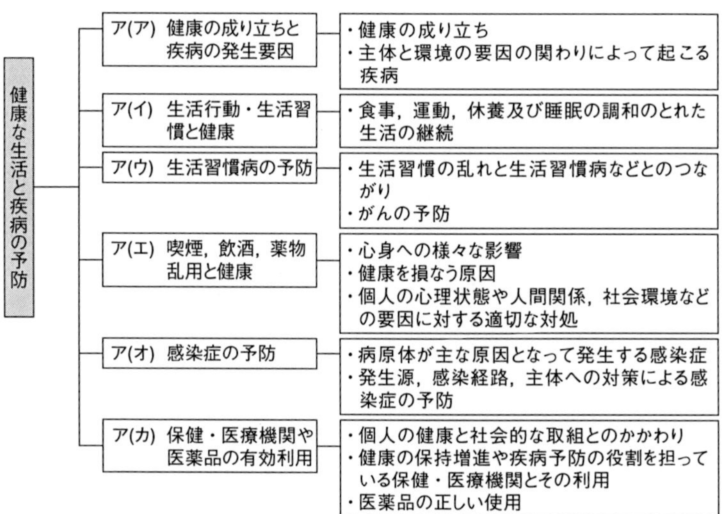

(2) 心身の機能の発達と心の健康

ポイントとして，①年齢に伴って身体の各器官が発育し，機能が発達することを呼吸器，循環器を中心に取り上げる，②発育・発達の時期や程度には個人差があること，また，思春期は，身体的には生殖に関わる機能が成熟し，精神的には自己形成の時期であること，③精神と身体は互いに影響し合うこと，④心の健康を保つには欲求やストレスに適切に対処することなどがあげられる。

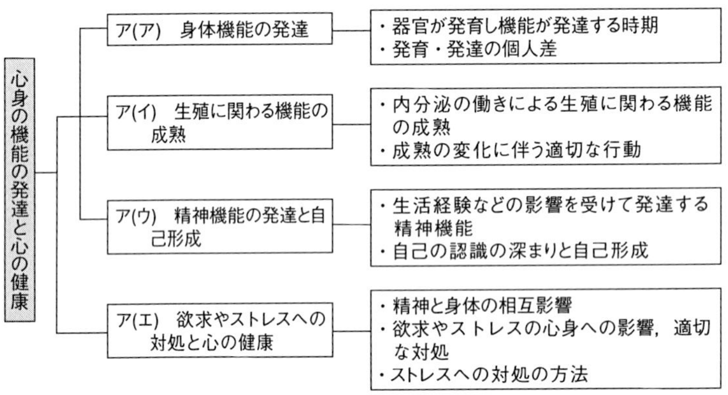

(3)　傷害の防止

ポイントとして，①交通事故や自然災害などによる傷害は人的要因，環境要因及びその相互のかかわりによって発生すること，②交通事故などの傷害の多くはこれらの要因に対する適切な対策を行うことによって防止できること，③自然災害による傷害の多くは災害に備えておくこと，④災害発生時及び発生後に周囲の状況に応じて安全に行動すること，⑤災害情報を把握することで防止できること，⑥適切な応急手当は傷害の悪化を防止することができることなどがあげられる。

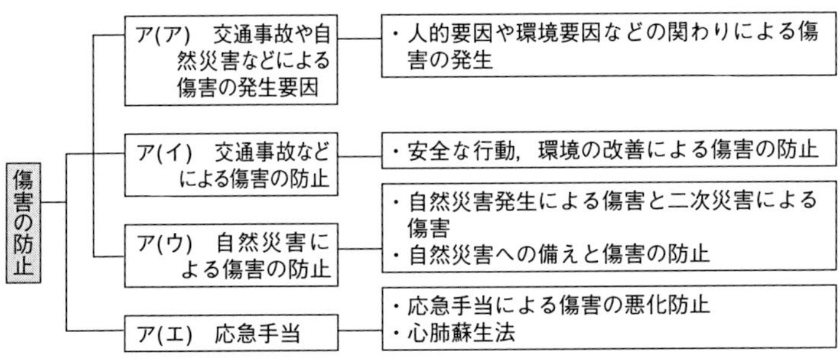

(4) 健康と環境

ポイントとして，①主として身体に直接関わりのある環境を取り上げる，②人間の身体は環境の変化に対してある程度まで適応する生理的な機能を有すること，③身体の適応能力を超えた環境は生命や健康に影響を及ぼすことがあること，④飲料水や空気を衛生的に保ったり，生活によって生じた廃棄物は衛生的に処理したりする必要があることがあげられる。

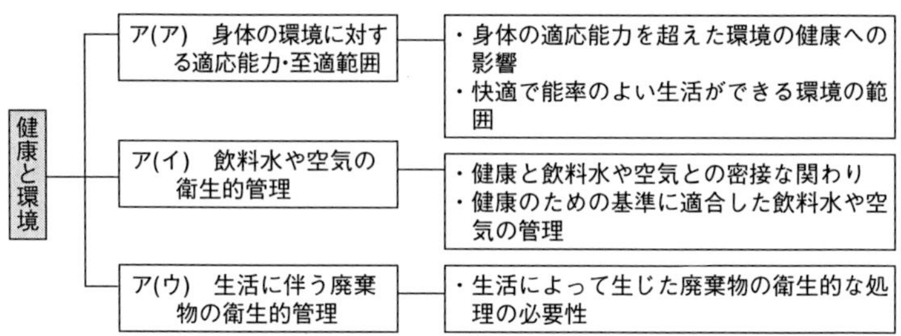

●保健分野の主な改訂点

以下に，主な改訂点を示す。

〔内容の取扱い〕

・(1) 「(1)内容の(1)のアの(ア)及び(イ)は第1学年，(1)のアの(ウ)及び(エ)は第2学年，(1)のアの(オ)及び(カ)は第3学年で取り扱うものとし，(1)のイは全ての学年で取り扱うものとする。内容の(2)は第1学年，(3)は第2学年，(4)は第3学年で取り扱うものとする。」に改められた。

・(2) 内容の(1)のアについては，「疾病の回復についても取り扱う」が追加された。

・(3) 内容の(1)のアの(イ)及び(ウ)については，「がんについても取り扱う」が追加された。

・(11) 保健分野の指導に際しては，従前で「知識を活用する学習活動を取り入れる」とあったのが，「自他の健康に関心をもてるようにし，健康に関する課題を解決する学習活動を取り入れる」に変更された。

●指導計画の作成と内容の取扱い

以下の項目が新設された。

・1 (1)　単元など内容や時間のまとまりを見通して，その中で育む資質・能力の育成に向けて，生徒の主体的・対話的で深い学びの実現を図るようにすること。その際，体育や保健の見方・考え方を働かせながら，運動や健康についての自他の課題を発見し，その合理的な解決のための活動の充実を図ること。また，運動の楽しさや喜びを味わったり，健康の大切さを実感したりすることができるよう，留意すること。

・1 (3)　障害のある生徒などについては，学習活動を行う場合に生じる困難さに応じた指導内容や指導方法の工夫を計画的，組織的に行うこと。

・2 (1)　体力や技能の程度，性別や障害の有無等に関わらず，運動の多様な楽しみ方を共有することができるよう留意すること。

・2 (2)　言語能力を育成する言語活動を重視し，筋道を立てて練習や作戦について話し合う活動や，個人生活における健康の保持増進や回復について話し合う活動などを通して，コミュニケーション能力や論理的な思考力の育成を促し，自主的な学習活動の充実を図ること。

・2 (3)　第2の内容の指導に当たっては，コンピュータや情報通信ネットワークなどの情報手段を積極的に活用して，各分野の特質に応じた学習活動を行うよう工夫すること。

・2 (4)　体育分野におけるスポーツとの多様な関わり方や保健分野の指導については，具体的な体験を伴う学習の工夫を行うよう留意すること。

・2 (5)　生徒が学習内容を確実に身に付けることができるよう，学校や生徒の実態に応じ，学習内容の習熟の程度に応じた指導，個別指導との連携を踏まえた教師間の協力的な指導などを工夫改善し，個に応じた指導の充実が図られるよう留意すること。

・2 (7)　体育分野と保健分野で示された内容については，相互の関連が図られるよう留意すること。

例題 1

次の文章は,「中学校学習指導要領(平成29年3月告示)　第2章　各教科　第7節　保健体育　第1　目標」である。文中の(　①　)～(　⑤　)に適する語句を答えよ。ただし，同じ番号には同じ語句が入るものとする。

> 体育や保健の見方・考え方を働かせ，課題を発見し，合理的な(　①　)に向けた学習過程を通して，心と体を一体として捉え，生涯にわたって心身の健康を保持増進し豊かな(　②　)を実現するための資質・能力を次のとおり育成することを目指す。
> (1)　各種の運動の特性に応じた技能等及び(　③　)生活における健康・安全について理解するとともに，基本的な技能を身に付けるようにする。
> (2)　運動や健康についての自他の課題を発見し，合理的な(　①　)に向けて思考し判断するとともに，他者に(　④　)力を養う。
> (3)　生涯にわたって運動に親しむとともに健康の保持増進と(　⑤　)の向上を目指し，明るく豊かな生活を営む態度を養う。

解答　①　解決　　②　スポーツライフ　　③　個人　　④　伝える
⑤　体力

解説　教科の目標は，従来の内容を引き継ぎつつ(1)が「知識及び技能」を，(2)が「思考力，判断力，表現力等」を，(3)が「学びに向かう力，人間性等」を示す形に再編された。①「解決」や④「伝える」は新しく登場した文言であるので特によく確認しておきたい。学習指導要領の目標に関する問題は頻出であるため，どのような形式で出題されても正答できるようにしたい。

例題 2

あとの文章は，中学校学習指導要領(平成29年3月告示)　第2章　各教科 第7節　保健体育　第2　各学年の目標及び内容」に示されている〔保健分野〕」の目標である。文中の(　①　)～(　③　)に適する語句を答えよ。

(1) 個人生活における健康・(①)について理解するとともに，基本的な技能を身に付けるようにする。
(2) 健康についての(②)の課題を発見し，よりよい解決に向けて思考し判断するとともに，他者に伝える力を養う。
(3) 生涯を通じて(③)の健康の保持増進を目指し，明るく豊かな生活を営む態度を養う。

解答 ① 安全　② 自他　③ 心身

解説 保健分野の目標は「第1　目標」に示される教科の目標と共通する文言が多く，比較的暗記しやすいといえる。取りこぼしのないよう熟読しておきたい。

例題 3

次の文章は，中学校学習指導要領(平成29年3月告示)の第1章　総則第1の2(3)からの抜粋である。下の各問いに答えよ。

学校における体育・健康に関する指導を，生徒の発達の(①)を考慮して，学校の教育活動全体を通じて適切に行うことにより，健康で安全な生活と(②)なスポーツライフの実現を目指した教育の充実に努めること。特に，学校における食育の推進並びに体力の向上に関する指導，安全に関する指導及び心身の健康の保持増進に関する指導については，保健体育科，技術・家庭科及び(③)の時間はもとより，各教科，道徳科及び総合的な学習の時間などにおいてもそれぞれの(④)に応じて適切に行うよう努めること。

(1) 文中の(①)～(④)に当てはまる語句をそれぞれ答えよ。
(2) 下線部「食育の推進」を進めるに当たり，保健学習や体育学習と関連づけて行う具体的な取組を2つ書け。

解答 (1) ① 段階　② 豊か　③ 特別活動　④ 特質
(2) (例)　・栄養教諭等の専門性を生かしたチームティーチング。

・栄養のバランスや食品の安全性について聞き取り調査をし，発表させたりすること。

解説 (2) 学校における食育の推進においては，偏った栄養摂取などによる肥満傾向の増加など，食に起因する健康課題に適切に対応するため，生徒が食に関する正しい知識と望ましい食習慣を身に付けることにより生涯にわたって健やかな心身と豊かな人間性をはぐくんでいくための基礎が培われるよう，栄養のバランスや規則正しい食生活，食品の安全性などの指導が一層重視されなければならない。そこで，食育の推進に当たっては，栄養教諭等の専門性を生かすなど教師間の連携に努めるとともに，地域の産物を学校給食に使用するなどの創意工夫を行いつつ，学校給食の教育的効果を引きだすよう取り組むことが重要である。

例題 4

次の文章は，中学校学習指導要領(平成29年3月告示)「第2章　各教科　第7節　保健体育　第3　指導計画の作成と内容の取扱い」の一部である。文中の(　①　)～(　④　)に当てはまる語句を，以下の1～5から1つずつ選べ。

> 1　指導計画の作成に当たっては，次の事項に配慮するものとする。
> (2)　授業時数の配当については，次のとおり扱うこと。
> ア　保健分野の授業時数は，3学年間を通じて(　①　)程度を配当すること。
> ウ　体育分野の授業時数は，各学年にわたって適切に配当すること。その際，体育分野の内容の「(　②　)」については，各学年で(　③　)以上を，「H体育理論」については，各学年で(　④　)以上を配当すること。

①　1　40単位時間　2　42単位時間　3　44単位時間
　　4　46単位時間　5　48単位時間

②　1　A体つくり運動　2　B器械運動　3　D水泳

4　F武道　　　　5　Gダンス

③　1　3単位時間　　2　5単位時間　　3　7単位時間

4　9単位時間　　5　11単位時間

④　1　3単位時間　　2　5単位時間　　3　7単位時間

4　9単位時間　　5　11単位時間

解答　①　5　　②　1　　③　3　　④　1

解説　中学校学習指導要領(平成29年3月告示)「第2章　第7節　保健体育」より必ず出題されるので，「第1　目標」，「第2　各分野の目標及び内容」，「第3　指導計画の作成と内容の取扱い」を完全に正しく理解しておくことが重要である。現行の学習指導要領に改訂する際授業時数を増やしたため，体力の低下傾向には歯止めがかかっている。しかし，体力水準が高かった昭和60年頃と比較すると依然として低い状況が見られる。このことから，授業時数は従前のまま変更はされていない。

高等学校学習指導要領

●改善の方向性

中教審答申(平成28年12月21日)に示された，高等学校保健体育科の改訂の方向性は下記の通りである。

○高等学校科目体育については，生涯にわたって豊かなスポーツライフを継続し，スポーツとの多様な関わり方を状況に応じて選択し，卒業後も継続して実践することができるよう，「知識・技能」，「思考力・判断力・表現力等」，「学びに向かう力・人間性等」の育成を重視する観点から内容等の改善を図る。また，科目保健との一層の関連を図った内容等について改善を図る。

・各領域で身に付けたい具体的な内容を，資質・能力の三つの柱に沿って明確に示す。特に，「思考力・判断力・表現力等」及び「学びに向かう力・人間性等」の内容の明確化を図る。また，体力や技能の程度，年齢や性別及び障害の有無等にかかわらず，運動やスポーツの多様な楽しみ方を社会で実践することができるよう配慮する。

・体を動かす楽しさや心地よさを味わうとともに，健康や体力の状況に応じて自ら体力を高める方法を身に付け，運動やスポーツの習慣化につなげる観点から，体つくり運動の内容等について改善を図る。

・スポーツの意義や価値等の理解につながるよう，内容等について改善を図る。特に，東京オリンピック・パラリンピック競技大会がもたらす成果を次世代に引き継いでいく観点から，知識に関する領域において，オリンピック・パラリンピックの意義や価値及びドーピング等の内容等について改善を図る。

○科目保健については，個人及び社会生活における健康・安全についての総合的な「知識・技能」，「思考力・判断力・表現力等」，「学びに向かう力・人間性等」の育成を重視する観点から内容等の改善を図る。その際，少子高齢化や疾病構造の変化による現代的な健康課題の解決に関わる内容や，ライフステージにおける健康の保持増進や回復に関わる内容及び一次予防のみならず，二次予防や三次予防に関する内容を改善するとともに，人々の健康を支える環境づくりに関する内容の充実を図る。また，科目体育と一層の関連を図り，心身の健康の保持増進や回復とスポーツとの関連等の内容等について改善を図る。

●教科の目標

教科の目標は，次のように設定された。

体育や保健の見方・考え方を働かせ，課題を発見し，合理的，計画的な解決に向けた学習過程を通して，心と体を一体として捉え，生涯にわたって心身の健康を保持増進し豊かなスポーツライフを継続するための資質・能力を次のとおり育成することを目指す。

(1) 各種の運動の特性に応じた技能等及び社会生活における健康・安全について理解するとともに，技能を身に付けるようにする。

(2) 運動や健康についての自他や社会の課題を発見し，合理的，計画的な解決に向けて思考し判断するとともに，他者に伝える力を養う。

(3) 生涯にわたって継続して運動に親しむとともに健康の保持増進と体力の向上を目指し，明るく豊かで活力ある生活を営む態度を養う。

平成30年の改訂では，小学校，中学校と同様，学習指導要領の第1章総則第1の2に示される3つの事項を反映した形で目標が示されるようになった。(1)が「知識及び技能」を，(2)が「思考力，判断力，表現力等」を，(3)が「学びに向かう力，人間性等」を反映している。

●各科目の目標

〔体育〕

体育の見方・考え方を働かせ，課題を発見し，合理的，計画的な解決に向けた学習過程を通して，心と体を一体として捉え，生涯にわたって豊かなスポーツライフを継続するとともに，自己の状況に応じて体力の向上を図るための資質・能力を次のとおり育成することを目指す。
(1) 運動の合理的，計画的な実践を通して，運動の楽しさや喜びを深く味わい，生涯にわたって運動を豊かに継続することができるようにするため，運動の多様性や体力の必要性について理解するとともに，それらの技能を身に付けるようにする。
(2) 生涯にわたって運動を豊かに継続するための課題を発見し，合理的，計画的な解決に向けて思考し判断するとともに，自己や仲間の考えたことを他者に伝える力を養う。
(3) 運動における競争や協働の経験を通して，公正に取り組む，互いに協力する，自己の責任を果たす，参画する，一人一人の違いを大切にしようとするなどの意欲を育てるとともに，健康・安全を確保して，生涯にわたって継続して運動に親しむ態度を養う。

〔保健〕

保健の見方・考え方を働かせ，合理的，計画的な解決に向けた学習過程を通して，生涯を通じて人々が自らの健康や環境を適切に管理し，改善していくための資質・能力を次のとおり育成する。
(1) 個人及び社会生活における健康・安全について理解を深めるとともに，技能を身に付けるようにする。
(2) 健康についての自他や社会の課題を発見し，合理的，計画的な解決に向けて思考し判断するとともに，目的や状況に応じて他者に伝える力を養う。
(3) 生涯を通じて自他の健康の保持増進やそれを支える環境づくりを目指し，明るく豊かで活力ある生活を営む態度を養う。

「体育」の内容構成については，従前，(1) 技能(「体つくり運動」は運動)，(2) 態度，(3) 知識，思考・判断としていたものを，(1) 知識及び技能(「体つくり運動」は知識及び運動)，(2) 思考力，判断力，表現力等，(3) 学びに向かう力，人間性等の内容構成とした。

また，「保健」については，「保健については，『保健の見方・考え方』を働かせて，3つの資質･能力を育成する観点から，健康に関する『知識･

技能』，健康課題の発見・解決のための『思考力・判断力・表現力等』，主体的に健康の保持増進や回復に取り組む態度等の『学びに向かう力・人間性等』に対応した目標，内容に改善された。

●各教科の内容

なお，各教科等の内容については，内容のまとまりごとに，生徒が身に付けることが期待される資質・能力の3つの柱に沿って示すこととしているが，特に「学びに向かう力，人間性等」については，目標において全体としてまとめて示し，内容のまとまりごとに指導内容を示さないことを基本としている。

保健体育科に属する科目は，「体育」及び「保健」の2科目である。「体育」は運動に関する領域である「体つくり運動」，「器械運動」，「陸上競技」，「水泳」，「球技」，「武道」，「ダンス」の7つの領域と，知識に関する領域である「体育理論」の計8つの領域で構成されている。

運動に関する領域である「体つくり運動」,「器械運動」,「陸上競技」,「水泳」，「球技」，「武道」，「ダンス」の7つの領域については，(1)知識及び技能(「体つくり運動」は知識及び運動)，(2)思考力，判断力，表現力等，(3)学びに向かう力，人間性等を内容として示している。

また，知識に関する領域である「体育理論」については，(1)スポーツの文化的特性や現代のスポーツの発展，(2)運動やスポーツの効果的な学習の仕方，(3)豊かなスポーツライフの設計の仕方の内容のまとまりごとに，「ア　知識」，「イ　思考力，判断力，表現力等」，「ウ　学びに向かう力，人間性等」を内容として示すとともに，(ア)，(イ)，(ウ)，(エ)に具体的な指導内容を示している。

「保健」は,「現代社会と健康」,「安全な社会生活」,「生涯を通じる健康」及び「健康を支える環境づくり」の四つの項目で構成されており，内容のまとまりごとに,「ア　知識及び技能」,「イ　思考力，判断力，表現力等」を内容として示すとともに，(ア)，(イ)，(ウ)，(エ)，(オ)に具体的な指導内容を示している。保健体育科の科目及び内容構成は次表のとおりである。

保健体育科	
「体育」	「保健」
体つくり運動 (1) (2) (3) 器械運動 (1) (2) (3) 陸上競技 (1) (2) (3) 水泳 (1) (2) (3) 球技 (1) (2) (3) 武道 (1) (2) (3) ダンス (1) (2) (3)	現代社会と健康　ア　イ 安全な社会生活　ア　イ 生涯を通じる健康　ア イ 健康を支える環境づくり　ア イ
体育理論 ア　イ　ウ	

例題 1

次の文章は，高等学校学習指導要領(平成30年3月告示)　第2章　第6節　「保健体育」の一部である。文中の(　①　)～(　⑤　)に適する語句を答えよ。ただし，同じ番号には同じ語句が入るものとする。

> 体育や保健の見方･考え方を働かせ，課題を発見し，合理的，(　①　)な解決に向けた学習過程を通して，心と体を一体として捉え，生涯にわたって心身の健康を(　②　)し豊かなスポーツライフを継続するための資質・能力を次のとおり育成することを目指す。
> (1)　各種の運動の(　③　)に応じた技能等及び社会生活における健康･安全について理解するとともに，技能を身に付けるようにする。
> (2)　運動や健康についての自他や社会の課題を発見し，合理的，(　①　)な解決に向けて思考し判断するとともに，(　④　)に伝える力を養う。
> (3)　生涯にわたって継続して運動に親しむとともに健康の(　②　)と体力の向上を目指し，明るく豊かで(　⑤　)ある生活を営む態度を養う。

解答　①　計画的　　②　保持増進　　③　特性　　④　他者
⑤　活力

解説 教科の目標は，中学校学習指導要領保健体育科と同様，(1)が「知識及び技能」を，(2)が「思考力，判断力，表現力等」を，(3)が「学びに向かう力，人間性等」を示す形に再編された。①「計画的」や⑤「活力」は中学校学習指導要領保健体育科における目標と異なる部分であるので，よく比較しておこう。

例題 2

高等学校学習指導要領(平成30年3月告示)に関する各問いに答えよ。

問1　次の文章は，高等学校学習指導要領　第2章　第6節 「保健体育」の「第2款　第1　1　目標」の抜粋である。文中の(　①　)～(　③　)に適する語句を答えよ。

> ○　運動の合理的，計画的な実践を通して，運動の楽しさや喜びを深く味わい，生涯にわたって運動を豊かに継続することができるようにするため，運動の(　①　)や体力の必要性について理解するとともに，それらの技能を身に付けるようにする。
> ○　生涯にわたって運動を豊かに継続するための課題を発見し，合理的，計画的な解決に向けて思考し判断するとともに，自己や(　②　)の考えたことを他者に伝える力を養う。
> ○　運動における競争や協働の経験を通して，公正に取り組む，互いに協力する，自己の責任を果たす，(　③　)する，一人一人の違いを大切にしようとするなどの意欲を育てるとともに，健康・安全を確保して，生涯にわたって継続して運動に親しむ態度を養う。

問2　科目「体育」と科目「保健」の標準単位数をそれぞれ答えよ。

解答 問1　①　多様性　　②　仲間　　③　参画　　問2　体育…7～8単位　　保健…2単位

解説 問1　科目の目標の出題頻度は非常に高い。出題の「体育」だけでなく「保健」の目標も文言を必ず確認しよう。また，目標は受験対策だけでなく，教員としての指針にもなるので全文を暗記するだけでなく，その意味なども把握しておこう。　問2 「体育」及び「保健」を必履修科目として履修させる単位数は，原則として下ってはならない標準単位数である(体育…7～8単位，保健…2単位)ため，注意すること。

例題 3

次の文章は，高等学校学習指導要領(平成30年3月告示)に示されている第1章総則　第1款の2から一部を抜粋したものである。以下の各問いに答えよ。

学校における体育・健康に関する指導を，生徒の(　①　)の段階を考慮して，学校の教育活動全体を通じて適切に行うことにより，健康で安全な生活と豊かな(　②　)の実現を目指した教育の充実に努めること。特に，学校における(　③　)の推進並びに体力の向上に関する指導，安全に関する指導及び心身の健康の保持増進に関する指導については，保健体育科，家庭科及び特別活動の時間はもとより，各教科・科目及び(　④　)などにおいてもそれぞれの特質に応じて適切に行うよう努めること。また，それらの指導を通して，家庭や地域社会との連携を図りながら，(　⑤　)において適切な体育・健康に関する活動の実践を促し，生涯を通じて健康・安全で活力ある生活を送るための基礎が培われるよう配慮すること。

問1　文中の(　①　)～(　⑤　)に適する語句を答えよ。

問2　体育で，各年次において全ての生徒に履修させることとなっている領域名は何か，2つ書け。

解答　問1 ①　発達　　②　スポーツライフ　　③　食育　　④　総合的な探究の時間　　⑤　日常生活　　問2　体つくり運動，体育理論

解説　問1　高等学校学習指導要領　第1章　第1款「高等学校教育の基本と教育課程の役割」の(3)「学校における体育・健康に関する指導」は，非常に出題頻度が高い。　問2 「A　体つくり運動」及び

「H　体育理論」については，各年次において全ての生徒に履修させることになっている。

例題 4

次の文章は，高等学校学習指導要領(平成30年3月告示)「第2章　第6節　保健体育　第2款　各科目　第1　体育　3　内容の取扱い」の一部である。文中の(　①　)～(　③　)に適する語句を答えよ。

> ○「D水泳」の(1)の運動については，アからオまでの中から選択して履修できるようにすること。なお，「保健」における応急手当の内容との関連を図ること。また，泳法との関連において水中からのスタート及び(　①　)を取り上げること。なお，入学年次の次の年次以降は，安全を十分に確保した上で，学校や生徒の実態に応じて段階的な指導を行うことができること。
> ○「F武道」については，柔道，剣道，相撲，空手道，なぎなた，弓道，合気道，少林寺拳法，(　②　)などを通して，我が国固有の伝統と文化により一層触れることができるようにすること。また，(1)の運動については，ア又はイのいずれかを選択して履修できるようにすること。
> ○「H体育理論」については，(1)は入学年次，(2)はその次の年次，(3)はそれ以降の年次で取り上げること。その際，各年次で(　③　)以上を配当すること。

解答　①　ターン　　②　銃剣道　　③　6単位時間

解説　出題はいずれも今回の改訂で付け加えられた文言である。④は「銃剣道」の他，合気道，少林寺拳法が追加された競技である。

例題 5

あとの文章は，高等学校学習指導要領(平成30年3月告示)「第3章　第10節　体育　第3款　各科目にわたる指導計画の作成と内容の取扱い」の一部である。文中の(　①　)～(　⑥　)に適する語句を答えよ。

○単元など内容や時間のまとまりを見通して，その中で育む資質・能力の育成に向けて，生徒の主体的・対話的で深い学びの実現を図るようにすること。その際，体育の見方・考え方を働かせ，課題を発見し，主体的，合理的，計画的な解決に向けた学習過程を通して，心と体を一体として捉え，健やかな心身の育成に資するとともに，生涯を通してスポーツの推進及び(　①　)に寄与することができるよう留意すること。
○体育に関する学科においては，「スポーツ概論」，「スポーツⅤ」，「スポーツⅥ」及び「(　②　)」については，原則として，全ての生徒に履修させること。
○体育に関する学科においては，「スポーツⅠ」，「スポーツⅡ」，「スポーツⅢ」及び「スポーツⅣ」については，これらの中から生徒の興味や適性等に応じて(　③　)以上を選択して履修できるようにすること。
○各科目の指導に当たっては，公正，協力，責任，参画，共生に対する意欲及び思考力，判断力，表現力等を育成するとともに，生徒の健康・安全を確保し，(　④　)を図ること。
○(　⑤　)については，計画的に実施し，各科目の指導及び体力の向上に活用するようにすること。
○学外の認定資格等の取得と関連付けるなど，より専門的かつ(　⑥　)な知識及び技術の習得が図られるようにすること。

解答　①　発展　②　スポーツ総合演習　③　1科目　④　事故防止　⑤　体力の測定　⑥　実践的

解説　体育科は，スポーツについての専門的な理解及び高度な技能の習得を目指す生徒が，主体的，合理的，計画的なスポーツ実践を通して，健やかな心身をはぐくみ，生涯を通してスポーツの振興発展に寄与する資質や能力の育成を目指して設定された教科である。出題頻度は高くないが，保健体育の教員を目指す者として基本的な内容であり，高等学校学習指導要領を正しく理解しておきたい。

●書籍内容の訂正等について

弊社では教員採用試験対策シリーズ（参考書，過去問，全国まるごと過去問題集），公務員試験対策シリーズ，公立幼稚園・保育士試験対策シリーズ，会社別就職試験対策シリーズについて，正誤表をホームページ（https://www.kyodo-s.jp）に掲載いたします。内容に訂正等，疑問点がございましたら，まずホームページをご確認ください。もし，正誤表に掲載されていない訂正等，疑問点がございましたら，下記項目をご記入の上，以下の送付先までお送りいただくようお願いいたします。

> ① **書籍名，都道府県（学校）名，年度**
> （例：教員採用試験過去問シリーズ　小学校教諭 過去問　2026 年度版）
> ② **ページ数**（書籍に記載されているページ数をご記入ください。）
> ③ **訂正等，疑問点**（内容は具体的にご記入ください。）
> （例：問題文では“ア～オの中から選べ”とあるが，選択肢はエまでしかない）

〔ご注意〕

○ 電話での質問や相談等につきましては，受付けておりません。ご注意ください。

○ 正誤表の更新は適宜行います。

○ いただいた疑問点につきましては，当社編集制作部で検討の上，正誤表への反映を決定させていただきます（個別回答は，原則行いませんのであしからずご了承ください）。

●情報提供のお願い

協同教育研究会では，これから教員採用試験を受験される方々に，より正確な問題を，より多くご提供できるよう情報の収集を行っております。つきましては，教員採用試験に関する次の項目の情報を，以下の送付先までお送りいただけますと幸いでございます。お送りいただきました方には謝礼を差し上げます。

（情報量があまりに少ない場合は，謝礼をご用意できかねる場合があります）。

◆あなたの受験された面接試験，論作文試験の実施方法や質問内容

◆教員採用試験の受験体験記

送付先	○電子メール：edit@kyodo-s.jp ○FAX：03-3233-1233（協同出版株式会社　編集制作部 行） ○郵送：〒101-0054　東京都千代田区神田錦町2-5 協同出版株式会社　編集制作部 行 ○HP：https://kyodo-s.jp/provision（右記のQRコードからもアクセスできます）

※謝礼をお送りする関係から，いずれの方法でお送りいただく際にも，「お名前」「ご住所」は，必ず明記いただきますよう，よろしくお願い申し上げます。

教員採用試験「参考書」シリーズ

山梨県の
保健体育科 参考書

編　集　© 協同教育研究会
発　行　令和 6 年 7 月 25 日
発行者　小貫　輝雄
発行所　協同出版株式会社
〒 101 − 0054
東京都千代田区神田錦町2 − 5
電話　03 − 3295 − 1341
振替　東京00190 − 4 − 94061
印刷所　協同出版・POD 工場

落丁・乱丁はお取り替えいたします